Grenzgang: Krieg *oder* Frieden

Bibliografische Information:
Die Deutsche Bibliothek verzeichnet diese Publikation in der Deutschen Nationalbibliografie; detaillierte bibliografische Daten sind im Internet über http://dnb.ddb.de abrufbar.

Originalausgabe März 2024

Layout und Umschlaggestaltung: Sigrid Pomaska
Herstellung: Druck und Verlag Pomaska-Brand GmbH, Schalksmühle
www.pomaska-brand-verlag.de

ISBN: 978-3-943304-73-2

Gertrude-Raven Croissier

Grenzgang: Krieg *oder* Frieden

Worte der Angst und Worte der Zuversicht

Eine psychlogisch-pazifistische
Betrachtung am Beispiel des Ukrainekrieges

POMASKA-BRAND VERLAG

Lasst uns das tausendmal Gesagt immer wieder sagen,
damit es nicht einmal zu wenig gesagt wurde!
Lasst uns die Warnungen erneuern,
und wenn sie schon wie Asche in unserem Mund sind!
Denn der Menschheit drohen Kriege,
gegen welche die vergangenen wie armselige Versuche sind,
und sie werden kommen ohne jeden Zweifel, (…)
wenn denen, die sie in aller Öffentlichkeit vorbereiten,
nicht …

Bertolt Brecht

Widmung

Diese Schrift widme ich allen Deserteuren und Kriegsdienstverweigerern, den Männern, die ihr eigenes Leben und das der anderen achten und ehren: Ukrainischen Männern, russischen Männern und allen Männern dieser Erde, die vor Krieg und Gewalt die Flucht ergreifen, die es vorziehen, lieber Fremde zu sein als Schuldige, ihnen gilt meine Wertschätzung und meine Liebe.

„Verräter“ werden sie genannt, – verhöhnt, verfolgt und bestraft. Sie aber sind die eigentlichen Befreier, Vorbild für Werte von Freiheit, Frieden und Gerechtigkeit. Indem sie sich weigern, mit ihrem Leben einem fraglichen Ideal von „Vater Staat“ zu dienen, dienen sie unserer aller „Mutter Erde“. Ihr Dienst ist ein „Dienst am Leben“.

Mein Autorenhonorar geht daher in voller Höhe an „Connection e.V.“

* * *

Konstantin Wecker, am 22.12.2022:
„Ich werde nicht aufhören zu träumen von einer herrschaftsfreien Welt ohne Krieg und Faschismus. Ich werde nicht aufhören zu träumen von einer grenzenlosen Welt ohne Patriarchat, Rassismus, Unterdrückung und Ausbeutung. Auf dem Weg dorthin müssen wir uns stark machen für die Rechte aller Menschen.

Deshalb brauchen wir Initiativen wie Connection e.V., die sich zum Beispiel für das Recht auf Verweigerung des Kriegsdienstes und für alle Deserteure einsetzen. Gerade in Kriegszeiten …“

Inhaltsverzeichnis

Vorwort

Warum tue ich mir das an? Warum widme ich mich als Psychotherapeutin einem so komplexen und vielschichtigen Thema, von dem ich eher wenig Kenntnis besitze?

Psychotherapie – mit der wörtlichen Bedeutung „Dienst an der Seele" – ist immer auch, oder vor allem, *Dienst am Leben*. Denn die Seele ist nicht nur ein inneres Phänomen, auch das äußere Leben, alle Wesen, die Natur, die Materie, alles ist beseelt, durchdrungen von der einen einzigen „Weltenseele" –, die auch als grenzenloses Bewusstsein oder als Göttlichkeit bezeichnet werden kann.

Innen und Außen sind nicht getrennt; somit impliziert psychotherapeutische Verantwortung immer auch gesellschaftliche Verantwortung und ist damit zwangsläufig politisch. *Heilung ist Ganzwerdung* und schließt daher alle Ebenen mit ein: Eine Gesellschaft und auch die Weltengemeinschaft kann nur so gesund und heil sein wie die Mehrzahl ihrer Individuen.

„Dienst am Leben" ist das Kernthema meiner ganzheitlichen Transpersonalen Psychotherapie. Als Psychotherapeutin, Frau, Mutter und Großmutter stehe ich in der uralten Tradition aller Frauen und Mütter, die dem Leben dienen. Aus dem Weiblichen wird neues Leben geboren. Es wird von Müttern genährt und beschützt, von Müttern umsorgt, zur Reifung gebracht und in die Welt entlassen, damit es seinen eigenen Weg in Frieden gehen kann. Daher sind Frauen seit Alters her Hüterinnen des Lebens – oder sollten es sein. Somit kann und will ich nicht wortlos zusehen, wie Leben zerstört wird.

In dieser meiner psycho-politischen Haltung geht es nicht um die Frage: „Wer hat recht?" Sondern es geht hier einzig und allein um die Frage: *„Welche politischen Entscheidungen dienen dem Leben und welche dienen vor allem dem Ego der politischen Entscheidungs-TrägerInnen?"*

Meine Antwort kann lediglich einer „relativen Wahrheit" entsprechen. Denn wir alle erleben und verstehen die Welt und das Leben im Kontext unserer eigenen Erzählungen und persönlichen Mythen, geprägt durch unsere biografischen Erfahrungen und durch die Geschichte unserer

Seele. Somit gibt es unterschiedliche Ansichten und Haltungen zu diesem Krieg und zu dem Wunsch, ihn zu beenden. Mein Anliegen ist es, den zahllosen Opfern eine Stimme zu geben, ihr Leiden hörbar zu machen. Gleichzeitig ist es mir ebenfalls ein Anliegen, die Täterseite aus dem Schatten zu holen und die medial verschwiegene Seite des Ukrainekrieges ins Licht der öffentlichen Wahrnehmung zu holen.

Dieser Beitrag ist somit nicht gedacht als Diskussions- oder Streitschrift für eine intellektuell-politische Debatte, im Sinne der modernen „Debattenkultur", – in der wir debattieren können bis zum bitteren Ende. Die Worte dieses Buches aber könnten betroffen machen, könnten anregen und hinweisen auf eine andere Ebene, eine umfassendere Ebene des menschlichen Bewusstseins. Die Worte der Angst und die Worte der Zuversicht könnten zum Nachdenken und Nachspüren anregen und das Bewusstsein erweitern.

Käthe Kollwitz: Nie wieder Krieg, Kreidelithographie, 1924

1. Zeitenwende – Wende wohin?

„Ob wir den Weg in den Frieden finden
oder den bisherigen unserer Zivilisation unwürdigen
Weg der brutalen Gewalt weitergehen,
ist in unsere Hand gegeben.
Unser Schicksal wird so sein,
wie wir es verdienen."

(Albert Einstein, 1879-1955)

„Zeitenwende" ist das Wort des Jahres 2023. Zeitenwende als „Übergang in eine neue Ära"? Nur wohin, in welche Richtung geht diese Wendung? In ein neues, zukünftiges Zeitalter, das von menschlicher Liebe und Mitgefühl getragen sein wird, von Frieden, Freiheit und Wohlstand für *alle*? Wie es aussieht, handelt es sich eher um eine Zuspitzung und Eskalation des alten Paradigmas von Krieg und Gewalt, um eine Rückwärts-Bewegung, eine Wende in die Vergangenheit.

Noch aber ist es nicht zu spät für ein Erwachen, für einen Wandel des menschlichen Bewusstseins. Wir Friedens-FreundInnen haben Worte und Ausdruck zu finden für unsere Angst und für unsere Zuversicht; wir haben hörbar zu werden in unseren Beziehungen, unseren Familien, sozialen Gemeinschaften, politischen Räumen und in der gesamten Welt. Gemeinsam.

Leben will wachsen – gemeinsam

Alles Leben folgt einem Impuls, dem Schöpfungsimpuls. Alles Leben will sich entwickeln, wachsen, gedeihen, blühen und schließlich Früchte tragen – bevor es, der natürlichen Ordnung folgend, wieder vergeht. Auch menschliches Wachstum – *im Kreislauf von Geburt und Tod* – ist auf zunehmende Entfaltung, auf Fortschritt und Zukunft ausgerichtet. Wir werden geboren, entwickeln uns vom Kleinkind zu einem Erwachsenen, einer Alten, wir sterben und treten wieder ein in einen neuen noch unbekannten Zyklus seelischer Entwicklung.

Wird dieser natürliche Kreislauf von Anfang und Ende aber behindert, dreht sich die Wachstums-Spirale rückwärts, dann erleben wir dies als dramatische und schmerzliche Störung unserer individuellen und kollektiven Entwicklungs-Aufgabe. Denn aus der heilsamen Erfüllung unserer individuell einzigartigen Lebensaufgabe schöpfen wir die Güte und den Sinn-Gehalt unseres Lebens!

Unfälle, schwere Erkrankungen, Umweltkatastrophen und insbesondere gewaltsame Eingriffe von Außen, wie bewaffnete Konflikte und Kriege, stören oder verhindern den gesunden Wachstumsprozess eines Menschen sowie einer Gesellschaft. Kriegerische Auseinandersetzungen – egal aus welcher politischen Überzeugung – sind daher immer rückschrittlich, immer regressiv. Sie entstehen aus einem individuell und entwicklungsgeschichtlich sehr frühen archaischen Bewusstsein, einer Bewusstseins-Regression.

Es ist die fanatische Beschwörung von Nationalstolz und die Idealisierung von „Ruhm und Ehre" einer Nation sowie die infantile Besonderheits- und Auserwähltheits-Ideologie einer Gesellschaft, einer Kultur oder Religion, die automatisch in kriegerische Machtspiele führen, denn kriegerische Konflikte entstehen aus der scheinbaren Unvereinbarkeit idealisierter nationaler Interessen.

Die einseitige Identifizierung mit Europa, den USA, der westlichen, östlichen oder einer anderen Region der Welt ist rückschrittlich; sie entspricht dem Geist früher Stammesgesellschaften, welche mit *Abgrenzung* und der Fixierung auf die eigene Identität versuchten, ihr Überleben als Gruppe zu sichern.

Wenn heutzutage Vaterlands-Liebe globale Menschen-Liebe dominiert, dann wird Nationale Identität zum „Fetisch"[(1)], zu einem besonderen Zustand, dem magische Fähigkeiten zugeschrieben werden. Hier wird der nationale Vaterlands-Fetisch sakralisiert und als etwas „Heiliges" betrachtet, er gilt als eine Art Zaubermittel, welches Macht, Überlegenheit und ewiges Leben garantieren soll – was vor allem in kriegerischen Auseinandersetzungen von Bedeutung ist: Gott, Jahwe, Allah ist auf unserer Seite!

Aber entspricht das noch dem Zeitgeist einer globalisierten Welt? Die Fetischisierung von Objekten, Zuständen und Ideen gehört zu einer frühen, einer magisch-mythischen Ebene des menschlichen Bewusstseins, welches noch nicht in ein ganzheitlich-rationales Bewusstsein integriert ist.[2] Ein nationaler Fetisch zeugt daher von mangelnder Geistkraft, von Bewusstlosigkeit und emotionaler Dummheit. Denn wir wissen und erfahren es tagtäglich: In dieser unserer Welt ist materiell, geistig, emotional und spirituell alles mit allem verbunden. Wir sind *eine* Menschheits-Familie mit *einer* Mutter Erde und der *einen* Sehnsucht, die uns alle eint: Wir wollen leben, wir wollen lieben und wir wollen geliebt werden.

Gewiss – jede Gesellschaft, jede Kultur hat ihre ganz *eigene* Anmut und Schönheit, die in ihrer Einzigartigkeit gesehen, gewürdigt, bewahrt und rituell gefeiert werden will. Nationale Einzigartigkeit *und* internationale Vielfalt aber gehören zusammen, sie wollen sich berühren, ergänzen und gemeinsam das Leben auf diesem Planeten gestalten. Nur in Gemeinschaft aller Wesen, aller Völker und aller Religionen wird Leben und Überleben auf diesem Planeten zukünftig möglich sein, nur als Welten-Gemeinschaft kann Leben gelingen – oder …

> „Mögen das Gewissen und der gesunde Menschenverstand
> der Völker erweckt werden, damit wir eine neue Etappe
> im Leben der Nationen erreichen, in der die Menschen auf
> den Krieg als eine unbegreifliche Verirrung ihrer Vorfahren
> zurückblicken werden."
>
> (Albert Einstein)

Gemeinsam gegen Krieg und Gewalt

> „Seitdem Pazifist ein Schimpfwort geworden ist,
> bin ich stolz, eine Radikalpazifistin zu sein."

Dieses Bekenntnis verdanke ich einer Kommentatorin der Petition „Offener Brief an Bundeskanzler Olaf Scholz" vom 29. April 2022, einer Initiative von Alice Schwarzer und achtundzwanzig bekannten Persönlichkeiten des öffentlichen und kulturellen Lebens.[3] In diesem

Brief wird an die Besonnenheit des Kanzlers und seine politische Verantwortung appelliert und vor einem 3. Weltkrieg gewarnt. Hier heißt es unter anderem:

> „… Wir teilen das Urteil über die russische Aggression als Bruch der Grundnorm des Völkerrechts. Wir teilen auch die Überzeugung, dass es eine prinzipielle politisch-moralische Pflicht gibt, vor aggressiver Gewalt nicht ohne Gegenwehr zurückzuweichen. Doch alles, was sich daraus ableiten lässt, hat Grenzen in anderen Geboten der politischen Ethik.
> Zwei solcher Grenzlinien sind nach unserer Überzeugung jetzt erreicht: Erstens das kategorische Verbot, ein manifestes Risiko der Eskalation dieses Krieges zu einem atomaren Konflikt in Kauf zu nehmen. Die Lieferung großer Mengen schwerer Waffen allerdings könnte Deutschland selbst zur Kriegspartei machen. Und ein russischer Gegenschlag könnte so dann den Beistandsfall nach dem NATO-Vertrag und damit die unmittelbare Gefahr eines Weltkriegs auslösen.
> Die zweite Grenzlinie ist das Maß an Zerstörung und menschlichem Leid unter der ukrainischen Zivilbevölkerung. Selbst der berechtigte Widerstand gegen einen Aggressor steht dazu irgendwann in einem unerträglichen Missverhältnis.
> (…) Die unter Druck stattfindende eskalierende Aufrüstung könnte der Beginn einer weltweiten Rüstungsspirale mit katastrophalen Konsequenzen sein, nicht zuletzt auch für die globale Gesundheit und den Klimawandel. Es gilt, bei allen Unterschieden, einen weltweiten Frieden anzustreben. Der europäische Ansatz der gemeinsamen Vielfalt ist hierfür ein Vorbild …“

Dieses offene Forum mit Kommentaren engagierter PazifistInnen und Waffen-GegnerInnen wurde für manche zum Zufluchtsort, zur geistigen und emotionalen Heimat in einer düsteren Zeit, – bis die Kommentarfunktion im Spätsommer gesperrt wurde. Hier teilten wir wichtige politische Informationen, gaben uns Hinweise, Nachhilfe und vor allem wertvollen emotionalen Beistand. Die klugen, zürnenden, verzweifelten, anklagenden und auch Mut machenden Beiträge der SchreiberInnen halfen mir, meine Ängste angesichts einer realen Bedrohungslage zu halten und konstruktiv zu wandeln. Und täglich konnte ich erfahren: Ich bin nicht allein, wir sind viele:

> „Gemeinsam wollen wir den Ursachen auf den Grund gehen, gemeinsam gegen Kriegstreiberei, gegen tausende Tote, gegen Waffenlieferungen, Aufrüstung, Manipulation und gleichgeschaltete Medien vorgehen …"
>
> (B.A., Sommer 2022)

Die Worte aus emotionaler subjektiver Betroffenheit berührten, bestärkten und ermutigten mich, *gemeinsam* mit all den friedliebenden und mutigen Menschen einen eigenen Beitrag zu leisten – zum Schutz des Lebens:

Mit großer Dankbarkeit habe ich für meinen Beitrag eine kleine Auswahl der Kommentare aus dem offenen Brief von Alice Schwarzer an Bundeskanzler Olaf Scholz von 2022 sowie dem „Manifest für Frieden" von Sahra Wagenknecht und Alice Schwarzer vom 10.02.2023[(4)] gesammelt und in dieses Buch beispielhaft eingebunden. Die Namen der SchreiberInnen wurden aus Sicherheitsgründen anonymisiert.

Zahlreiche weitere kluge, erhellende und berührende Texte, Vorträge und Appelle zum aktuellen Thema des Ukraine-Krieges, von wissenden Frauen und Männern – wirklichen ExpertInnen – haben mich belehrt, inspiriert und in meiner eigenen pazifistischen Haltung dankenswert bestärkt. Aus manchen dieser Beiträge habe ich umfangreiche Ausschnitte hier eingefügt; die Auswahl dieser Texte folgte aber keiner Hierarchie der Wertigkeiten, sondern entstand eher zufällig aus dem, was mir gerade an Informationen zugefallen war. Weitere wichtige Texte, wie die Vorträge von Eugen Drewermann, finden Interessierte auf YouTube.

Diese, den Frieden fördernden Beiträge habe ich den kriegspropagandistischen Reden führender PolitikerInnen und Medienleuten gegenübergestellt, spezifischen Themenkomplexen zugeordnet und in einen anthropologisch-psychologischen Zusammenhang eingebunden.

Auch zur kreativen Bewältigung der eigenen Kriegs-Angst habe ich über den Zeitraum von einem Jahr, von Juli 2022 bis Ende Juli 2023, täglich Stimmen und Kommentare für und gegen Waffenlieferungen, Stimmen von MilitaristInnen und PazifistInnen, gesichtet und in einen eigenen Kontext eingefügt. Aus diesem Zusammenschnitt ist nun eine begrenzte und sehr persönliche Dokumentation entstanden, über eineinhalb Jahre Krieg in Europa und die zweifelhafte Rolle der deutschen Regierung.

Wir können die Ereignisse dieses Krieges auf zwei unterschiedlichen Ebenen wahrnehmen und beurteilen, einer personalen Ebene und einer transpersonalen Ebene:

Auf der *personalen,* politisch-pragmatischen *Verstandesebene* geht es um politische Entscheidungen, die geopolitische Interessen sowie ökonomische und militärische Bündnisse betreffen; hier geht es um die Aufteilung der Welt, um Macht und Vor-Herrschaft, welche dramatische Spaltungen innerhalb der Menschheitsfamilie provozieren …

Auf der *transpersonalen* Ebene, einer emotional-geistigen *Seelenebene,* geht es allein um die Frage: Was dient dem Leben? Was dient dem Leben aller Menschen, dem Leben aller Wesen, den Tier- und Pflanzenwesen und dem Leben unserer Mutter Erde?

Was auf der politisch-pragmatischen Ebene manchen durchaus vernünftig und sinnvoll erscheinen mag, kann auf der Seelenebene ein Verbrechen sein. Kriege – gleichgültig, von wem und unter welchen Umständen sie provoziert, geführt und befördert wurden – sind immer ein Verbrechen an der Weltenseele und an der gesamten Schöpfung.

Es ist die pragmatisch-mörderische Ebene, welche die *aktuelle politische Realität* sowie die Wahrnehmung und Gefühlslage vieler Menschen bestimmt. Daher habe ich mich täglich den vielfältigen, verwirrenden, schmerzlichen und bedrohlichen Informationen und Kriegs-Nachrichten zu stellen. Ausgehend von dem, „was ist“, beleuchte ich die Schatten dieses Krieges, suche ich nach Antworten, frage nach möglichen Lösungen und finde Hinweise, Lichtblicke im Raum der Seele.

Meine persönliche Kriegsgeschichte

In welche Richtung wir uns individuell und kollektiv bewegen, welche Ziele wir anstreben, was das neue Zeitalter, die neue Ära bringen soll, das ist abhängig von unseren jetzigen Entscheidungen, die aber in früheren Erfahrungen gründen, den persönlichen und gesellschaftlichen Prägungen. Denn das, was uns vom Ursprung her am stärksten und nachhaltigsten prägt, was uns nicht mehr loslässt und vielfach unser Handeln bestimmt, das sind die alten *traumatischen Erfahrungen,* – die unserer Kindheit, die unserer Ahnen und selbst die uralten Traumata aus der Frühzeit des menschlichen Bewusstseins.

Kann ich im Verständnis der aktuellen Ereignisse neutral sein und objektiv? Es wird mir nicht gelingen, ich bin befangen, denn ich erlebe diesen Krieg als Subjekt, aus meiner subjektiven persönlichen und überpersönlichen Betroffenheit. Wir alle erleben ausnahmslos alles, was sich ereignet, aus der Sicht unserer ganz eigenen Lebens- und Seelen-Geschichte. Wir sind gefangen in unserer persönlichen „Blase", ob uns das gefällt oder nicht. Geistig und intellektuell können wir durchaus über den eigenen Rand schauen, wir können andere Haltungen kognitiv nachvollziehen, aber emotional sind wir Gefangene unserer eigenen einzigartigen Geschichte. Und diese Geschichte, die oft schmerzliche oder gar traumatische Betroffenheit impliziert, sie färbt zwangsläufig unseren Blick auf die Welt und die Ereignisse –, auch wenn wir sie in Selbst-Erkenntnis durchschauen.

Meine pazifistische Haltung ist durch die Kriegserfahrungen meiner biografischen Kindheit geprägt und hat sich im Laufe meines Lebens durch emotionale und geistige Arbeit verfeinert und gestaltet. Da diese – gemeinsam mit viel älteren Seelenerfahrungen – meinen Blick auf die Ereignisse dieses Krieges prägen, möchte ich sie hier mit den LeserInnen teilen.

Kindheit im Krieg

Ich wurde im Juli 1943 in einer hessischen Großstadt im Luftschutzkeller der dortigen Klinik geboren: Fliegeralarm, heulende Sirenen, im Bombenhagel berstende Häuser, weinende und in Panik schreiende Frauen … Meine Mutter – in Wehenschmerz und Todesangst verkrampft – konnte im Gebären nicht loslassen, und so war meine Geburt ein Kampf zwischen Leben und Tod. Ich kam als „schwarzes Kind" in diese Welt, das Gesichtchen ein dunkler Bluterguss, das Köpfchen verquetscht und schief.

Ich war so hässlich, dass man mich meiner Mutter zunächst nicht zeigen wollte; sie war vor Erschöpfung, Angst und Qual wohl auch kaum in der Lage, mit ihrem neugeborenen Kind zärtliche Nähe zu teilen. Deshalb legte man mich in diesem allgemeinen Chaos in eine Ecke des Luftschutzkellers und ließ mich dort über Stunden einfach liegen.

Im therapeutischen Wiedererleben meiner Geburt konnte ich Worte finden für diese erste prägende Erfahrung in meinem Leben: Sirenengeheul und Höllenlärm durchdringen mich, Todesangst würgt, abgrundtiefe Einsamkeit und kosmisches Verlorensein schleudern mich in ein pechschwarzes eisiges Universum …

In meinen ersten beiden Lebensjahren verbrachte ich Tag und Nacht viele Stunden im Kartoffelkeller meiner bäuerlichen Großeltern mütterlicherseits auf dem Schoß meiner Mutter. Noch immer sehe ich die Bilder aus einem Kinderbuch, aus dem mir meine Mutter zur Beruhigung vorgelesen hat. Noch immer höre ich den Reim „Backe, backe Kuchen, der Bäcker hat gerufen …" in mir klingen.

Ein anderes düsteres Erinnerungsbild taucht immer wieder auf: Mit etwa einem Jahr krabbele ich weinend durch einen Blutstrom am Boden hin zu meiner Mutter. Das Blut kommt von einem gerade erschossenen polnischen Zwangsarbeiter, meine Mutter kniet neben dem Sterbenden und hält ihm die Hand.

Amerikanische Soldaten drängten nach der Kapitulation in das Elternhaus meiner Mutter ein und forderten ihre „freiwillige" Vergewaltigung. Im Falle ihrer Weigerung drohten sie mit der Erschießung des schlafenden Kleinkindes. Nur ein seltsamer Zufall rettete das Kind, mich, vor der Ermordung und meine Mutter vor der Vergewaltigung.

„Maikäfer flieg, mein Vater ist im Krieg" – wird er wiederkommen? Keiner wusste es, und ich spürte die Angst meiner Mutter. Als ich zweieinhalb Jahre alt war, sah ich ihn, diesen fremden hageren Mann; ich fühlte mich einsam und unbehaglich in seiner Nähe …

Das Haus meiner Großeltern väterlicherseits wurde 1944 im Brandbombenhagel und anschließendem Feuersturm völlig zerstört; meine Großmutter zog es immer wieder in die Ruine, hier kratzte sie in der Asche, so wird erzählt, um nach ihrem verlorenen Schmuck zu suchen.

Der Anblick von zerbombten und verbrannten Häusern, Kriegsruinen, war die alltägliche Realität meiner Kindheit. Hier ließ es sich prima „Versteck" spielen: Verstecken, Verschwinden und Wieder-gefunden-werden ist ein uraltes magisches Spiel von Tod und Leben, Tod und Erneuerung …

Kollektiv-Trauma und Spaltung

Der russische Überfall auf die Ukraine am 24. Februar 2022 löste einen kollektiven Schockzustand aus: Wieder Krieg in Europa! Viele, gerade auch Friedens-AktivistInnen, hatten damit nicht gerechnet; wir hielten die warnenden Hinweise auf einen unmittelbar bevorstehenden Angriff eher für antirussische Propaganda als für eine reale Möglichkeit.

Nun, wir haben uns getäuscht, ist es geschehen: Krieg in Europa, 78 Jahre nach Ende des Zweiten Weltkrieges! Die Machthaber im Kreml – und nicht nur sie – haben ihren Schatten sichtbar und wirkmächtig werden lassen. Die politische Ordnung in Europa, die allerdings vom Westen und den Nato-Staaten – unter Missachtung der russischen Bedürfnisse – definiert und festgelegt worden war, ist total durcheinander geraten.

Ein *kollektives Trauma* ist entstanden: Gefühlszustände von Betroffenheit, Ohnmacht, Hilflosigkeit, Angst, Panik und ohnmächtiger Wut überwältigen den öffentlich-politischen sowie persönlich-individuellen Raum. Was nun? Was tun? Was kann die Antwort sein auf diesen barbarischen Krieg? Was ist eine angemessene Reaktion auf dieses Verbrechen gegen die Menschlichkeit? In welche Richtung geht die Wende der Zeit – vorwärts in ein neues friedliches Zeitalter oder doch wieder rückwärts in Friedlosigkeit, Gewalt, Rache und primitive Barbarei?

Zunächst einige Hinweise zum *Trauma-Begriff:* In einem Trauma als einer Erfahrung von absoluter Ohnmacht, einer Erfahrung „von Not ohne Ausgang", zerfällt das Bewusstsein in unterschiedliche Anteile; es entsteht eine *Bewusstseins-Spaltung.* In einer solchen traumatischen Spaltung übernehmen die einzelnen inneren Anteile verschiedene Haltungen und Lösungsversuche in Bezug auf den zentralen Konflikt. Jeder dieser Anteile, jede Bewusstseins-Gestalt, folgt einem *eigenen* inneren Impuls, einem eigenen energetischen Antrieb. Je größer das Trauma, umso größer ist die energetische Impuls-Ladung der einzelnen Anteile, die jeweils nach Verwirklichung streben und sich realisieren wollen.

Ein Kollektivtrauma, wie das aktuelle Kriegstrauma, gestaltet sich nach demselben Muster wie ein individuelles Trauma: Da ist ein Teil, der vor der tödlichen Bedrohung fliehen will, der sich in Panik versteckt und sich unsichtbar machen will; ein Teil, der die Katastrophe leugnet oder bagatellisiert; ein Teil, der ohnmächtig resigniert; ein Teil, der sich in Wut und Empörung ergeht; ein Teil mit Mitgefühl für die Opfer der Katastrophe sowie ein Teil, der um jeden Preis, mit allen Mitteln und mit aller Gewalt „bis zum letzten Atemzug" zum Kämpfen bereit ist …

Und schließlich ist da auch ein Teil, der nach heilsamen Lösungen sucht, der das Zerbrochene, Zersplitterte, Gespaltene wieder zusammenfügen und heilen will. Dieser, sowohl individuelle wie auch kollektive Seelen-Anteil, sucht einen dritten Weg, einen Weg zwischen Resignation und mörderischem Kampf, einen Weg, der dem Leben dient, einen Weg des Friedens. Ich nenne diesen Weg „Pazifismus".

Diese unterschiedlichen Anteile der im aktuellen Kriegs-Trauma zerbrochenen Kollektiv-Seele suchen sich nun nach dem *Resonanz-Prinzip* ihre passenden Träger und Trägerinnen. Das heißt, sie verkörpern sich in verschiedenen Persönlichkeiten: in politischen RepräsentantInnen, ModeratorInnen, Medienschaffenden, AutorInnen, PhilosophInnen,

KünstlerInnen, WissenschaftlerInnen und anderen Frauen und Männern. Gerade in einer existentiellen Krise wie dieser kommen die verborgensten und auch dunkelsten persönlichen und gesellschaftlichen Anteile ans Licht und wollen im äußeren Leben gesehen werden. Und sie wollen einen Platz finden, an dem sie sich manifestieren und entsprechend ihrer Ladung agieren können – mit den entsprechenden unheilvollen Folgen.

Dieses Konzept von „Trauma und Spaltung" könnte Verständnishilfe sein, wenn wir zuweilen fassungslos sind angesichts der krassen Kehrtwende und Ignoranz mancher unserer politischen EntscheidungsträgerInnen.

Trauma-Dämonen und ihr Wirken

Alles Geistig-Energetische drängt ins Stoffliche, in die Materie, um sich hier zu verwirklichen. So wie wir Menschenkinder und alle Wesen aus dem „Großen Geist" kommend ins Irdische geboren werden, um hier die zu werden, die wir sind, so kommen auch die Trauma-Anteile – ich nenne sie auch Trauma-Wesen – aus ihren dunklen Spalten und drängen ins Licht des Bewusstseins. Wir alle tragen solche abgespaltenen Traumawesen in unserer Psyche:

- *Biografische* Traumata: Verdrängte Relikte aus unerledigten traumatischen Erfahrungen in unserer Kindheit
- *Perinatale* Traumata: Reste aus intrauterinen Traumatisierungen, wie Abtreibungs-Gedanken oder Versuche unserer Mutter, Erinnerungsreste einer traumatischen Geburt
- *Transgenerative* Traumata: Wie beispielsweise die Kriegserfahrungen unserer Väter und Großväter oder die Vergewaltigung unserer Mutter und Großmutter
- *Präexistentielle* Traumata: Die unabgeschlossenen traumatischen Erfahrungen aus früheren Verkörperungen der Seele

In einem existentiellen Trauma zerfällt die Psyche in unterschiedliche, teilweise auch sehr widersprüchliche Anteile, wie bereits oben beschrieben.

Unser zensierendes Ich kann manche dieser Anteile nicht akzeptieren, denn sie erzeugen Scham- und Schuldgefühle, wir sind dann nicht das liebe Kind, das wir sein sollten. Teilpersönlichkeiten wie der Schwache, der Ängstliche, der Hilflose, der Ohnmächtige, aber auch die Zornige, die Empörte, die Wütende … sie werden vom Ich abgelehnt und verschwinden im Schatten, in der Spaltung. Hier, gefangen im Schattengrund der Psyche, verdunkeln sie sich zunehmend, werden ungehalten und „böse", so wie ein eingesperrter Hund in einem Zwinger immer aggressiver wird. In ihrem Gefängnis mutieren die zunächst eher harmlosen Trauma-Wesen zu zerstörerischen Erinnerungs-Dämonen.

Wir alle tragen solche Trauma-Dämonen in uns, bewusst oder meist unbewusst. In dem Maße, in dem wir diese Wesen ignorieren oder verleugnen, wirken sie zerstörerisch aus dem Raum der Schatten in unser Leben, in das Leben unserer Familie und schließlich in den gesamten kollektiven Raum der Gesellschaft. Sie gehen in Resonanz mit Wesen gleicher oder ähnlicher emotionaler Ladung und verstärken sich wechselseitig. Die Psychiaterin Olga Kharitidi schreibt dazu:[(5)]

> „Wenn sie nicht geheilt werden, wachsen sie, verbinden sich miteinander, beschleunigen und verstärken einander und entwickeln sich zu kollektiven Wesen."

Das wahnhafte Zusammenwirken von kollektiven Traumawesen sehen wir, wenn ein Fußballspiel destruktiv eskaliert; es zeigte sich eindrucksvoll während der Corona-Krise in der Unversöhnlichkeit unterschiedlicher Erlebnisweisen, und es erreichte einen mörderischen Höhepunkt im Holocaust. In allen existentiellen Notsituationen, ganz besonders in kriegerischen Ereignissen, gerade aktuell im Krieg in der Ukraine, erleben wir das unheilvolle Agieren der Trauma-Dämonen.

Aus dem unbewussten Ineinanderwirken solcher Schattenwesen kann ein kollektiver Wahnzustand entstehen, eine Kollektiv-Psychose der Massen, wie zum Beispiel der Inquisitions-Wahn im Mittelalter, aber auch der *aktuelle Kriegswahn* mit dem Ruf nach immer mehr und immer schwereren Waffen, um mit Mordwerkzeugen Frieden zu schaffen.

Kriegs-Traumata und die Folgen

> „Der Krieg hat einen langen Arm.
> Noch lange, nachdem er vorbei ist,
> holt er sich seine Opfer.“
>
> (Martin Kessel, Schriftsteller, 1901-1990)

Angesichts des unsäglichen persönlichen und kollektiven Leidens, welches durch Kriege verursacht wird, erscheint mir mein eigenes Kriegstrauma eher klein und bedeutungslos. Riesiges Kriegselend lastet auf der gesamten Menschheit und expandiert immer weiter: Verlust von Heimat und Sicherheit, Vertreibung, Flucht und Entbehrung, Bombenterror, Verfolgung, Massaker, Völkermord, Folter und Vergewaltigung, Vernichtung, Tod und andauernde Angst verdunkeln das Leben der Menschen und wirken weiter in die Zukunft:

> „Ich bin mit den körperlichen und seelischen Verwundungen aufgewachsen, die mein Vater im 2. Weltkrieg im Kessel von Charkow erlitten hatte und mit denen er bis zu seinem Tod belastet war.
> Er erzählte u. a. immer wieder davon, wie er an der Front einen schwer verwundeten russischen Soldaten traf. Der junge Mann, der als Deutschlehrer ausgebildet war, sagte zu ihm: „Kamerad, du kämpfst für Hitler, ich kämpfe für Stalin.“ Er bat um einen letzten Schluck Wasser und starb in den Armen des damals 19 jährigen deutschen Soldaten.“
>
> (W. C., März 2023)

All das, was von Opfern und genauso von Tätern emotional nicht bewältigt werden kann, was verdrängt und verleugnet wird, sinkt ab ins Unbewusste und findet – oft nach vielen Jahren – wieder Ausdruck in psychischem oder körperlichem Leiden, in chronischen Schmerzzuständen, Erkrankungen des Herzens, in Angst- und Panikstörungen, Depressionen, Suchtverhalten und quälenden, oft sprachlosen Erinnerungen. In einem Kommentar zum „Manifest für Frieden“ von Alice Schwarzer und Sahra

Wagenknecht begründet eine Frau ihre Ablehnung gegen weitere Waffenlieferungen und die Forderung nach diplomatischen Verhandlungen mit den Worten:

> „... weil ich weiß, was der 2. Weltkrieg aus unseren Großeltern und Eltern gemacht hat. Entwurzelte, traumatisierte und „verrückte" Menschen."
>
> (W. M., Februar 2023)

Und alle unerlösten Kriegstraumata wirken immer weiter im individuellen und im kollektiven Bewusstsein der Menschen, sie wirken aus der Vergangenheit weit in die Zukunft. Über die genetische Informationskette werden sie weitergegeben an die nächsten Generationen – an Kinder, Enkel, Urenkel ... Das Leiden der Opfer wie auch die Schuld der Täter wirken fort und belasten das Leben der Nachfolgenden „bis ins dritte und vierte Glied."

Eine Enkelin, die das Trauma ihres Großvaters zu bewältigen hat, wendet sich gegen die Ausweitung des Krieges durch weitere Waffenlieferungen an die Ukraine:

> „... weil wir Kriegsenkel
> schon genug Lasten auf den Schultern tragen.
> Weil mein Opa im KZ vergast wurde.
> Und für die Zukunft unserer Kinder."
>
> (V. H., Februar 2023)

Dass Kriegs-Mütter, Kriegs-Väter und Kriegs-Kinder ihre nicht integrierten Traumata genetisch weitergeben an die folgenden Generationen, ist inzwischen vielfach wissenschaftlich belegt: Gefühle von innerer Einsamkeit, Verlorensein Heimatlosigkeit, Mangelgefühle, Schuldgefühle und immer wieder Todesängste belasten das Leben der Nachkommen. Die Traumadämonen geben keine Ruhe, so lange, bis sie aus ihren Gefängnissen befreit und heilsam ins Leben integriert werden.

In einem eindringlichen und tief berührenden „Manifest der Achtzigjährigen – die Stimme der Kriegskinder zum Krieg in der Ukraine"[6] sprechen die Alten, lebenserfahrene Frauen und Männer, sie rufen auf zum Frieden. Die Alten, die Kriegskinder von damals, sprechen hier von ihren „leibhaftigen Erinnerungen“:

> „Das Heulen der Sirenen, das die Bomben ankündigte, die Trümmer ein paar Häuser weiter, in denen wir bei Strafe nicht spielen durften wegen der Blindgänger und der Einsturzgefahr; die Bunker, in die wir beinah jede Nacht gebracht wurden und in denen wir dichtgedrängt beieinander saßen; das Entsetzen, wenn nahebei eine Bombe niederging und der ganze Bunker wackelte; und die Finsternis, wenn das Licht erlosch (…); die Sorge, ob das Haus, in dem wir wohnten, noch stand, wenn wir nach dem Bombenangriff aus dem Bunker ‚nachhause‘ gingen; (…); der Hunger, der wehtat; und die Rivalität der Geschwister um das karge Brot; die Frostbeulen, die juckten, aber nicht gekratzt werden durften, weil sie nicht heilten. (…)
> (…) das genügt, um uns mit den getöteten, verwundeten und verängstigten Kindern in der Ukraine verbunden zu fühlen, und

K. Kollwitz: Die Überlebenden, Holzschnitt,1924

es macht es uns unmöglich, über ihre Leiden hinwegzusehen. Je länger dieser Krieg dauert, desto mehr wird ihr Leben von ihren Kriegserfahrungen beherrscht sein, sie werden, wie wir, Kriegskinder sein. Sie haben keine Stimme, um das Schweigen der Waffen und den Weg der Verhandlungen einzufordern. Wir tun das an ihrer Statt (…)"

Auf der Kommentarseite zum „Manifest der Achtzigjährigen" folgen viele erschütternde Erfahrungsberichte von alten Menschen, zwei davon habe ich ausgewählt:

„Ich bin ein Kriegskind. Ich bin im Oktober 1943 in der Nähe von Breslau geboren. Am 19. Januar musste meine Familie bei Eis und Schnee mit einem Pferdewagen vor den Russen fliehen. Der Wagen war so voll, dass ein Schlitten hinten angebunden wurde. Darauf kam ich im Kinderwagen, und meine arme Mutter lief die ganze Zeit hinterher und hielt den Wagen fest. Unvorstellbar! … Was ich weiß, hat mir meine Oma erzählt. Meine Mutter hatte dazu keine Kraft.
Mein Opa, damals 73 Jahre alt, wollte nicht mit. Er dachte, wir kommen bald wieder. Wir haben nie mehr etwas von ihm gehört …
Wir haben in Bahnwaggons gehaust, es wurde zwischen den Schienen gekocht.
Am Straßenrand lagen immer wieder tote Kinder. Sie konnten nicht beerdigt werden, weil der Boden gefroren war.
Irgendwann sind wir ohne Pferdewagen und Pferde, völlig ausgemergelt und krank, mit Krätze, in Dresden angekommen …"

(O.H., März 2023)

Eine Tochter fühlt noch heute den Schmerz ihres Vaters, der als Junge in den Krieg ziehen musste. Sie schreibt:

„Mein lieber Vater hat die Nacht vor seinem 16. Geburtstag bitterlich geweint – wohl für lange Zeit zum letzten Mal. Er wusste, wenn der Morgen graut, muss er in den Krieg …

> Aus einem fast noch Kind wurde in den letzten drei Kriegsmonaten brachial barbarisch ein für immer traumatisierter „Mann“ zusammengestaucht …
> Ich bin sehr froh über dieses Manifest. Friede uns allen.“
>
> (G.B., März 2023)

Aus meiner Tätigkeit als Psychotherapeutin könnte ich viele Seiten mit Beispielen transgenerativer Traumata füllen. Eine solche Leidenserfahrung kommt mir immer wieder in den Sinn:

Meine Klientin fühlte sich seit Beginn ihres Lebens gefangen in einem inneren Raum von Dunkelheit, von Kälte, Freudlosigkeit, Leblosigkeit, „wie lebendig begraben“, sagte sie. In einer Innenweltreise mit der Methode des „Holotropen Atmens“ – einer von Stanislav Grof entwickelten Methode zur Bewusstseins-Erweiterung – ‚erinnerte‘ sie das verschwiegene und verleugnete Kriegstrauma ihrer Mutter:

Diese wurde als Mädchen im Alter von fünfzehn Jahren von einem englischen Soldaten vergewaltigt. Das verstörte Mädchen suchte Hilfe bei seiner Mutter, der Großmutter meiner Klientin. Die gab ihrer verzweifelten Tochter den folgenden ‚frommen‘ Rat: „Geh zur Beichte und dann sprich nie mehr darüber.“ Das traumatisierte Mädchen folgte dem Rat der Mutter und lebte fortan in einem Raum des Schweigens, der emotionalen Erstarrung, einem Raum des ewigen Todes … und gab diesen unerträglichen psychischen Zustand an ihre Tochter weiter.

In psychotherapeutisch begleiteten Heilungs-Prozessen werden die ins Unbewusste verbannten Trauma-Dämonen eingeladen, sie dürfen sich zeigen, sie kommen ins Licht des Bewusstseins und können sich nun befrieden. So kann sich Schmerz in Freude und Angst in Zuversicht wandeln –, auch wenn die Wunden des Krieges nie ganz verheilen und unter der aktuellen Bedrohung wieder aufbrechen und erneut schmerzen.

Somit steht für mich als Psychotherapeutin nicht die politische, sondern vor allem die menschliche Sicht- und Erlebnisweise auf Kriegsereignisse im Focus meiner Betrachtung. Es ist das menschliche Kriegselend, das mich emotional umtreibt, und es ist die psychische

Antwort der Menschen auf die wechselhaften und oft widersprüchlichen politischen Entscheidungen, die politischen Begründungen, die Verwirrungen, die gezielten Täuschungen und die daraus folgenden Enttäuschungen mit ihren krankmachenden Folgen für Körper und Geist. Mich bewegt, was Kriegspropaganda mit uns Menschen macht, individuell und kollektiv, und mich bewegt die *ethische Verantwortlichkeit* – oder Unverantwortlichkeit – unserer demokratisch gewählten Politiker und Politikerinnen.

Mich interessiert der *ethische Aspekt dieses Krieges:* Denn im Zentrum der Ethik steht seit jeher die Frage nach dem „höchsten Gut" des Menschseins. Und die Antwort ist seit Menschengedenken immer dieselbe: Das Leben ist das höchste Gut, das Leben in all seinen Erscheinungsformen.

Trauma-Heilung und Zeitenwende

Nebelverschlungen
Verloren die Geister
Im Schattengrund

Traumadämonen
Irren im Lande der Toten
Spiegeln das Licht

Verkünder der Wahrheit
Oh, öffne mir Herz und Mund
Im Einklang der Welten!

(G. Croissier, 11.11.2022)

Die Trauma-Dämonen in ihrer gewaltvollen Enge sind unversöhnlich, sie agieren rückwärtsgewandt. Denn sie kennen nur das Alte, die alte Angst, die alte Gewalt, die alte Rache. Der Kreislauf von Gewalt und Gegengewalt, von Opfer und Täter hält sie am Leben.

Wie kann ein solcher Prozess individuell und auch kollektiv gestoppt werden? Wie können die persönlichen und gesellschaftlichen Wunden eines Krieges geheilt werden? Traumatherapeutische Ansätze sowie die Überlieferungen traditioneller Kulturen geben hierzu wertvolle Hinweise. Allgemeingültige Heilungs-Schritte können sein:

- Die vollständige Realisierung der Katastrophe, des Traumas, der Wunde
- Die Annahme von Eigenverantwortung für den Heilungsweg
- In kriegerischen persönlichen und kollektiven Auseinandersetzungen gilt: Die Zurücknahme von einseitigen Schuldzuschreibungen, denn für einen Konflikt sind immer beide Seiten verantwortlich, hier ist „das Tun des Einen das Tun des Anderen". (Helm Stierlin)
- Persönliche und kollektive Selbsterkenntnis statt Projektion sind erforderlich
- Gemeinsames Trauern und Klagen um die Opfer und auch um die Schuld der Täter
- Kollektive Trauer-Rituale; sie stärken den Zusammenhalt einer sozialen Gruppe, sie schenken Zuversicht und schöpferische Energie für einen Neuanfang.(7)

„Ein Klagegebet(8)

Gott unsere Mutter
an den Wasserflüssen Babylons sitzen
unsere Freunde und weinen
Verschleppte, Vertriebene, Flüchtlinge,
die wir Asylanten nennen,
die die Spuren der Angst und des Leidens
und des Heimwehs in ihren Körpern tragen
sitzen bei uns in Babylon
wo wir die Türme in den Himmel bauen
und die Tiefflieger aufheulen lassen
zwischen Himmel und Erde
sitzen sie und weinen

Gott unser Vater
auch wir sind nicht ganz zu zuhause hier in Babylon
zwischen unseren Atomfabriken
und Atombomben und Atomherren
auch wir weinen, wenn wir an Zion denken
deine Stadt voller Brunnen mit unverseuchtem Wasser
und voller Gerechtigkeit
auch wir hängen unsere Harfen in den Wind
weil wir nicht singen mögen
nicht „Deutschland über alles“
und nicht „Kein schöner Land“
kommt über unsere Lippen
(…)

Gott du Geist des Mutes
gib, dass wir unsere Traurigkeit leben
ohne aufzuhören dich zu lieben
gib, dass wir mitten in Babylon
die Brunnen lebendigen Wassers suchen
und lass uns nicht verdursten nach Gerechtigkeit …“

(Dorothee Sölle, Theologin und politische Aktivistin)

Nicht in weiterer Spaltung, sondern einzig und allein *in Verbindung, im Zusammen-Wirken* und in Anerkennung der Andersartigkeit und der speziellen Bedürftigkeit des Anderen, liegt die Chance auf Heilung und Frieden. Nicht in rückschrittlich-kriegerischer Erschaffung immer neuer Feindbilder, nicht in archaische Rache-Wünsche sollte die Zeit sich wenden. Eine *heilsame Zeitenwende* erfordert die Bereitschaft zu Verzicht, zu Kompromiss und zu allseitiger Versöhnung.

Kompromisse sind ein absolut notwendiger Bestandteil des menschlichen Zusammenlebens, und nicht nur des menschlichen, auch Tiere und Pflanzen sind dazu in der Lage, indem sie sich mit anderen Artgenossen arrangieren. Denn, so schreiben die Frauen der Friedens-Initiatve „Global Women for Peace“:

> „Die Zeit des Kolonialismus und Imperialismus ist endgültig vorbei. Die Zeit des unipolaren Herrschaftsanspruchs und der »moralischen Überlegenheit des Westens« ist vorbei. Heute begrüßen wir eine neue multipolare Weltordnung, die auf gemeinsamen Entscheidungen, auf sozialer und ökologischer Gerechtigkeit, auf der gemeinsamen Nutzung von Ressourcen und Technologien und auf dem Übergang zu Null-Militärarsenalen beruht."[(9)]

Hier die Vision einer radikalen Zeitenwende, Dorothee Sölle von 1981: [(10)]

> „Stellt Euch vor, der Frieden bräche aus. Wir im Herzen Europas wären wehrlos. Wir würden nicht mehr Krieg üben, Krieg lernen, Krieg spielen und Krieg mit unseren Steuern bezahlen. Wir stellten keinerlei Bedrohung für unsere Nachbarn da. Niemand (...) könnte uns Aggressivität, Friedlosigkeit, Vorbereitung eines Angriffskrieges und Erstschlagwünsche unterstellen. Wir wären zum ersten mal in der Geschichte unseres Landes frei, nämlich frei vom Wunsch zu töten, zu vergelten oder vorsorglich zu töten. Wir hätten die Sklaverei, unter der die Menschheit bis heute lebt, abgeschafft. Die Kriegssklaverei und die Atomsklaverei. Und stellt Euch die wirkliche Freiheit vor: niemanden mehr zu bedrohen und zu übervorteilen, zu belügen und zu erpressen. Freiheit von dem Zwang, ein Verbrechen vorzubereiten, das in der bisherigen Geschichte der Menschheit noch nicht vorgekommen ist, die atomare Vernichtung alles Lebens. Frei werden von der Vorbereitung auf Mord und Selbstmord ..."

2. Ein pazifistischer Aufschrei

„Es gibt Krieg und denen ist das egal. (…)
Kann man denn da nicht mal nachgeben?
Nein, lieber riskiert man einen Krieg.
Ein Militärexperte fordert den Westen auf,
Zu den Waffen zu greifen.
Weil sonst die EU und die Nato
In hundert Jahren als „Versager" dastünden.
Da kann man nichts mehr sagen.
Sind das die Gründe für einen Krieg?
Was man in hundert Jahren denkt.
Ich lebe jetzt … und mein Kind auch!"
(W.B., Juni 2022)

Was bedeutet Pazifismus wirklich? Pazifismus ist eine Ableitung von pacificus = friedliebend. Pazifismus benennt eine menschlich-ethische Grundhaltung, die Krieg und Gewalt als Mittel der Auseinandersetzung und Konfliktbewältigung ablehnt. PazifistInnen sind somit „Freunde und Freundinnen des Friedens".

Pazifismus impliziert allerdings nicht, sich wehrlos vernichten zu lassen; das Geschenk des Lebens ist das höchste Gut, es ist unsere Pflicht, dieses Gut zu schützen – nach Möglichkeit ohne Gewalt, mit „gewaltlosem Widerstand". Weltbekannte aktive Vorbilder des gewaltlosen Widerstandes waren und sind Mahatma Gandhi, Martin Luther King, Nelson Mandela sowie die Mitglieder der „Weißen Rose" Hans und Sophie Scholl.

Allerdings haben es PazifistInnen, Freunde und Freundinnen des Friedens, nicht immer leicht; in gewaltbereiten Gesellschaften sind sie nicht beliebt; oft werden sie verlacht, verhöhnt und nicht selten verfolgt und ermordet:

Mahatma Gandhi wurde ermordet.
Martin Luther King wurde ermordet.
Die Geschwister Scholl wurden ermordet.
Nelson Mandela verbrachte 27 Jahre in Gefangenschaft.

Pazifisten – Freunde und Freundinnen des Friedens

„Ich glaube an die Gewaltlosigkeit
als einziges Heilmittel."

(Mahatma Gandhi)

Als Pazifistin weiß ich, und das wissen im Grunde wir alle: „Es gibt keinen gerechten Krieg." Alle an einem kriegerischen Konflikt beteiligten Parteien tragen Mit-Verantwortung, und sie alle tragen Mit-Schuld am Verbrechen des Krieges. Meist ist es kaum auszumachen, wer mehr verantwortlich, wer mehr schuldig ist. Im Krieg gibt es nicht nur die guten Opfer und nicht nur die bösen Täter. Nirgendwo sonst wird die Opfer-Täter-Einheit so deutlich wie in einem Krieg:

„Du und ich – wir sind eins.
Ich kann dir nicht wehtun,
ohne mich selbst zu verletzen."

(Mahatma Gandhi)

Nicht einseitige Parteinahme und einseitige Berichterstattung, sondern die Bipolarität von Kriegs-Opfern und Kriegs-Tätern sollte in einer Demokratie die politische Entscheidung, die mediale Berichterstattung und die öffentliche Debatte bestimmen.

Gerade aber diese mitfühlende Allparteilichkeit fehlt aktuell in der Beurteilung und Haltung zum Krieg in der Ukraine –, was durch den Überfall Russlands auch nachvollziehbar ist. Allerdings ist die deutlich einseitige Parteinahme unserer Regierung sowie die *einseitige* und damit manipulative Berichterstattung der öffentlich-rechtlichen Medien erschreckend und verstörend. Daher erlaube ich mir – und es ist mir ein dringendes Bedürfnis –, weitgehend verschwiegene und die Wahrheit *ergänzende* Informationen hier zu teilen, denn diese werden zu einem ganzheitlichen Verständnis, einer gerechten Beurteilung und zu einer friedlichen Lösung dringend gebraucht. Amy Goodman, (geb.1957), amerikanische Journalistin, Fernsehmoderatorin, Menschenrechtlerin und Trägerin des alternativen Nobelpreises 2008, schreibt in ihrem Buch „The Silenced Majority" zur Meinungsmanipulation der Medien:[1]

„Die Medien könnten die größte Friedensmacht der Welt sein, stattdessen werden sie als Kriegswaffe eingesetzt." Kriegskritiker kämen in den USA praktisch nicht zu Wort, abweichende Meinungen würden ausgefiltert. Die Medienkonzerne gäben oft nur die Positionen der Konzerne und der Politiker wieder, die von Konzernen finanziert werden. So schrumpfe die von den Medien abgebildete Meinungsvielfalt in den USA zunehmend. „Ich nenne es ‚die zum Schweigen gebrachte Mehrheit', denn diejenigen, die gegen Krieg, gegen Folter sind, die wegen Armut und der Kontrollmacht der Unternehmen tief besorgt sind, sind keine Randgruppe. Sie sind nicht einmal eine schweigende Mehrheit, sondern eine Mehrheit, die zum Schweigen gebracht wird. Sie wird mundtot gemacht von Medienunternehmen, und das müssen wir ändern."

Amy Goodmans Worte entsprechen exakt der medialen bundesdeutschen Berichterstattung der letzten Jahre und insbesondere derjenigen zum Ukraine-Krieg. Es steht nun nicht in meiner Macht, dies zu ändern, vielleicht aber können die Worte dieses Buches einen kleinen Beitrag leisten zu einem ganzheitlicheren Verständnis dieses Krieges und seiner Vorgeschichte.

Somit richte ich meinen eindringlichen *pazifistischen Appell nicht an die russische Regierung,* denn sie ist nicht mein Ansprechpartner, sie habe ich nicht gewählt. Sie und ihre Vertreter haben keinen Eid geleistet, mich und die deutsche Bevölkerung zu schützen. – Würde ich in Russland leben, dann wäre ich als radikale Pazifistin, und damit auch Putin-Kritikerin, vermutlich schon lange verhaftet. – Mein pazifistischer Weckruf richtet sich an die zunehmend bellizistisch tönenden und agierenden deutschen PolitikerInnen, an diejenigen, die Waffengewalt zur angeblichen Befriedung dieses Krieges befürworten, sie aktiv unterstützen und damit einen dritten Weltkrieg riskieren. Sie haben wir gewählt, sie sind verpflichtet, unser aller Leben zu schützen. Ihr Amts-Eid lautet:

„Ich schwöre, dass ich meine Kraft dem Wohle des deutschen Volkes widmen, seinen Nutzen mehren, Schaden von ihm wenden, das Grundgesetz und die Gesetze des Bundes wahren und verteidigen, meine Pflichten gewissenhaft erfüllen und Gerechtigkeit gegen jedermann üben werde."

Christian Hacke, (geb.1943), Politikwissenschaftler und ehemaliger Professor der Bundeswehr-Universität Hamburg und der Friedrich-Wilhelms-Universität Bonn, findet in einem Interview (06.09.2022) hierzu deutliche Worte:(2)

„Was wir jetzt erleben, ist der Zusammenbruch der Diplomatie. (...) Jeder weitere Tag Krieg zerstört Land und Leute dermaßen, dass es nicht länger mit anzusehen ist. Es muss diplomatisch eingegriffen werden und wir müssen Kiew ehrlicherweise auch sagen: Leute, wir geben euch keinen weiteren Freibrief, sondern ihr müsst endlich Kompromissbereitschaft zeigen, sonst wird euer Land völlig zerstört werden. (...)

Frau Baerbock ist nicht korrigierbar; sie steht in absolutem Einklang mit den Amerikanern. Hier sehen sie die neue außenpolitische Achse zwischen machtpolitischer und antirussischer Aggressivität der USA sowie deutschem Idealismus nach dem Motto: Am deutschen Wesen soll die Welt genesen.

Man negiert 20 Jahre gescheiterten Demokratieexport von Afghanistan über Irak bis Libyen und träumt sich weiter in eine unipolare Welt von 1990, in Berlin und in Washington. (...)

Die US-Regierung von Joe Biden tritt nicht für eine Friedenslösung im Ukrainekonflikt ein, sondern will Russland in die Knie zwingen. Ähnliche Äußerungen gibt es von Frau Baerbock. Dann kann man weiter fragen: Wo bleibt das historische Gedächtnis? (...)

Mehr Selbstbescheidenheit auf westlicher Seite und Verständnis für die Sicherheitsinteressen Russlands hätten eine neutrale und friedliche Lösung für die Ukraine möglich gemacht. Das Versäumnis hat auch der Westen mitzuverantworten. (...)"

Die Menschheit steht am Abgrund: Klimakatastrophen mit Trockenheit, Dürren, Feuersbrünsten, Überschwemmungen und weltweiten Hungersnöten zerstören unseren Planeten, unsere Heimat und unsere Lebensgrundlagen. Pandemien gehen um die Welt und sind kaum zu bewältigen. Menschen in den Entwicklungsländern erleiden unsägliche Entbehrungen und Qualen, während die große Mehrheit der Menschen der westlichen Industrienationen – noch – im Überfluss zu leben gewohnt ist, was sich jedoch gerade zu wandeln scheint …

Wir Menschen hätten die Möglichkeit, die letztendliche Katastrophe gemeinsam zu verhindern; die wissenschaftlichen, technologischen und materiellen Mittel sind vorhanden. Stattdessen verliert sich die Menschheit in projizierten Feindbildern, in Spaltung und kriegerischer Gewalt. Die verantwortlichen PolitikerInnen erscheinen als Gefangene ihres Egos, geblendet von Machtinteressen, von wirtschaftlichen Interessen und fixiert in infantiler Ängstlichkeit vor dem Urteil der Welt.

„Was für eine Welt könnten wir bauen,
wenn wir die Kräfte, die ein Krieg entfesselt,
für den Aufbau einsetzten.
Ein Zehntel der Energien,
die die kriegführenden Nationen verbrauchen,
ein Bruchteil des Geldes, das sie mit
Handgranaten und Giftgasen verpulvert haben,
wäre hinreichend, um den Menschen aller Länder
zu einem menschenwürdigen Leben zu verhelfen.“

(Albert Einstein)

Krieg, ein Verbrechen gegen die Menschlichkeit

„… Es geht ums nackte Überleben, immer mit der Angst des Todes im Nacken, durch den Dreck kriechend, ein ganzes Jahr schon. Sie müssen mit ansehen, wie ihre Kameraden in Stücke gerissen werden, und die Wut wird immer größer, die Menschlichkeit rückt immer weiter weg.
Denn Mensch darf man nicht sein, in solch einem Krieg. Das kann man sich nicht leisten. Zur Tötungsmaschine muss man werden, darauf wird man reduziert.
Das ist sie, die hässliche Fratze des Krieges!
Ich könnte heulen, wirklich. Und nun werden schon 16-Jährige an die Front berufen, Kinder noch, Kindergesichter unter viel zu großen Helmen!
Schutzbefohlene! Und sie dürfen nicht Kind sein, dürfen nicht ihr Leben leben, ihre Identität finden, sich verlieben, Träume haben. Sie müssen sich in die Tötungsmaschinerie einreihen, werden dem Grauen ausgesetzt, zarte Pflanzen noch, die nicht gedeihen dürfen.
Es ist ein Wahnsinn, der beendet werden muss.
DIE WAFFEN NIEDER!“

(C. M., März 2023)

„Menschen, die andere Menschen mit deutschen Waffen in den Tod schicken, sollten nicht über Menschenrechte sprechen. Ist ihnen wirklich nicht bewusst, was sie tun?
Warum können sie das Leid der Soldaten ignorieren? Ist es ihnen nicht bekannt, dass die jungen Männer in der Ukraine nur wenige rechtliche Möglichkeiten haben, um dem Grauen und dem Tod zu entkommen? Verstehen sie nicht, wie groß der soziale Druck in der kriegstrunkenen Propaganda ist? Sind sie sich nicht bewusst, wie viel Hass dadurch entsteht?
Jeder, der sich für Waffenlieferungen in die Ukraine ausspricht, macht sich an dem Tod junger Männer schuldig.“

(S. R., April 2023)

Jeder Krieg ist ein Verbrechen gegen die Menschlichkeit! Er ist ein Verbrechen gegen das gesamte Leben auf der Erde. Alles, was Menschlichkeit ausmacht oder ausmachen sollte: menschliche Würde, menschliche Größe, menschliche Weisheit, menschliches Mitgefühl und menschliche Liebe, wird im kriegerischen Denken und Handeln auf den Kopf gestellt. Hier, im kriegerischen Imperativ von Rache und Gewalt, wird das Gegenteil wirkmächtig: erbärmliche menschliche Kleinheit, Würdelosigkeit, Dummheit und Lieblosigkeit. Aus dem ethischen und spirituellen Überlebens-Gebot der Menschheit „du sollst nicht töten" wird ein Vernichtungs-Gebot „du sollst töten".

Kriege machen den Menschen zum Unmenschen, zum Verbrecher. Denn die ursprüngliche Aufgabe der Menschheit, Hüterin der Schöpfung zu sein, das Leben zu achten, zu schützen und zu bewahren, geht in jedem Krieg verloren. Da stellt sich zuweilen die verstörende Frage, ob solche verbrecherischen Wesen überhaupt ein Lebensrecht haben auf diesem Planeten.

Jede Regierung, die einen Krieg anzettelt, handelt verbrecherisch, aber auch jede Regierung, die Waffen in ein Kriegsgebiet liefert, handelt verbrecherisch, genauso wie jede Einzelperson, die Waffengewalt aktiv oder passiv befürwortet. Der Psychiater, Psychoanalytiker und Autor Hans Joachim Maaz sagte im Gespräch mit Jasmin Kosubek,[3] dass

> „es in Deutschland bereits wieder eine Politik gibt, die den Krieg befürwortet. (…) Die Tatsache, dass Waffen geliefert werden, statt Diplomatie zu wählen, ist für mich erschreckend. Und so ein Ausspruch – »Mit unseren Waffen retten wir Leben« –, da wird's für mich absurd. (…)
> Wenn in einer Gesellschaft die Diplomatie nicht mehr angestrebt wird, dann ist das für mich eine höchste Bedrohung der ganzen Gesellschaft und letztlich des Friedens überhaupt – schwer auszuhalten."

Daher sollte es im Interesse aller sein, den Krieg so schnell wie möglich zu beenden, das Gegenteil aber ist die erschreckende Realität. Die Lieferung nun auch „schwerer Waffen" an die Ukraine, um diesen Krieg angeblich zu verkürzen, verlängert ihn ins Ungewisse, manche Experten sprechen von Jahren.

Mit der militärischen Offensive der Ukraine zur *Rückeroberung* des Donbass, der Schwarzmeer-Region und der Krim hat sich dieser Krieg nochmals dramatisch verändert: Aus Opfern wurden Täter, aus dem russischen Angriffs-Krieg wurde ein ukrainischer Rückeroberungs-Krieg, der nur durch die ideologische und militärische Unterstützung des Westens ermöglicht wurde, der noch Monate oder gar Jahre dauern kann, der tagtäglich Tod und Zerstörung bringt.

Angaben zu den Opfern schwanken stark, da jede Kriegspartei die eigenen Opferzahlen möglichst niedrig und die des Gegners möglichst hoch beziffern möchte. US-Generalstabschef Mark Milley etwa hatte bei einem Deutschland-Besuch im November 2022 gesagt, dass beide Seiten mehr als 100.000 Tote und Verwundete verzeichnen. Das sind mehr als 200.000 junge Männer, Väter, Söhne, Brüder, Geliebte, Freunde … Und wie viele Frauen, Kinder und alte Menschen verloren ihre Heimat, wurden getötet, verletzt, verstümmelt an Leib und Seele?

> „Jede Kanone, die gebaut wird, jedes Kriegsschiff, das vom Stapel gelassen wird, jede abgefeuerte Rakete bedeutet letztlich ein Diebstahl an denen, die hungern und nichts zu essen bekommen, denen, die frieren und keine Kleidung haben. Eine Welt unter Waffen verpulvert nicht nur Geld allein. Sie verpulvert auch den Schweiß ihrer Arbeiter, den Geist ihrer Wissenschaftler und die Hoffnung ihrer Kinder."
>
> (David Eisenhower, 1953-1961 Präsident der USA)

Zur Beendigung kriegerischer Konflikte ist es letztendlich gleichgültig, wer den Krieg aus welchen Gründen begonnen hat, wer mehr oder weniger schuldig ist; darüber lässt sich unendlich und ergebnislos debattieren, was die Geschichte aller Kriege belegt. Eine weise Frau schrieb hierzu:

> „Für mich ist es nicht wichtig,
> wer den Krieg angefangen hat,
> sondern wer den Mut und die Vernunft hat,
> ihn zu beenden." (D. D. Juli 2022)

Diesen Mut und diese Vernunft lassen unsere aktuellen politischen RepräsentantInnen derzeit leider vermissen. Es schmerzt und ängstigt mich zu erleben, wie der historische Friedensauftrag Deutschlands sich in Kriegstreiberei, Kriegslust, Waffenbegeisterung und eine fatale Helden-Ideologie gewandelt hat. Unser Bundeskanzler Scholz, der selbst Ende April 2022 noch vor einem dritten Weltkrieg warnte, hatte nach anfänglichem Zaudern – unter massivem Druck der Militaristen seiner Regierung und in offensichtlicher Bedrängnis – schließlich dem Bundestagsbeschluss zur „Lieferung schwerer Waffen" zugestimmt, Ende Juni der Aufrüstung der Bundeswehr mit über 100 Milliarden Euro und im Januar 2023 der Lieferung von Leopard-Panzern.

Und Menschen sterben, sie hungern, sie frieren, die Erde dürstet nach Frieden, dem Wasser des Lebens. Sie aber fordern und fördern weiter einen Krieg, der – selbst wenn er zu gewinnen wäre – niemals Frieden bringen kann.

Wo nur bleibt der Aufschrei? Das laute und verzweifelte Brüllen? Das Mitgefühl mit den unzähligen Opfern dieses Krieges? Erst wenn wir die Realität der Kriege nicht mehr in einem machtpolitischen Zusammenhang, *sondern allein vom Leid der Opfer her erleben*, wird es Frieden geben auf Erden:

> „Das heißt, den Krieg nicht aus der Perspektive der Regierungen oder geopolitischen Strategen, sondern der direkten Opfer zu betrachten. Das sind Menschen, die in den von den Kämpfen betroffenen Gebieten leben, die von Tod, lebenslangen Verletzungen oder Vertreibung bedroht sind. Sie sind es, die die Solidarität der internationalen Gemeinschaft verdienen, um deren Wohlergehen es geht."[(4)]
>
> (Stanislaw Strasburger, berliner-zeitung.de)

In diesem Sinne ist es das zentrale Anliegen meines Beitrags, den Opfern dieses Krieges eine Stimme zu geben, Worte zu finden für ihr unsägliches Leiden. Und unsere Stimmen, die der Friedensfreunde und Friedensfreundinnen aus den beiden Petitionen, die wir so erschüttert, fassungslos und scheinbar hilflos dastehen angesichts dieser Hölle, sie möchte ich hier hörbar werden lassen: Die ergreifenden Worte des Mit-Leids, die Worte der Angst, die Worte der Erschütterung, die Worte der Ent*rüstung*, die Worte des Zorns und vor allem die Worte der Liebe mögen hier laut, hörbar und wirkmächtig werden.

Krieg oder Frieden
Worte gestammelt am Abgrund
Blutigzerrissen das Herz

Ein Hoffnungsschimmer
Am Rande der Menschheit?
Oh Du, Himmlisches Licht!

(G. Croissier, Sommer 2022)

K. Kollwitz: Die Witwe, Holzschnitt, 1921/22

Die Wahrheit im Anfang

Wo und wann ist der Beginn eines aktuellen konflikthaften Ereignisses? Wann und wo ist der Beginn einer akuten Erkrankung? Wo ist der Anfang eines Konfliktes – in persönlichen Beziehungen oder internationalen Beziehungen? Wo liegt der Anfang eines Krieges?

Jedes Ereignis hat eine Vorgeschichte; es beginnt nicht plötzlich, sondern bereitet sich langsam und untergründig vor: Themen verdichten sich, die emotionale Ladung nimmt zu, dann ein zündender Funke, und es wird akut. Auch ein Gewitter entlädt sich nicht plötzlich, es braut sich allmählich zusammen.

„Wehret den Anfängen", sagt ein Sprichwort, denn der Schatten des Anfangs verdunkelt das aktuelle Licht. In Paartherapien frage ich gerne: „Wie hat Ihre Beziehung begonnen? Wo und wie haben Sie sich kennengelernt? In was haben Sie sich verliebt?" Gewöhnlich entdecken wir dann ein Schatten-Thema, das im rosaroten Licht der Verliebtheit übersehen wurde und dann, viele Jahre später, die Beziehung zum Scheitern bringt. Auch eine körperliche Erkrankung beginnt lange vor der akuten Symptomatik, verdichtet sich oft über viele Jahre im feinstofflichen Körper. Ein kränkender Auslöser, eine Überforderung, führt dann zum Ausbruch der Krankheit.

Ebenso haben sich die globalen Umweltkrisen und die sich beschleunigenden Naturkatastrophen über Jahrhunderte entwickelt; sie sind eine Langzeitfolge der Industriellen Revolution, ein Ergebnis von menschlicher Gier und Gewinnstreben, von Ausbeutung der Natur und der Zerstörung der natürlichen Lebensgrundlagen. Die hieraus sich entwickelnde Spaltung in Reiche und Arme, Mächtige und Ohnmächtige, der Kampf um Ressourcen und eine gnadenlose weltweite ökonomische Konkurrenz befördern Wirtschaftskrisen und führen zu kriegerischen Auseinandersetzungen überall in der Welt.

Ich erinnere beim Schreiben gerade weitere Sprichworte zu dieser alten Wahrheit: „Das Fass ist voll"; etwas „hat es zum Überlaufen gebracht"; „der Krug geht so lange zum Brunnen, bis er zerbricht." So ist es auch mit Kriegen, jeder Krieg hat eine Vorgeschichte.

Auch der mörderische Krieg in der Ukraine hat nicht erst mit dem Überfall Russlands begonnen, sondern hat eine lange und komplexe Vorgeschichte. Damit ist nicht Putin allein der Schuldige, es gibt zahlreiche Mitschuldige an dieser Tragödie. Wir könnten mit der Suche nach den Ursachen dieses Krieges über die Jahrhunderte zurückgehen –, den gesamten Ursachenkomplex zu erforschen, wird Aufgabe der zukünftigen Geschichtsschreibung sein.

Ein entscheidendes Ereignis aber war der „Euromajdan“ vom November 2013 bis Februar 2014: Für die einen war er ein gerechter Kampf um „Unabhängigkeit“ mit dem Ziel der Eingliederung in die EU, eine „Revolution der Würde“, für die anderen ein „Putsch“ gegen die pro-russische Regierung von Wiktor Janukowytsch, der vermutlich nur mit Hilfe der USA möglich gewesen war.

Ein blutiger Bürgerkrieg zwischen pro-russischen und pro-westlichen Kräften hatte sich manifestiert, in dem von April 2014 bis Ende 2018 nach UN-Angaben 12. bis 13.000 Menschen getötet wurden. (ntv.de, 21.01.2019) Aufgrund dieser nationalen Tragödie entstand das „Minsker Abkommen“, ein völkerrechtlich bindender Vertrag, der im September 2014 von Vertretern Deutschlands, Frankreichs, Russlands und der Ukraine in Form eines Protokolls ausgehandelt (Minsk I) und im Februar 2015 von den damaligen Präsidenten Hollande, Merkel, Putin und Poroschenko rechtskräftig unterzeichnet worden war (Minsk II).

Dieser Friedensplan für die umkämpfte Ostukraine beinhaltet unter anderem einen Waffenstillstand zwischen ukrainischen Regierungstruppen und den von Russland unterstützten ukrainischen Separatisten, eine waffenfreie Zone an der Grenze zu Russland, den Austausch von Gefangenen und den Abzug aller russischen sowie aller Nato-Truppen aus der Ostukraine. Das „Minsker Abkommen“ wurde allerdings von beiden Konfliktparteien gebrochen.

Dieser Krieg wurde von den beiden Großmächten Russland und USA befeuert, die hier – wie auch anderswo – um ihre geostrategischen Interessen kämpften. Im Zuge dessen hatte Russland die Halbinsel Krim (mit einem russischen Bevölkerungsanteil von 58,5% im Jahr 2001) annektiert und zum russischen Staatsgebiet erklärt. Die dortige Hafenstadt Sewastopol, seit dem 18. Jahrhundert Hauptstützpunkt der russischen Schwarzmeerflotte, war und ist für Russland von allergrößter strategischer Bedeutung. Oskar Lafontaine schreibt hierzu:

> „Die europäischen Politiker und Journalisten glauben immer noch, der Ukraine-Krieg sei ein von Putin ohne Grund aus großrussischem Nationalismus vom Zaun gebrochener Krieg. Sie haben immer noch nicht kapiert, dass dieser Krieg mit der Nato-Osterweiterung und dem von Biden und Victoria Nuland inszenierten Maidan-Putsch 2014 begann, dem der Krieg der Präsidenten Poroschenko und Selenskij gegen die Ostukraine mit 14.000 Opfern folgte. Die Voraussetzung willfährigen und überzeugten Vasallentums ist an Blindheit grenzende Dummheit."
>
> (23.05.2023, tabularasamagazin.de)

Auch der US-Amerikaner Robert Kennedy Jr., der Neffe des ermordeten US-Präsidenten John F. Kennedy und Sohn des ebenfalls ermordeten US-Senators Robert F. Kennedy, äußerte seine Gedanken zum Beginn des Ukrainekrieges auf YouTube (Mai 2023). Dass er als US-Amerikaner und demokratischer Präsidentschaftskandidat 2024 eine Ansicht vertritt, die gemeinhin als russische „Kriegspropaganda" verstanden wird, lässt aufhorchen:

> „Meiner Meinung nach beginnt die wahre Geschichte im Jahr 2014, als die US-Regierung und insbesondere die Neocons im Weißen Haus und anderswo am Umsturz oder Staatsstreich gegen die demokratisch gewählte Regierung der Ukraine beteiligt waren und unterstützten und eine wirklich, wirklich antirussische Regierung einsetzten. Das veranlasste Russland zu der Annahme, dass die US-Marine nun ins Schwarze Meer einlaufen würde, um sich einen Hafen auf der Krim zu sichern. Dies brachte die Russen dazu, präventiv die Krim zu erobern. (…)"

Da erstaunt es wenig, dass der ukrainische Präsident Selenskyj bereits ein Jahr vor Kriegsbeginn, im März 2021, die Rückeroberung der Krim beschlossen hatte. Die Berliner Zeitung berichtete darüber (06.04.2021) und schrieb in weiser Voraussicht: „Der Konflikt zwischen Russland und der Ukraine könnte sich erneut zuspitzen."

> „Für besondere Aufmerksamkeit sorgt das Dekret Nr.117 vom 24.März 2021, mit dem Selenskyj die Entscheidung des Nationalen Sicherheits- und Verteidigungsrates der Ukraine vom 11. März 2021 (»Zur Strategie der Entbesetzung und Wiedereingliederung des vorübergehend besetzten Gebiets der Autonomen Republik Krim und der Stadt Sewastopol«) umsetzen will. In dem Dekret wird die Vorbereitung von Maßnahmen angekündigt, um »die vorübergehende Besetzung« der Krim und des Donbass zu beenden. Laut der staatlichen ukrainischen Nachrichtenagentur Ukrinform erhielt die Regierung den Auftrag, einen entsprechenden »Aktionsplan« zu entwickeln."

Die „Bundeszentrale für politische Bildung", die dem Innenministerium untersteht, veröffentlichte „Die Ereignisse vom 23. März bis 25. April in der Chronik" (bpb.de):

> „24. 03. 2021: Präsident Wolodymyr Selenskyj erlässt ein Dekret, das die Strategie des Nationalen Sicherheits- und Verteidigungsrates zur De-Okkupation und Wiedereingliederung der Krim und der Stadt Sewastopol in Kraft setzt. Laut Präsidialamt beinhaltet das Dokument diplomatische, militärische, wirtschaftliche und humanitäre Maßnahmen zur Rückkehr der von Russland annektierten Halbinsel in die Ukraine."

Strategic Laboratory (ein Blog, der sich „thinktank" nennt) veröffentlichte am 16. 03. 2022 das „Dekret des Präsidenten der Ukraine Nr.117/2021 vom 24. März 2021" – auf das die Berliner Zeitung bereits 2021 hingewiesen hatte – in genauem Wortlaut sowie den Originaltext in ukrainischer Sprache. Strategic Laboratory schreibt dazu:

> „Dieses Dekret ist amtlich, folglich ist es Russland nicht verborgen geblieben." Der Kreml war damit darüber informiert, „dass die

> Ukraine einen militärischen Schlag gegen die Republik Krim und die Stadt Sewastopol beabsichtigte."

Es ist anzunehmen, dass diese Information den Tatsachen entspricht, damit verändert sich die Sicht auf diesen Krieg. Wo also liegen die Anfänge dieses Krieges? Wann begann dieser Krieg? Wer sind die Schuldigen? „Es ist ein Fehler, sich auf die Seite einer der kriegführenden Armeen zu stellen. Es ist notwendig, sich auf die Seite des Friedens und der Gerechtigkeit zu schlagen." Dies sind nur einige Worte aus der eindrücklichen „Erklärung der Ukrainischen Pazifistischen Bewegung".[(5)]

Denn auch Frieden entsteht nicht ad hoc, sondern erfordert einen allmählichen Prozess der Erkenntnis und Bewusstwerdung: Alle kleinen und großen Bemühungen um Frieden, jede Demonstration, jede Mahnwache, jedes Manifest für Frieden. jedes friedvolle Wort und jedes Wort der Liebe fördert den Frieden in der Welt.

„Die verschwiegenen Angebote Russlands"

Das Verschweigen von Wahrheiten gehört zur Strategie aller kriegführenden Parteien, es ist Bestandteil einer gängigen Kriegspropaganda, nicht nur in autokratisch geführten Staaten wie Russland. Täuschung durch das systematische Verschweigen unliebsamer Tatsachen gehört zum politischen Alltag auch der westlich-demokratischen Regierungen, so auch der deutschen. Während uns von den expansiven und kriegerischen Ausfällen Putins und seiner Duma regelmäßig berichtet wird, werden die gleichermaßen existierenden Friedensangebote Russlands stillschweigend unterschlagen:

Wer kennt schon den Vertragsentwurf der Russischen Föderation vom 17.12.2021, adressiert an die USA, über beidseitige Sicherheitsgarantien? Dieser Vorschlag verweist auf entscheidende Gefahrenpunkte, aber er wurde von den USA und den Nato-Staaten ohne vorherige Verhandlung abgelehnt. Veröffentlicht wurde der Vertragsentwurf vom Ostinstitut der Hochschule Wismar. Hier ist der gesamte Entwurf in russischer Sprache und deutscher Übersetzung einsehbar. In diesem-Vertragsentwurf heißt es bereits im Vorwort:

> „(…) bestrebend, jede militärische Konfrontation und jeden bewaffneten Konflikt zwischen den Vertragsparteien zu vermeiden, und in dem Bewusstsein, dass eine direkte militärische Konfrontation zwischen ihnen zum Einsatz von Kernwaffen führen könnte, was weitreichende Folgen hätte; bekräftigend, dass es in einem Atomkrieg keine Sieger geben kann und dass ein solcher Krieg niemals ausbrechen darf, zugleich anerkennend, dass alle Anstrengungen unternommen werden müssen, um die Gefahr des Ausbruchs eines solchen Krieges zwischen Atomwaffenstaaten zu vermeiden; (…)"

Zum Verständnis der Vorgeschichte des Ukrainekrieges gehören Informationen, die der Öffentlichkeit weitgehend unbekannt geblieben sind. Die Unkenntnis dieser politischen Ereignisse verwirrt den ganzheitlichen, klaren Blick auf die komplexe Realität des Ukraine-Krieges und führt zu einseitiger Stellungnahme, zu einer „Russophobie" oder gar zu Hass auf alles Russische.

Im ersten Jahr des Krieges gab es kaum eine öffentliche Debatte über dessen Vorgeschichte, – allein Putin erschien verantwortlich, er wurde uns als der alleinige Täter und Aggressor präsentiert. Selbst vorsichtiges Hinterfragen und Klarstellen dieser Pseudowahrheit war verboten, wurde medial niedergemacht, als „naiv" verhöhnt, nicht selten als „Verschwörungstheorie" gebrandmarkt oder als „russische Kriegspropaganda" abgetan. Seit ich aber in den letzten beiden Jahre erlebt habe, wie jede unliebsame und den politischen Vorgaben widersprechende Äußerung generalisierend als unglaubwürdig verunglimpft werden kann, wie damit jeder lebendige Diskurs im Keim erstickt wird, hat sich meine anfängliche Angst vor derartigen politischen Kampfbegriffen wie „Putin-Versteherin" allmählich gelegt.

Nun, seit Anfang 2023 und nach eineinhalb Jahren „Abnutzungs-Krieg", kommt die Wahrheit zunehmend ans Licht der Öffentlichkeit. Immer mehr aufklärende und mahnende Stimmen bekannter WissenschaftlerInnen, ForscherInnen und ExpertInnen sind zu hören, endlich. Die anfängliche Helden-Begeisterung nimmt ab und eine eher realistische Sichtweise auf die vielschichtige Vorgeschichte und die mörderische Grausamkeit dieses Krieges wird deutlich.

Ich bin sehr dankbar für die vielen fachkundigen Informationen und fundierten Beiträge von Experten und Expertinnen zum Thema Ukraine-Krieg und seine lange Vorgeschichte, auf die ich mich hier stützen kann, die meine Friedens-Botschaft mit ihrem Fachwissen untermauern. Denn als Nicht-Expertin in diesem Bereich, die ich die Wahrheit hinter den politischen und militärischen Erscheinungen eher intuitiv erahne als weiß, bin ich auf sachkundige Analysen angewiesen.

Der Konfliktforscher Dr. Leo Ensel liefert mit seinem Beitrag „Das ignorierte Angebot: Russlands Briefe vom 17. Dezember 2021“ eine erhellende und sachliche Übersicht zum ganzheitlichen Verständnis der Vorgeschichte des Ukraine-Krieges, aus dem ich hier zitiere:[(6)]

> „(…) Nahezu unbekannt ist die Tatsache, dass die USA schon seit Mitte der Neunziger Jahre unter dem Etikett »Rapid Trident« (früher »Peace Shield«) jährlich auf dem Gebiet der Westukraine Manöver mit ukrainischen Truppen durchführten, zuletzt vom 20. September bis zum 1. Oktober 2021 (…) Dasselbe gilt für Marinemanöver »Sea Breeze«, welche die USA seit 1997 vor der Küste der Ukraine im Schwarzen Meer durchführen. Im Sommer letzten Jahres waren Einheiten aus nicht weniger als 32 Staaten beteiligt.
>
> Man stelle sich die Reaktionen im Westen vor, hätte Russland jährlich zusammen mit Soldaten aus Belarus, Serbien, China, Kuba, Venezuela, dem Iran und anderen Staaten Truppenübungen in Mexiko oder Marinemanöver im gleichnamigen Golf vor der Küste Floridas unternommen.
>
> Vollkommen unbekannt ist schließlich die Tatsache, dass der ukrainische Präsident Wolodymyr Selensky am 24. März 2021 – also genau elf Monate vor dem russischen Überfall – das Dekret

117 unterzeichnete, das die »Strategie zur De-Okkupation und Wiedereingliederung des vorübergehend besetzten Gebiets der Autonomen Republik Krim und der Stadt Sewastopol« (…) in Kraft setzte. (…) Das Dekret sah vor, Maßnahmen vorzubereiten, um »die vorübergehende Besetzung der Krim und des Donbass zu beenden. Die ukrainische Regierung erhielt den Auftrag, einen entsprechenden »Aktionsplan« zu entwickeln.

Am 30. August 2021 unterzeichneten die USA und die Ukraine dann einen Vertrag über militärische Zusammenarbeit und am 10. November einen Vertrag über »Strategische Partnerschaft«. (…) zur Wiederherstellung der territorialen Integrität der Ukraine (…).

Russland konnte das so verstehen, Kiew wolle mit Unterstützung der USA die annektierte und russlandfreundliche Krim mit dem strategisch wichtigen Militärhafen Sewastopol sowie den von Russland unterstützten Donbass militärisch zurückerobern – Russland fühlt sich schon seit mindesten 20 Jahren von der NATO bedroht. (…)

Am 17. Dezember 2021 ließ Russland der NATO und den USA jeweils einen Vertragsentwurf zukommen, der Sicherheitsgarantien für beide Seiten rechtsverbindlich festlegen sollte. – Die Forderungen Russlands scheinen auch aus heutiger Sicht weder absurd noch unerfüllbar. (…)“

16. 01. 2022: „Moskau will Sicherheitsgarantie. (…) Nach langem Drängen Moskaus haben die Nato und die USA im Konflikt um die Ukraine auf Forderungen Moskaus nach Garantien für die Sicherheit in Europa geantwortet. Die schriftlichen Antworten der US-Regierung auf die Sorgen Russlands sind nach den Worten von US-Außenminister Antony Blinken vollständig mit der Ukraine und den europäischen Verbündeten abgestimmt. (…)“ (zdf.de)

Die Verhandlungen der Verbündeten in Paris blieben – was zu erwarten war – „ohne Ergebnisse“. Das „lange Drängen“, die „Sorgen“ und die verständlichen Sicherheitsbedürfnisse Russlands blieben unberücksichtigt: Fünf Wochen später, am 24. Februar 2022, griff Russland die Ukraine militärisch an.

Ein Leser schreibt zum Beitrag von Leo Ensel:

> „Es gibt im Westen einen latenten Hass auf Russen. Dieser drückt sich dadurch aus, dass Russland prinzipiell keine eigenen Interessen zugestanden werden und die Wahrung dieser Interessen für illegitim erklärt wird."

So wie der Westen Russland keine Eigeninteressen zugesteht, so wird der russischen Regierung auch jede ernsthafte Dialog- und Verhandlungsbereitschaft vorwegnehmend einfach abgesprochen. Ganz so, als wäre sie es nicht wert, dass man ihr auch Vertrauen entgegenbringen könnte.

Es gibt inzwischen zahlreiche Beispiele von Staats- und Regierungschefs, die sich mit akzeptablen Verhandlungsvorschlägen an die beiden Kriegsparteien gewandt hatten, mit dem Ergebnis, von Kiew zurückgewiesen und teilweise sogar entwertet zu werden – an anderer Stelle habe ich mehr darüber berichtet. Hier nun der letzte Friedensplan vom Sommer 2023:

> „Indonesien legt Friedensplan vor – Kiew lehnt umgehend ab. (…) Verteidigungsminister Subianto präsentierte den Vorschlag auf dem Sicherheitstreffen Shangri-La-Dialog in Singapur. Der Plan beinhalte unter anderem einen Waffenstillstand und die Errichtung einer entmilitarisierten Zone. Beide Seiten müssten sich dazu um 15 Kilometer von ihren derzeitigen Stellungen zurückziehen. Die Zone solle dann von einer UNO-Friedenstruppe überwacht werden. Subianto erklärte, zudem solle ein Referendum abgehalten werden, um die Wünsche der Mehrheit der Bewohner in den Regionen zu ermitteln. Kiew wies den Friedensplan umgehend zurück." (deutschlandfunk.de, 03.06.2023)

Dass von Kiew keine Zustimmung zu erwarten war, ist nachvollziehbar, denn bereits seit Oktober 2022 existiert ein Dekret, mit dem Selenskyj Verhandlungen mit Russland verboten hatte:

„In der Ukraine sind Verhandlungen mit dem russischen Präsidenten Wladimir Putin verboten worden. Ein entsprechendes Dekret des ukrainischen Präsidenten Wolodymyr Selenskyj wurde am Dienstag auf dessen Webseite veröffentlicht ..." (tagesspiegel.de, 05.10.2022)

Allerdings können Dekrete, wie auch andere Beschlüsse, die sich als unzweckmäßig erweisen sollten, wieder aufgehoben werden, wenn das gewollt ist. Dass aber ebenfalls keine Zustimmung von den westlichen Verbündeten kommt, sondern weiterhin Kriegspropaganda und weitere Waffenlieferungen, das ist erschreckend: Wer Frieden will, der liefert keine Waffen.

Wem nützt dieser Krieg?

„Der Ukraine-Krieg ist eine eklatante Verletzung des Völkerrechts, ohne Frage. Aber er hat eine Vorgeschichte. Der Westen hat die Sicherheitsinteressen Russlands missachtet. Den Amerikanern würde es auch nicht gefallen, wenn Atomwaffen auf Kuba ständen (s. Kubakrise). Und man muss eine Frage ehrlich beantworten: Wem nützt dieser Krieg? Europa wird als Kanonenfutter missbraucht, bei der Neuaufteilung der Welt."

(W. C., Juli 2022)

Der russische Überfall auf die Ukraine am 24. Februar 2022 hat unsere aktuelle Lebensrealität, unser Denken und Fühlen tiefgreifend verändert. Fassungslosigkeit, Bestürzung, Empörung, Mitgefühl mit den Opfern aber auch einseitige Schuldzuweisungen kennzeichnen die öffentliche politische und mediale Haltung zum russischen Angriffskrieg.

Bei genauerer Betrachtung wird allerdings deutlich, dass dieser Krieg – als ein kriegerischer Konflikt – schon seit langem schwelte, wie bereits im vorherigen Kapitel dargestellt. Der Krieg begann nicht erst am 24. 02. 2022, er hat eine mindestens neun Jahre dauernde Vorgeschichte. Eine Ukrainerin wendet sich mit ihrem Kommentar gegen die Lieferung schwerer Waffen, die den Krieg verschärfen und um weitere Jahre verlängern, weil:

> „ … ich auf das Ende des Krieges schon 9 Jahre warte. Ich komme aus Donezk und meine Mutter und zwei Schwestern leben noch dort. Und ich möchte und hoffe, dass wir noch viele glückliche Momente erleben können. 9 Jahre hatten sie Glück."
>
> (L. O., Herbst 2022)

Zwar erscheint Russland vordergründig als der alleinige Aggressor, aber dieser Krieg hätte – vermutlich – vom Westen verhindert werden können: Noch 2021 soll der russische Präsident Putin beim amerikanischen Präsidenten Biden angefragt haben, wie mit dem Ukraine-Konflikt umzugehen sei. Hierzu der SPD-Politiker und Autor Klaus von Dohnanyi im NDR-Interview am 22. April 2022:

> „… Putin hatte ja im Dezember 2021 an die Amerikaner geschrieben: »Ich brauche es diesmal schriftlich. Ich möchte schriftlich von Ihnen wissen, wie wir mit der Ukraine in Zukunft umgehen wollen.« Daraufhin hat Präsident Biden gesagt: »Über diese Frage werden wir mit Ihnen gar nicht verhandeln.« (…)" (infosperber.ch, 26. 04. 2022)

Dieser Krieg hätte in seiner Frühphase sehr wahrscheinlich noch gestoppt werden können, hätten nicht bestimmte Interessengruppen dies verhindert: Die Istanbuler Friedensgespräche zwischen Russland und der Ukraine im März 2022 wurden – so wird vermutet – durch Boris Johnson und die USA aktiv boykottiert. Gerd Bauz und Claudia Sievers, beide von der Martin-Niemöller-Stiftung, im Gespräch mit der Frankfurter Rundschau, 14. 09. 2022:

> „Es ist ein inoffizieller Nato-Krieg. (…) Dieser Krieg wurde von beiden Seiten vorbereitet. (…) Seit 2014 wurde die Ukraine mit mindestens 4,3 Milliarden Dollar Rüstung ausgerüstet, es wurden Leute ausgebildet, sie wurden in Nato-Systeme eingebunden. Auch da hat sich jemand auf den Krieg vorbereitet."

> „Die CIA hat die ukrainische Armee jahrelang auf den Krieg vorbereitet. »Nach der Krim-Annexion begannen US-Agenten, ukrainische Soldaten für einen größeren Krieg gegen Russland auszubilden. Nach Ansicht der CIA hat sich das jahrelange Training ausgezahlt. (…)« Dabei sollen die US-Agenten die ukrainischen Soldaten, anders als bislang dargestellt, auch im Einsatz von Angriffswaffen geschult haben. Das berichtet der US-Militärexperte Zach Dorfman unter Berufung auf mehrere Quellen bei der CIA." (t-online,17.03.2022)

> „Laut zahlreichen Medienberichten war eine solche Einigung in der Frühphase des Krieges bereits einmal bei den Gesprächen in der Türkei zum Greifen nah: (…) Allerdings war dies nicht die vorherrschende Sicht in der Nato. So meldete die Washington Post am 5. April 2022: »Für einige in der Nato ist es besser, wenn die Ukrainer weiterkämpfen und sterben, als einen Frieden zu erreichen, der zu früh kommt oder zu einem zu hohen Preis für Kiew und das übrige Europa.«" (Fabio De Masi, Berliner Zeitung, 27.01.2023)

Hier stellt sich die dringliche Frage: Wem nutzt dieser Krieg? Gibt es in den USA politische Interessengruppen, die eine kriegerische Auseinandersetzung der Nato mit Russland befürworten – oder zumindest nicht zu verhindern bestrebt sind?

Die Frage nach den Interessen der USA an diesem Krieg war im ersten Kriegsjahr fast unmöglich. Jetzt, 2023, mit der bedrohlichen Zuspitzung der Ereignisse, stellt selbst die Frankfurter Rundschau diese provokative Frage und gibt mit dem erhellenden Beitrag von Rolf Bader, einem ehemaligen Offizier der Luftwaffe und Friedensaktivisten, eine deutliche Antwort, in der er sich auf Harald Kujat bezieht:

> „Welche Rolle spielen die USA im Ukraine-Krieg? Der ehemalige Generalinspekteur der Bundeswehr, Harald Kujat, sieht Russland und die USA als Hauptakteure im Ukraine-Krieg. »Die Ukraine kämpft auch für die geopolitischen Interessen der USA«, sagte er.

> Denn deren erklärtes Ziel sei es, Russland politisch, wirtschaftlich und militärisch zu schwächen.“ (fr.de, 28.02.2023)

Jeffrey D. Sachs (geb.1954), ein US-amerikanischer Ökonom, Autor, Professor an der Columbia University und Präsident des UN-Netzwerkes „Lösungen für eine nachhaltige Entwicklung (SDSN)“ schreibt in einem Essay der Berliner Zeitung:(7)

> „Die Ukraine ist die neueste Katastrophe amerikanischer Neocons. Die Deutschen wollen es nicht hören, doch es gehört zur Wahrheit: Die amerikanischen Neocons sind für den Ukraine-Krieg mitverantwortlich: Der Krieg in der Ukraine ist der Höhepunkt eines 30-jährigen Projekts der amerikanischen neokonservativen Bewegung (Neocons). In der Regierung Biden sitzen dieselben Neokonservativen, die sich für die Kriege der USA in Serbien (1999), Afghanistan (2001), Irak (2003), Syrien (2011) und Libyen (2011) starkgemacht und die den Einmarsch Russlands in die Ukraine erst provoziert haben. (…)
> Die Hauptbotschaft der Neocons lautet, dass die USA in jeder Region der Welt die militärische Vormachtstellung innehaben und den aufstrebenden regionalen Mächten entgegentreten müssen, die eines Tages die globale oder regionale Vorherrschaft der USA herausfordern könnten, vor allem Russland und China. Zu diesem Zweck sollte das US-Militär in Hunderten von Militärstützpunkten auf der ganzen Welt in Stellung gebracht werden, und die USA sollten darauf vorbereitet sein, bei Bedarf Kriege nach Wahl zu führen. Die Vereinten Nationen sollen von den USA nur dann genutzt werden, wenn dies für ihre Zwecke nützlich ist. (…)“

Die Neokonservativen in den USA praktizieren die Einmischung in innenpolitische Angelegenheiten anderer Staaten und befürworten hierbei vorzugsweise militärische Konfliktlösungen. Sie streben nach einer amerikanischen Führungsrolle und einer Weltordnung nach eigenen Vorstellungen: „America first!“

Auffallend im Weltbild der Neocons ist die Spaltung in Gut und Böse. Mit ihren „Denkfabriken“ nehmen sie Einfluss auf politische Institutionen und Entscheidungsträger in der gesamten Welt.

Wem also dient dieser Krieg? Warum die kriegsverlängernden Waffenlieferungen? Warum so wenig Initiative für Diplomatie und Gespräche?

Es geht vor allem um geopolitische und finanzkapitalistische Interessen des Westens. Russland, seit 1991 zunehmend ökonomisch geschwächt, hat mit dem Angriffskrieg gegen die Ukraine seinen Großmachtanspruch scheinbar verspielt. Der fehlgeleitete russische Überfall auf die Ukraine kann als ein verzweifelter, kompensatorischer Versuch gesehen werden, den alten Anspruch als Weltmacht wiederzuerlangen. Nun wird der „Kuchen“ neu verteilt und die Frage ist: Wer bekommt was und wie viel?

Großmächte haben ein Interesse daran, immer noch größer und mächtiger zu werden, sonst verlieren sie ihren strategischen und *ökonomischen Machtanspruch* und ihre Führungsposition in der Welt. Daher rivalisieren sie miteinander, wer ist der Größte? – so wie kleine Buben es gerne tun.

Russland ist seit dem Zerfall der Sowjetunion deutlich geschwächt, was den imperialistischen und ökonomischen Interessen des Westens entgegenkommt. Der einzige Trumpf, der Russland bleibt, ist seine Überlegenheit als Nuklearmacht, und damit wird es zu einer unkalkulierbaren realen Gefahr. Mit weiterer Aufrüstung des Westens, Waffenlieferungen, Sanktionen, Drohungen aber wird die Gefahr nicht gebannt, sondern geradezu herausgefordert. Denn was macht ein „richtiger“ Bube, der sich schwach, ausgelacht und bedroht fühlt? Er schlägt zu!

Die Schwäche Russlands kommt den USA, von innenpolitischen Verwerfungen geplagt, entgegen. Die USA sind klar die Nummer Eins in der Welt – sind es noch. Die Mehrzahl der westlichen Bündnispartner drängelt sich im Freundeskreis der USA, denn der Mächtige hat viele Freunde, verliert er aber seine Macht, so bleibt er einsam zurück.

Nur der Stärkste, Mächtigste und oft auch der Skrupelloseste ist der Anführer, so ist es in jeder Kinder-Clique. Um ihn scharen sich die meisten „Freunde“. Denn, wer sich insgeheim klein und bedeutungslos fühlt, der identifiziert sich gerne mit der vermeintlichen Größe eines „Führers“, dem er dann in Hingabe und blinder Selbstaufopferung dienen kann. Psychodynamisch findet das Großmachtgerangel auf Schulhofniveau statt, nur dass hier die Welt der Schulhof ist und die Schüler mehr an einer Schlägerei interessiert sind als am Lernen.

Wie bei jedem Krieg, so dient auch dieser Krieg verschiedenen Interessengruppen und Großmächten: Neben Russland sind dies die USA, die NATO, die Europäische Union, der globale Finanzkapitalismus, die Rüstungsindustrie und all diejenigen, die einen ökonomischen und militärischen *Führungsanspruch* erheben –, wie jüngst auch die deutsche Ampel-Regierung, deren Verteidigungsministerin eine „Militärische Führungsrolle für Deutschland“ anstrebt. (dw.com, 12.09.2022)

Was aber bedeuten ökonomische und militärische Größe, Macht und Reichtum in einem fortwährenden kriegerischen Konflikt, der das Leben auf der Erde akut bedroht. Wollen wir denn in chronischer Angst, in dauernder Gefahr leben? Es gibt unzählige junge Menschen in Afghanistan, Syrien und im Jemen, die seit ihrer Geburt nichts anderes kennen als Krieg, sie leben unter fortwährender Bedrohung, immer in Armut, immer gejagt, immer auf der Flucht. Sie kennen nicht die stille Freude der Tage im Frieden. Wie Willy Brand einmal sagte:

> „Frieden ist nicht alles,
> aber ohne Frieden ist alles nichts.“

Egon Bahr (1922-2015), SPD-Politiker, war von 1974-1976 Bundesminister für wirtschaftliche Zusammenarbeit. Er war ein enger Vertrauter von Willy Brand und gilt bis heute als Vordenker und führender Mitgestalter der Ost-West-Entspannungspolitik. Er prägte den heute wieder hochaktuellen Leitgedanken „Wandel durch Annäherung“:

> „Es gibt keine Stabilität in Europa ohne die Beteiligung und Einbindung Russlands. Und ich weiß genau, dass Russland nicht so schwach bleiben wird, wie es im Augenblick ist. Wir können im Prinzip jetzt alles tun, was wir wollen, Russland kann es nicht verhindern, es ist zu schwach. Aber ich warne davor, ein großes stolzes Volk zu demütigen.“ (Egon Bahr, srf.ch, 1999)

Ein verhängnisvolles Versprechen

Die Nato-Ost-Erweiterung hat – trotz anders lautender Behauptungen – tatsächlich stattgefunden. Hans Jürgen Misselwitz, SPD-Politiker und Bürgerrechtler dazu im Interview mit Kristian Schulze:

> „Während der Gespräche über den Zwei-plus-Vier-Vertrag wurde die Nato als Übergangslösung gesehen, auf dem Weg zu einer gemeinsamen Sicherheitslösung für ganz Europa. Heute ist die Nato größer und in Europa näher an Russland gerückt als je zuvor. Zugleich aber könnte die politische Distanz zu Moskau größer kaum sein. Das sieht Hans-Jürgen Misselwitz, damals Leiter der Verhandlungsdelegation der DDR, heute mit Sorge. Denn 1990 sei der »Geist der Zeit« ein ganz anderer gewesen. (…)
> Nichts rechtfertigt einen Überfall auf ein anderes Land. Wenn man aber diese Konstellation und Entwicklungen der letzten 30 Jahre sieht, kann man auch mal fragen, ob denn die USA an ihrer Süd-Grenze etwa ein chinesisch-dominiertes Mexiko dulden würden." (mdr aktuell, 11.11.2022)

Am 12. September 1990 unterzeichnen die Bundesrepublik, – vertreten durch den damaligen Außenminister Hans-Dietrich Genscher, die DDR und die vier Siegermächte in Moskau den „Zwei-plus-Vier-Vertrag". Dem Geist jener Zeit entsprechend ging es damals um Friedensvereinbarungen und um Kooperation statt um Abgrenzung. Hier einige zentrale Sätze aus der Präambel des „Zwei-plus-Vier-Vertrages" (Großbuchstaben im Original):

> „IN DEM BEWUSSTSEIN, daß ihre Völker seit 1945 miteinander in Frieden leben,
> EINGEDENK der jüngsten historischen Veränderungen in Europa, die es ermöglichen, die Spaltung des Kontinents zu überwinden, (…)
> ENTSCHLOSSEN, in Übereinstimmung mit ihren Verpflichtungen aus der Charta der Vereinten Nationen, freundschaftliche,

> auf der Achtung vor dem Grundsatz der Gleichberechtigung und Selbstbestimmung der Völker beruhende Beziehungen zwischen den Nationen zu entwickeln und andere geeignete Maßnahmen zur Festigung des Weltfriedens zu treffen, (…)
> ENTSCHLOSSEN, die Sicherheitsinteressen eines jeden zu berücksichtigen,
> ÜBERZEUGT von der Notwendigkeit, Gegensätze endgültig zu überwinden und die Zusammenarbeit in Europa fortzuentwickeln,
> IN BEKRÄFTIGUNG ihrer Bereitschaft, die Sicherheit zu stärken, insbesondere durch wirksame Maßnahmen zur Rüstungskontrolle, Abrüstung und Vertrauensbildung; ihrer Bereitschaft, sich gegenseitig nicht als Gegner zu betrachten, sondern auf ein Verhältnis des Vertrauens und der Zusammenarbeit hinzuarbeiten …"

Bei einem Treffen mit dem US-Außenminister James Baker 1990 in Washington sagte Genscher damals (es existieren mehrere historische Youtube-Videos, die dieses Ereignis belegen):

> „Wir waren uns einig, dass nicht die Absicht besteht, das Nato-Verteidigungsgebiet auszudehnen nach Osten. Das gilt nicht nur für die DDR, sondern ganz generell." (Weltspiegel, ARD 1990)

Als Gegenzug zur Einwilligung Russlands in die Deutsche Einheit verspricht der Westen, die Nato nicht weiter nach Osten auszudehnen. Doch ab 1999 begann die erste NATO-Osterweiterung mit Polen, Tschechien, Ungarn; in der fünften Osterweiterung 2020 wird Nordmazedonien aufgenommen, weitere Beitrittskandidaten stehen seit dem russischen Überfall auf die Ukraine Schlange.

Genschers Worte waren ein folgenschweres mündliches Versprechen, das damals ehrlich gemeint war, dem aber heute die Gültigkeit abgesprochen wird. Das Wort „Vertrauensbildung" im Zwei-plus-Vier-Vertrag war damals keine leere Floskel, und man war entschlossen, die „Sicherheitsinteressen“ der anderen zu berücksichtigen. Die Sicherheitsinteressen Russlands aber wurden in der Folge vom Westen ignoriert. Wen wundert es, dass Putin sich persönlich getäuscht und verraten fühlt?

Es gab Zeiten und Kulturen, da galt eine mündliche Zusage, ein Handschlag. Das hatte mit Vertrauen, mit Redlichkeit und mit *Ehr*barkeit zu tun; hier ist der Ehrbegriff am rechten Platz.

Da fragt man sich: Wo in der Politik sind heute noch solche Ehrenmänner und Ehrenfrauen, die zu ihren Versprechen stehen? „Andere Zeiten erfordern andere Antworten“, so wird uns jetzt gesagt, und schon scheint eine 180-Grad-Wende gerechtfertigt.

Und da dieses Versprechen seine Gültigkeit verloren hat, wird weiter gekämpft: um Macht, um Einfluss, um Besitz und um angeblich freiheitlich-demokratische Werte.

3. Archaische Wut und menschliches Bewusstsein

Warum aber immer wieder kämpfen? Warum nicht verhandeln? Die Antwort: Die Lust am Überlebenskampf entspricht einem frühen, einem archaischen Programm:

Das menschliche Leben beginnt mit Kampf, dem Geburtskampf und dem ersten Schrei, dem Geburtsschrei. Die Fähigkeit zu kämpfen, um zu überleben, ist uns mitgegeben; ohne die fundamental aggressive Geburts-Energie würde der Fötus die Geburt nicht lebend überstehen. Auch in den ersten Tagen und Wochen nach der Geburt äußert ein Säugling Not, Hunger, Unbehagen mit lautem Gebrüll und körperlicher Aggression, mit „archaischer Wut". Diese primäre aggressive Energie steht hier im Dienste des Überlebens.

Ein erwachsener Mensch aber hat zu lernen, diese seine frühe aggressive Bedürfnis-Energie über reifere Formen auszudrücken: über Sprache, Verhandeln, Kompromisse und auch Einlenken und Nachgeben – für ein Leben in Frieden.

Aggressive Überlebens-Kraft

So, wie in der Entwicklung der Individuen die archaische Kampfeskraft dem Leben dient, so war sie für das kollektive Überleben der Menschheit einst unverzichtbar. Kämpfen zu können war lebenswichtig für den frühen Menschen: Kampf um Nahrung, Kampf mit den Gewalten der Natur; das Leben des frühen Menschen war ein gewaltiger Überlebens-Kampf. Der Mann hatte ein Kämpfer, ein Krieger zu sein, denn er hatte den inneren Kreis der Frauen und Kinder – den Hag – vor den Angriffen fremder Stämme zu schützen. Hier galt: Siegen um jeden Preis; der feindliche Stamm musste besiegt werden, um das eigene kollektive Überleben zu sichern.

Die innere Erfahrung eines meiner Klienten, in einer Heilungs-Regression, schildert eindrucksvoll diesen frühen Überlebens-Kampf:

„Sein Name ist Urs, er lebte vor etwa 1500 Jahren mit seinem Stamm in den südlichen Alpen. Urs war ein großgewachsener, kräftiger Mann mit vollem schwarzem Haar und einem rauen Bart. Er war 30 Jahre alt und gehörte schon zu den Älteren seines Stammes. Mit seiner Frau Kaja hatte er sich bereits in früher Jugend vermählt, sie hatten zehn Kinder. Urs liebte Mia, seine jüngste Tochter, über alles.
Das Leben im Stamm war hart und folgte den Jahreszeiten. Es gab viel Leid und wenig Freude. Der Stamm, der das Überleben aller sicherte, musste erhalten und geschützt werden. Alle, die nicht zum Stamm gehörten, stellten eine Bedrohung dar. Urs kannte seine Aufgabe, die er nie in Zweifel stellte. Er bestellte seine Äcker und jagte, er war auch Krieger. Er hatte einen sicheren und bewährten Instinkt, der jeden Tag auf die Probe gestellt wurde. Urs war eins mit der Natur und ihren Kräften. Er war dazu bereit, sein Leben für den Stamm und seine Familie zu geben, den Tod fürchtete er nicht. Er hatte so viele Menschen sterben sehen.

In diesem Jahr gab es eine große Dürre und es herrschte Hungersnot. An einen heißen Sommer schloss sich ein erbarmungsloser Winter an. Überall lag tiefer Schnee. Viele fremde Stämme waren wegen der großen Hungersnot auf Wanderschaft gegangen, dabei war es zu kriegerischen Auseinandersetzungen gekommen. Ganze Stämme waren dabei ausgelöscht worden. Es gab Gerüchte, dass die Hunnen in die Gegend eingefallen waren, in der Urs mit seinem Stamm lebte. Es herrschte entsetzliche Angst. Die Menschen klammerten sich aneinander. Keiner traute sich mehr, ein Feuer anzuzünden, um den Feind nicht auf sich aufmerksam zu machen. Der Hunger hatte alle geschwächt.

Eines Morgens ging Urs mit drei Gefährten auf die Jagd. Sein Hunger war wie ein rasender Schmerz, der ihm fast die Besinnung nahm. Die Männer legten sich stundenlang in den Schnee und warteten auf Beute. Dabei schliefen sie vor lauter Erschöpfung ein. Plötzlich wurden die Männer durch einen entsetzlichen Schrei geweckt. Urs erkannte die Stimme von Mia, seiner jüngsten Tochter, die er so sehr liebte. Er rannte los, er rannte mit all seiner Kraft, so schnell er konnte. Sein Dorf stand in Flammen, die Hunnen waren brennend und mordend über seinen Stamm hergefallen. Immer noch hörte Urs den Schrei seiner Tochter. Er sah, dass sie geschändet wurde. Rasend vor Schmerz zog Urs sein Schwert und stürzte sich auf die fremden Krieger. Er tötete wie im Rausch, bis ihm selbst der Kopf abgeschlagen wurde. Sein ganzer Stamm wurde ausgelöscht. Urs' Leichnam wurde gepfählt und verbrannt."

(Martin L., 2011)

In der Frühzeit des Menschen war das Kämpfen, um zu überleben, von großer Bedeutung. Aber alles ist in Bewegung, alles wandelt sich; mit dem Wandel der Lebensbedingungen über die Jahrtausende sollte sich auch das menschliche Bewusstsein wandeln. So wie jedes Menschenkind im Laufe des Lebens zu lernen hat, seine archaische Überlebenswut in reifere Formen der Auseinandersetzung zu transformieren, so ist die Menschheit heute aufgerufen, reifere Formen der Konfliktbewältigung zu nutzen – die Macht des Verstandes, der Geistkraft und der Verständigung –, statt mörderische Kriege zu führen, in denen es keinen wirklichen Sieger geben kann.

In besonderen Grenz- und Ausnahmesituationen, wie Krieg und anderen Katastrophen, aber können wir leicht von unkontrollierter „archaischer Wut" ergriffen werden, wir regredieren, fallen zurück in frühe Überlebensmuster. Jede Kriegs-Begeisterung findet auf dieser frühen primitiven Stufe des menschlichen Bewusstseins statt!

Alle Kriegs- und Waffenbegeisterten sollten sich dessen bewusst sein: *Sie postulieren eine „Zeitenwende", die nicht progressiv, sondern regressiv ausgerichtet ist, auf eine urtümliche, primitive Ebene menschlichen Bewusstseins.*

„Derjenige, der zum erstenmal an Stelle eines Speeres
ein Schimpfwort benutzte, war der Begründer der Zivilisation."

(Sigmund Freud, 1856-1939, Psychoanalytiker)

Wichtig: Aggressive Energie ist weder gut noch schlecht, sie ist eine nach außen gerichtete Kraft, die uns hilft, *das Leben* schöpferisch *in Angriff* zu nehmen. Wird diese basale, konstruktive Angriffs-Energie aber missbräuchlich *gegen* das Andere, das Fremde gerichtet, dann wird sie zur Tötungs-Energie. Nur Selbsterkenntnis, Ichstärke und Mitgefühl bewahren uns dann vor destruktivem und zerstörerischem Fühlen, Denken, Sprechen und Tun.

> „Nehmen wir doch endlich unsere Kräfte, Wissen, Können, Erfahrungen, Fähigkeiten und auch Gelder dazu, auf dieser eigentlich paradiesischen Erde gemeinsam miteinander und füreinander zu leben, zu helfen und zu arbeiten."
>
> (F.F., August 2022)

Einheit von Opfer und Täter

„Da machst du aber eine Opfer-Täter-Umkehr", das war ein Vorwurf, den ich in den ersten Kriegswochen – als ich noch heftig mit WaffenbefürworterInnen debattierte – häufig zu hören bekam; ein Vorwurf, der auch in Kommentaren und Talkrunden von Helden-BewunderInnen und BellizistInnen stereotyp wiederholt wurde.

Opfer-Täter-Umkehr aber muss man gar nicht *machen*, sie ist ein natürliches Phänomen: An einem bestimmten Punkt der Eskalation wird die Opfer-Täter-Umkehr automatisch in Gang gesetzt:

> „Die zentrale Frage ist: Wann ist der Punkt erreicht, wo das, was man verteidigen will, nicht mehr da ist, weil es zerstört wurde? Gerade bei einem rücksichtslosen Gegner wie Putins Militär, das offenbar bereit ist, viele zivile Opfer in Kauf zu nehmen und versucht, mit den Bombardements der Städte den Widerstandswillen der Ukraine zu brechen. Bei aller Bewunderung für den Zusammenhalt in der ukrainischen Gesellschaft stellt sich die Frage, wann Verteidigung noch verhältnismäßig ist." (Christine Schweizer, Friedensforscherin, nd-aktuell, 25.03.2022)

Jedes Opfer *ist* zunächst das Opfer, und jeder Täter *ist* zunächst der Täter; auf dieser Ebene kann und darf es keine Umkehr geben –, was gerade mit Opfern sexueller Gewalt häufig geschieht.

Jedes Opfer aber hat den gesunden Impuls, sich zu wehren, um das eigene Leben zu schützen. Wenn Flucht nicht möglich ist, dann entsteht bei jedem Lebewesen ein natürlicher aggressiver Abwehrmechanismus: Schlagen, Treten, Beißen usw. sind ein Versuch, sich zu befreien. Das bezeichne ich als *schöpferische Täterenergie,* die dem Überleben dient. So haben ukrainische Frauen nach Russlands Überfall ganz spontan Handgranaten gebastelt, um sich zu schützen, das eigene Leben und das ihrer Kinder zu retten. Aber aus Opfern werden damit potenzielle TäterInnen.

Als sich mir vor Jahren bei einem Spaziergang ein Mann bedrohlich näherte und ich einen sexuellen Übergriff befürchten musste, nahm ich meinen Wanderstock fest in beide Hände, holte weit nach oben aus und brüllte: „Keinen Schritt weiter, sonst schlag ich zu!" Aus meinem Opfersein wurde ganz automatisch eine mögliche Täterschaft.

Wir müssen gar keine Opfer-Täter-Umkehr machen, wie das aus einseitiger Parteinahme und einseitiger Schuldzuweisung häufig geschieht. Die Umkehr vom Opfer zum Täter ereignet sich ganz von selbst, denn sie folgt einer energetischen Gesetzmäßigkeit: dem *Resonanzgesetz.* Wenn wir uns die Biografie von Gewalttätern anschauen, dann können wir meist massive schmerzliche Opfer-Erfahrungen in ihrer Kindheit oder im Leben ihrer Eltern oder Großeltern erkennen. Dasselbe gilt auch für Kollektive, für Stammesgruppen, Völker und Nationen: Opferschaft wandelt sich in Täterschaft – was im Beispiel von Urs deutlich wird –, und Täterschaft wandelt sich wieder in Opferschaft, zuweilen auch durch die Rache der traumatisierten Opfer.

Die Einheit von Opfer und Täter entspricht dem Polaritäts-Gesetz, denn Opfer und Täter sind die beiden *Pole* einer archetypischen „Opfer-Täter-Einheit". Nichts in dieser Welt ist von Dauer, auf jeden Anfang folgt ein Ende, *alles ist polar:* Tag und Nacht, Sommer und Winter, Fülle und Mangel, Wachstum und Stillstand, so auch Opfer und Täter. Jeder der beiden Pole befindet sich in ständiger Resonanz mit dem anderen Pol, und beide bewegen sich fortwährend kreisend von einem Pol zum anderen. So entsteht Ganzheit, Einheit.

In jedem Opfer-Täter-Szenario, jedem Gewaltereignis, *spaltet* sich diese Einheit in Opfer einerseits und Täter andererseits, die sich gegenseitig wiederum anziehen. Das Opfer, welches Todesangst erlebt, aktiviert eine dem Überleben dienende Täter-Energie, eine natürliche, aggressive Überlebens-Strategie, die dazu dient, den Erhalt des Lebens zu sichern. Das Opfer wird damit zum Täter und der Täter wieder zum erleidenden Opfer.

Opfer-Täter-Umkehr

Gerade eine solche aus *Kriegsereignissen resultierende Opfer-Täter-Spirale* hat eine gewaltige energetische Ladung. Denn die Täter-Energie entspricht in ihrer Ladung der Opfer-Energie: Je größer die Lebensbedrohung des Opfers ist, umso größer ist auch die kompensierende Überlebens-Aggression. Und da es in Kriegen nicht vereinzelt, sondern massenhaft Opfer gibt – im zweiten Weltkrieg waren es mehr als 60 Millionen menschliche Opfer –, ist auch entsprechend mit massenhafter kompensierender Täterschaft zu rechnen. Anders ausgedrückt: Ein riesiges Heer an wütenden und nach Rache dürstenden Trauma-Dämonen wartet auf seine Befreiung.

Die Opfer-Täter-Umkehr impliziert: In jedem Opfer existiert ein Täter, und in jedem Täter existiert ein Opfer. Ich verwies bereits darauf, dass Gewalttäter in ihrer Vergangenheit meist selbst Gewaltopfer waren. Nun ist Russland in diesem Krieg eindeutig der Täter. Im Lichte der Opfer-Täter-Umkehr aber ist der verbrecherische russische Überfall auf die Ukraine allerdings nicht verwunderlich, wenn wir die Opfer-Erfahrungen Russlands im 2. Weltkrieg berücksichtigen:

> „Die höchsten Verluste musste die Sowjetunion verzeichnen: Rund zehn Millionen Soldaten der Roten Armee wurden getötet oder starben in Kriegsgefangenschaft. Insgesamt verloren min-

destens 24 Millionen sowjetische Bürger ihr Leben – bedingt durch den Rassenwahn des nationalsozialistischen Deutschlands.“ (statista.com.)

Nach dem Krieg folgten wiederholt Demütigungen durch die westliche Welt, Anmaßung und Überheblichkeit des Transatlantischen Bündnisses, die Nato-Ost-Erweiterung unter Missachtung der russischen Sicherheitsbedürfnisse. Nach dem Gesetz der Opfer-Täter-Einheit verwundert es nicht, dass Russland vom Opfer zum Täter wurde.

Schauen wir auf die Ukraine: Der russische Angriff brachte der Bevölkerung unsägliches Leid; die Ukraine wurde zum Opfer:

> „Nach Zählungen des UN-Kommissariats für Menschenrechte sind seit dem Überfall Russlands auf die Ukraine am 24. Februar 2022 mehr als 8000 Zivilisten in Kämpfen ums Leben gekommen, mehr als 13.000 seien verletzt worden. Mindestens 487 Kinder seien in dem Konflikt gestorben.“ Und „mehr als acht Millionen Ukraine-Geflüchtete in ganz Europa, mehr als fünf Millionen Menschen, die innerhalb des angegriffenen Landes auf der Flucht sind.“ (stern.de, 24.02.2023)

„Grenzland“ bedeutet der Name Ukraine. Er bezeichnete die Grenzlinie der Steppe zwischen den sesshaften und den nomadisch lebenden Völkern. Als Grenzland zwischen Ost und West liegt die Region der heutigen Ukraine schon immer im Spannungsfeld zwischen Grenzen und war damit unablässig den Macht- und Eroberungsinteressen der unterschiedlichsten Völker ausgeliefert:

Die aus Mittelasien kommenden Skythen und Sarmaten siedelten einst hier, die Griechen und Römer errichteten Kolonien am Schwarzen Meer, die Hunnen überfielen die Region und setzten eine riesige Völkerwanderung in Gang.

Die „Kiewer Rus“, ein mittelalterliches Großreich, auch Altrussland genannt, existierte mehr als 700 Jahre. Dieses multiethnische Reich gilt als Ursprungsort des heutigen Russlands, der Ukraine und von Belarus, die sich alle mit der Kiewer Rus identifizieren. Alle drei Staaten sehen sich als rechtmäßige Nachfolgestaaten des Reiches der alten Kiewer Rus.

Im Laufe der Geschichte gehörte das heutige Territorium der Ukraine zu mindestens vierzehn verschiedenen Staaten, unter anderem zum Königreich Polen-Litauen, zum Russischen Reich, zur Habsburgermonarchie und zur Sowjetunion.[1] (vgl. hierzu Bundeszentrale für politische Bildung)

Erst seit Ende 1991 ist die Ukraine ein unabhängiger Nationalstaat, und dass sie mit allen Mitteln darum kämpft, unabhängig zu bleiben, ist nachvollziehbar.

Die Geschichte der Ukraine ist ein einziger Kampf um eine *eigene nationale Identität,* bis heute –, während Russlands Kampf darin besteht, seine Identität zu sichern, bzw. wiederzuerlangen. Mit diesem Wissen im Hintergrund wird auch die zuweilen rechtsnationale Tönung ukrainischer Politik verständlich sowie der vaterländisch-beschwörende Charakter der *Ukrainischen Nationalhymne:*

Skythischer Bogenschütze, griech. Vasenmalerei, ca. 520-500 v. Chr.

„Noch sind der Ukraine Ruhm und Freiheit nicht gestorben,
noch wird uns lächeln, junge Brüder, das Schicksal.
Verschwinden werden unsere Feinde wie Tau an der Sonne,
und auch wir, Brüder, werden Herren im eigenen Land sein.

Refrain:
Leib und Seele geben wir für unsere Freiheit,
und bezeugen, dass unsere Herkunft die Kosakenbrüderschaft ist."

(medienwerkstatt-online.de):

Die Ukraine mobilisierte alle ihre Kräfte, um sich mit aller Macht rechtmäßig zu wehren und für ihre Souveränität zu kämpfen. Sie führte einen zunächst notwendig erscheinenden Kampf zur Verteidigung der eigenen Existenz, der nun aber kein Ende zu finden scheint. In diesem Kampf wurden bisher etwa 100.000 russische Soldaten und 100.000 ukrainische Soldaten sowie tausende ZivilistInnen getötet. (vgl. Tagesschau, 10.11.2022)

So funktioniert die Opfer-Täter-Umkehr: Vom Opfer zum Täter und wieder zum Opfer über die Jahrtausende, wie es die Geschichte der Ukraine eindrucksvoll belegt. Wer Hass sät, wird Gewalt ernten, Auge um Auge, Zahn um Zahn; so kann das wechselseitige Morden noch über Jahre weitergehen –, wenn die Vernunft nicht irgendwann *siegt*.

Noch sieht es danach nicht aus. Die Weihnachts-Botschaft 2022 des ukrainischen Präsidenten an das russische Volk lautet: „Wir werden Russland niemals vergeben." (zdf.de, 21.12.2022)

Die Opfer-Täter-Spirale stoppen

„Ukrainer greifen an: Russen schlagen mit Panzern,
Mörsern und Artillerie zurück." (22.11.2022, faz.net)

„Das erste ist, so viele Soldaten wie möglich zu töten, ehrlich, um
den psychologischen Druck auf die russische Armee zu erhöhen."
(Michail Podoljak, Berater von Selenskyj, t-online, 16.06.2023)

> „Selenskyjs Geheimdienstchef spricht in einem Interview offen über die Attentatsziele der ukrainischen Regierung: »Putin steht ganz oben auf der Liste. Wir versuchen, ihn zu töten.«" (welt.de, 25.05.2023)

Wie kann diese mörderische und selbstmörderische Spirale von Opfer und Täter, von wechselseitigem Hass und wechselseitiger Gewalt gestoppt werden? Wie soll das möglich sein, wenn wir von beiden Seiten nur Beschuldigungen und Drohungen hören und keinerlei Bereitschaft zu Kompromiss oder gar Verzicht:

> „Keine Kompromisse bei Friedensverhandlungen – Nach Ansicht des ukrainischen Präsidenten Wolodymyr Selenskyj beinhaltet ein »gerechter Frieden« mit Russland keine Kompromisse bei der Souveränität und territorialen Integrität der Ukraine." (zdf.de, 21.12.2022)

Jedes Opfer setzt zunächst seine aggressive Energie ein – wie weiter oben bereits ausführlich dargestellt –, um das eigene Leben zu retten. Es wird abschätzen, ob der Einsatz Erfolg verspricht und gegebenenfalls fliehen, oder es wird, wenn das nicht möglich ist, aufgeben und sich unterwerfen. Ein Tier legt sich auf den Rücken – eine instinktive und lebensrettende Geste der Unterwerfung.

Nur ein Mensch, der seinen natürlichen Überlebensinstinkt verloren hat, dem Ideologien wie Freiheit, Ehre und Nationalstolz mehr bedeuten als das Geschenk des Lebens, wird sich selbst autoaggressiv opfern und damit nach dem Motto der ukrainischen Nationalhymne handeln:

> „Wir geben unsere Seelen
> und unsere Körper
> für die Freiheit des Vaterlandes."

Nun ist im Laufe von Monaten der ukrainische Verteidigungs-Krieg mit der von Selenskyj befohlenen militärischen Offensive zum Rückeroberungs-Krieg geworden. Das einstige Opfer wurde zum Täter auch an der eigenen Bevölkerung: Jede Woche schickt die Ukraine 1000 bis 1500 eigene Männer in den Tod, unbeteiligte Frauen und Kinder verlieren ihre Heimat und ihr Leben. Sie werden nicht gefragt, ob sie ihre Körper geben wollen, sie haben keine Wahl.

> „Kiew: Verhandlungen kämen Kapitulation gleich. US-Vertreter drängen die Ukraine wohl dazu, mit Russland zu verhandeln. Kiew aber hält an seinem bisherigen Kurs fest: Verhandlungen sind derzeit keine Option." (20.11.2022, zdf.de)

Wenn Russland sagt, es wolle verhandeln, dann sollten wir, der Westen, die russische Führung hier beim Wort nehmen, anstatt ihr vorwegnehmend immer wieder Täuschung und Lüge zu unterstellen. Deutschland sollte die ukrainischen Politiker zu Friedensverhandlungen ermutigen, anstatt ihnen Waffen zu liefern, mit denen sie nicht ‚nur' Russen, sondern auch die eigene Bevölkerung töten und die eigenen Lebensgrundlagen zerstören. Mit einer amtlichen Verordnung hat Selenskyj bereits im Herbst 2022 diplomatische Gespräche mit Russland aktiv unterbunden und 2023 dies bereits mehrfach wiederholt:

> „Dekret von Selenskyj: Ukraine verbietet Verhandlungen mit Putin – In der Ukraine sind Verhandlungen mit dem russischen Präsidenten Wladimir Putin verboten worden. Ein entsprechendes Dekret des ukrainischen Präsidenten Wolodymyr Selenskyj wurde am Dienstag auf dessen Webseite veröffentlicht (…)" (tagesspiegel.de, 04.10.2022)

> „Präsident Wolodymyr Selenskyi hat aber Verhandlungen unter einem russischen Präsidenten Putin per se ausgeschlossen." (stern.de, 25.03.2023)

> „… Die Ukraine hat russischen Forderungen für mögliche Verhandlungen zur Beendigung des Krieges erneut eine Absage erteilt. Die zivilisierte Welt müsse anerkennen, dass »Putin und seine Clique« keine legitimen Vertreter Russlands auf internationaler Bühne seien, sagte der Berater von Selenskyj, Michailo Podoljak. »Deshalb gibt es mit ihnen nichts zu besprechen«, schrieb er im Nachrichtendienst Twitter. Russland müsse von allen internationalen Institutionen entfernt werden. »Wenn das Regime wechselt,

werden wir mit den Nachfolgern sprechen.« (berliner-zeitung.de, 28.05.2023)

Und so rollt die Opfer-Täter-Lawine weiter. Wie lange noch? Jahre, sagen manche Experten, falls der „Werte-Westen" und die Bundesregierung sich mit der massenhaften Lieferung von Tötungswerkzeugen weiter hervortun, sich dabei verausgaben und die legitimen grundrechtlich verankerten Interessen der eigenen Bevölkerung ignorieren. So geht die massenhafte Vernichtung von Leben weiter, und die Last der moralischen Schuld aller an diesem Krieg beteiligten Interessengruppen wird immer größer:

> „Jeder (deutsche) Politiker, der die Möglichkeit hat, die schnellstmögliche Aufnahme ernsthafter Friedensverhandlungen aktiv zu fördern und dies bewusst nicht tut oder gar blockiert, lädt schwere Schuld auf sich –, nicht nur durch den Verrat an den Interessen der eigenen Bevölkerung, sondern zuallererst durch die unsägliche und unerträgliche Zumutung, dass ukrainische und russische Eltern noch über Wochen, Monate oder gar Jahre mit der realen Angst leben sollen,
> dass jeden Tag ihr Kind
> von einer Granate zerfetzt,
> in einem Panzer verbrannt,
> im Flugzeug abgeschossen,
> mit einem Schiff versenkt,
> im Häuserkampf erschlagen
> oder auf andere unsägliche Weise zu Tode kommen kann.
> Keine »Werte«! dieser Welt wiegen ein solches Leid auf …
> Eine Liste über Waffenlieferungen kann man vorlesen, abheften, ändern oder in 50 Jahren (falls die Welt dann noch »steht«) aus Geschichtsbüchern zitieren. Ein im Krieg in 1000 Teile zerfetztes Kind kann man oft nicht einmal begraben – und für die Angehörigen bleibt eine Wunde, die sich niemals schließen wird."
>
> (S.B., Juni 2022)

> „Dieser sinnlose Krieg und die Kriegstreiberei der westlichen Welt muss ein Ende haben. Am Ende solcher Kriege sind immer nur

tausende Tote, Schwerverletzte, traumatisierte Menschen und verbrannte Erde zu verzeichnen."

(H.E., 11.07.2022)

Die Opfer-Täter-Spirale muss angehalten werden, die Vernunft muss siegen! Wenn nicht alle beteiligten Kräfte sie mutig stoppen, mit diplomatischer Anstrengung, mit weitsichtiger politischer Verantwortung und mit gewaltiger Liebe zum Leben, dann wird die russisch-ukrainische Opfer-Täter-Energie eine endlose Kette gewalttätiger Zerstörung in Gang setzen …

Da stellt sich die Frage: Wie kann diese Spirale, dieser unheilvolle Kreislauf von Gewalt und Gegengewalt gestoppt werden? Ernst zu nehmende Vorschläge gibt es immer wieder, und diese kommen nicht nur von pazifistischer Seite, sondern auch von so kämpferischen Persönlichkeiten wie dem französischen Präsidenten Macron:

„Der französische Präsident Macron wirbt für Friedensgespräche mit Russland – und spricht von »Sicherheitsgarantien« für Moskau.

Dabei betont er: »Die USA und Frankreich wollen dasselbe: Druck auf Russland machen, damit es an den Verhandlungstisch zurückkommt.« Er hat die zukünftige europäische »Sicherheitsarchitektur« im Blick, wenn er betont: Ein »wichtiger Punkt« für den russischen Präsidenten Wladimir Putin sei die »Angst, dass die Nato vor seiner Haustür steht, und dass Waffen stationiert werden, welche die Sicherheit Russlands bedrohen«, sagte Macron. (…)

Macron hatte in der Vergangenheit mehrfach betont, dass es an der Ukraine sei, über die Aufnahme von Friedensverhandlungen zu entscheiden …" (zdf.de, 05.12.2022)

Macrons Initiative wird von Kiew scharf zurückgewiesen und – wie die Vorschläge all der anderen weitsichtigen Menschen – mit beißender Kritik, mit Hohn und böswilliger Häme beantwortet. Auch Papst Franziskus bietet sich erneut als Vermittler zwischen Russland und der Ukraine an, er ist bereit, nach Kiew und nach Moskau zu reisen:

„Er stehe dem russischen Präsidenten Putin für Gespräche zur Verfügung, sagte Franziskus dem italienisch-schweizerischen Fernsehen RSI. Nachdem der Krieg in der Ukraine nun schon länger als ein Jahr andauere, müsse man ausloten, wie der Frieden wiederhergestellt werden könne. Der Krieg wüte zwar in der Ukraine, doch seien mittlerweile neben Russland alle Großmächte der Welt darin verstrickt und verfolgten eigene, imperiale Interessen. Die Gefahr eines dritten Weltkrieges sei dementsprechend unvermindert hoch, erklärte das Oberhaupt der Katholischen Kirche." (deutschlandfunk.de, 10.03.2023)

„Eine Delegation aus Afrika hat in Russland Staatschef Putin getroffen. Südafrikas Präsident Ramaphosa forderte dabei einen Verhandlungsfrieden für die Ukraine – eine Idee, die Putin lobte. Weniger harmonisch lief ein Besuch zuvor in Kiew. »Dieser Krieg muss enden«, forderte Südafrikas Präsident Cyril Ramaphosa bei dem Treffen. »Er muss durch Verhandlungen und mit diplomatischen Mitteln beigelegt werden.« Der russische Staatschef lobte den »ausbalancierten Ansatz der afrikanischen Freunde in der Ukraine-Krise«. Zugleich zeigte er sich offen für »einen konstruktiven Dialog mit allen, die einen Frieden schaffen wollen, der auf den Prinzipien der Gerechtigkeit und des Respekts der legitimen Interessen der Parteien beruht.«" (tagesschau.de, 17.06.2023)

„Zahlreiche Länder boten im Ukraine-Krieg bereits Vermittlungen an. Moskau begrüßte »die Lösungsbemühungen aller Länder«, doch laut Experten ist die Verhandlungsbereitschaft vorgetäuscht. (…) Friedenspläne und Vermittlungsangebote kamen bislang aus Indonesien, China, Brasilien, Frankreich, dem Vatikan und mehreren afrikanischen Staaten. (…) Die Ukraine und Deutschland sprechen sich indes gegen ein Einfrieren des Konfliktes aus." (fr.de, 07.06.2023)

„Es gibt die Möglichkeit für eine Verhandlungslösung, bei der die Grenzen der Ukraine respektiert werden", sagt Jeffrey D. Sachs, Professor an der

Columbia University, und fordert die Ukraine zum Umdenken auf. In dem Beitrag „Frieden in der Ukraine ist möglich. So könnte er aussehen" (09.12.2022, telepolis.de), formuliert er folgende Lösung:

> „Der Frieden wird eintreten, wenn die USA von einer weiteren NATO-Erweiterung in Richtung der russischen Grenzen Abstand nehmen, Russland seine Streitkräfte aus der Ukraine abzieht und von der einseitigen Annexion ukrainischen Territoriums Abstand nimmt. Ebenso muss die Ukraine ihre Versuche beenden, die Krim zurückzuerobern, und den Minsk-II-Rahmen akzeptieren. Alle Parteien müssen sich bereit erklären, die souveränen Grenzen der Ukraine im Rahmen der UN-Charta zu sichern, garantiert durch den UN-Sicherheitsrat und andere Nationen."

Jeffrey Sachs wurde als „Stimme der Arroganz" kritisiert, sein sachlich-vernünftiger Vorschlag von den Leitmedien überhört und von den Verantwortlichen in der Politik ignoriert. Die Menschheit lernt vermutlich nur über die Erfahrung von eigenem Leid; erst im Zusammenbruch ist Aufwachen, ist Erkenntnis möglich. Im schmerzlichen Scheitern kann die Aggression nach innen genommen, hier kann der Feind im inneren Territorium erkannt werden. Hier im Innenraum, persönlich und gesellschaftlich, findet die eigentliche Auseinandersetzung, der eigentliche Kampf statt, hier kann der Verlust-Schmerz gefühlt und betrauert werden. Wird erst dann sich der neue friedvolle Morgen zeigen?

Dazu ist ein neues Bewusstsein, ein neues Denken nötig. Der Philosoph Jean Gebser hat schon vor Jahrzehnten geschrieben: „Mutation des Bewusstseins oder Tod."

> „Eine neue Art von Denken ist notwendig,
> wenn die Menschheit weiterleben will."
>
> (Albert Einstein)

4. „Ruhm den Helden“

„Unglücklich das Land,
das Helden nötig hat.“

(Bertolt Brecht, 1898-1956)

Ein patriarchaler Helden-Kult hat die westliche Welt ergriffen, ein regelrechter Helden-Rausch. Mit Beginn des Ukrainekrieges hat der kampfesmutige Kriegsheld die Medien und das öffentliche Bewusstsein erobert. Der militärische Gruß der ukrainischen Streitkräfte endet mit dem Ruf: „Ruhm den Helden!“

„Wir werden alles Mögliche und Unmögliche, Erwartete und Unerwartete tun, damit unsere Helden alles haben, was sie brauchen, um zu gewinnen“, versprach Selenskyj seinem ukrainischen Volk. (Videoansprache am 20.12.2022, zdf.de)

Der neue Heldenkult

Der Titel „Held der Ukraine“ „ist die höchste Auszeichnung, die durch den ukrainischen Staat verliehen werden kann. Der Titel wurde per Dekret (…) 1998 anlässlich des 7. Jahrestages der Unabhängigkeit der Ukraine vom Präsidenten Leonid Kutschma eingeführt.“ (Wikipedia)

„Um den Kampfeswillen zu stärken, setzen die Ukrainer insbesondere auf Heldenfiguren, die zu Symbolen des Patriotismus, des Todesmutes, aber auch des kollektiven Leidens geworden sind. Der Held ist dabei mehr als ein Einzelschicksal, er wird zur Identifikationsfigur für die gesamte Nation.
Nach russischen Vorbildern erhalten die gefallenen »Helden der Ukraine« den gleichen Goldenen-Stern als Orden wie ihre sowjetischen Vorgänger.“ (Neue Züricher Zeitung, 08.05.2022)

Präsident Wolodymyr Selenskyj wird vom US-Time-Magazin zur „Person des Jahres 2022" gekürt – Russlands Präsident Wladimir Putin war bereits 2007 die „Person des Jahres". Bemerkenswert, wie verwandt sich die beiden „Brudervölker" doch sind, mit ihren nationalistischen Held-Ehre-Vaterlands-Tönen. Da erstaunt es nicht, dass sich auch ihre Kriegspropaganda ähnelt, wenn sie sich wechselseitig als Neonazis und Faschisten bezeichnen.

Selenskyj ist nicht nur die „Person des Jahres", er ist auch der aktuelle Held der Ukraine sowie der Held des Jahres 2022; allein in diesem Jahr bekam er dreizehn Auszeichnungen und Ehrungen. Im März 2022 wurde ihm der polnische Jan-Karski-Adler-Preis verliehen, in dem es heißt: „Für die heldenhafte Verteidigung der Ukraine und der moralischen Werte der westlichen Zivilisation." (Wikipedia)

Der patriarchale Held erscheint noch größer, noch vollkommener mit einer Gefährtin, einer Heldin an seiner Seite. Als „Heldenpaar" sind sie geeignet, das einfache Volk zu beeindrucken. Das berühmteste Heldenpaar des Jahres 2022 sind Wolodymyr Selenskyj und seine Frau Olena Selenska; als solches posierten sie für die Titelgeschichte „Porträt des Muts" des amerikanischen Modemagazins „Vogue". (27.07.2022, berliner-zeitung u. ntv)

Die Hochglanzfotos des Paares vor der Kriegskulisse, einem Flugzeugwrack, Gebäudetrümmern, Sandsäcken und Soldaten, machen betroffen und wirken verstörend. Olena Selenskas Kommentar zu den Fotos: „Wir freuen uns auf den Sieg."

„Sieg Heil", denke ich da etwas bitter-böse: Der nationalsozialistische „Deutsche Gruß" sollte suggerieren, dass Sieg Heilung und Frieden bringen wird. Kann Sieg denn Heil, im Sinne von Segen, erschaffen? War Sieg jemals segensreich? Jeder Sieg erschafft zwangsläufig einen traumatisierten Verlierer und damit einen weiteren Konflikt, weiter Krieg, weiter Tod. Nicht in Heldentum und Sieg liegt das „Heil", es liegt ausschließlich in Frieden und Versöhnung.

Die Ursprünge des Heldentums sind uralt: Der Held der Frühzeit war der kämpferische Mann, der dem Leben seines Stammes diente, ihm gebührte „Ruhm und Ehre". Der heutige Soldat aber ist eine bedauernswerte Marionette, ein armseliges Opfer, zum Töten und Getötetwerden bestimmt. Er ist immer schon ein „gefallener Held". In jedem Krieg wird die Helden-Ideologie über das Leben der Menschen, über die Bewahrung der Erde und der Natur gestellt.

Mit Beginn des Ukraine-Krieges wurde das archaische Heldenthema wieder bedeutungsvoll, der heldenhafte, kämpferische Mann erscheint als Ideal männlicher Größe und Stärke. „Ruhm den Helden", so lautet der ukrainische militärische Gruß. Für junge Männer mit schwachem Selbstbewusstsein und einer verständlichen Sehnsucht nach männlicher Stärke klingt ein solches Ruhmes-Versprechen sehr verlockend. Sie ziehen freiwillig in diesen oder einen der vielen anderen Kriege, um hier – mit dem eigenen Leben – zu „dienen", wie es beschönigend heißt. Wem oder was aber dienen diese „ruhmreichen" Helden wirklich?

Das Wort „Held" ist abgeleitet von griechisch „Heros", altgriechisch „Hieros", mit der Bedeutung der Alte, der Weise, der Eingeweihte, der Heilige. Die Aufgabe des traditionellen Helden als dem „Weisen Alten" war es, *dem Leben* in all seinen Erscheinungsformen *zu dienen.* Als „Heiliger Heros" war er der Beschützer der Pflanzen- und Tierreiche, und gemeinsam mit seiner Gefährtin, der „Hera", war er der Beschützer seines Volkes. In seiner Position als König war er auch der „Heilige Krieger", der für Recht und Ordnung sorgte, die Stammesgrenzen sicherte und sein Volk vor feindlicher Bedrohung schützte.

Der patriarchale Held aber kämpft für Sieg, Macht und Ehre, er dient seinem eigenen Ego und dem Ego seines Vaterlandes. Nicht selten ist er ein innerlich schwacher, ein armseliger und mordlustiger Mann, ein Killer: Der in den USA als Kriegsheld verehrte Irak-Kommandeur James Mattis formulierte es damals deutlich: „Es macht Spaß, einige Leute zu erschießen und er bezeichnete das Kämpfen als ein »höllisches Vergnügen«." (Da. Echo 2004) Der patriarchale Held verwechselt die gewaltige schöpferisch-männliche Urkraft mit Gewalt-Tätigkeit – im Töten erlebt er sich kraftvoll, männlich und stark.

Die mythische Heldenreise

Weit hinter dem aktuell so modernen Heldenkult liegt – auf der Ebene des Kollektiv-Bewusstseins – das uralte Wissen um die „mythische Heldenreise" als dem Ursprung aller Heldenkulte.[(1)]

Mythen und mythische Erzählungen sind uralte Überlieferungen; in ihnen wird in bildhafter und symbolischer Form die Entwicklungs-Geschichte der Menschheit mitgeteilt: Geschichten vom Anfang und Ende, von Mensch und Gott, Leben und Tod. In mythischen Erzählungen mischen sich real-historische Ereignisse mit deren psychisch-emotionaler Verarbeitung und – der jeweiligen Kultur entsprechend – einer geistig-spirituellen Einordnung.

Solche Mythen existieren seit Anbeginn der Menschheit in allen Kulturen; sie sind der Versuch einer Antwort auf die Frage nach dem Mysterium des Lebens: Wer sind wir? Woher kommen wir? Was ist unsere Aufgabe als Menschheit auf diesem Planeten?

Eine dieser uralten Erzählungen ist die „Heldenreise". Diesem faszinierenden Menschheitsthema habe ich ein ganzes Buch gewidmet: „Die mythische Reise – Der archetypische Weg des Helden und der Heldin"[(2)], aus dem ich hier zusammenfassend zitiere:

Der mythische Held ist ein *universeller Archetyp,* ein Urbild der menschlichen Seele, in dem sich Dunkel und Licht, Tod und Leben verbinden. Der mythische Held kämpft nicht für den Sieg, er kämpft für die Erhaltung und die zyklische Erneuerung des Lebens. Seit dem Neolithikum ist dieser Archetyp über Mythen und kultische Vermächtnisse in unzähligen Versionen und Gestalten überliefert. Bildliche Darstellungen zeigen ihn bereits auf Wandmalereien in neolithischen Kulthöhlen; in Stein gehauen oder in Bronze gegossen erscheint er später in Tempeln und Palästen. Und in unzähligen Darstellungen begegnen wir ihm auf antiken Gefäßen.

Die archetypische Heldenerzählung existiert seit Menschengedenken bei allen Völkern der Erde. Jede Epoche, Kultur, spirituelle oder religiöse Tradition hatte ihren ganz speziellen Heldenmythos. Er erscheint in den Ursprungsmythen archaischer Stammesgesellschaften und ihren Riten, in den geistigen Einweihungs-Mysterien der klassischen Antike sowie auch in den heutigen patriarchalen Religionen jüdischer, christlicher, islamischer und hinduistischer Tradition. Der Heldenmythos ist bis heute lebendig in Sagen und Märchen, er taucht auf in inneren Seelen-Reisen, in Zuständen veränderten Bewusstseins und zeigt sich eindrucksvoll in unseren nächtlichen Träumen.

Innerpsychisch symbolisiert der archetypische Held einen Aspekt des personalen Ichs, auch *„Helden-Ich"* genannt. Dieses Ich zeichnet sich aus durch besondere Eigenschaften wie: Mut, Kühnheit, Kampfeskraft, Einsatzbereitschaft, Zielgerichtetheit, emotionales Losgelöstsein, Opferbereitschaft und vor allem die Bereitschaft, die Angst anzunehmen und den eigenen Dämonen und schließlich dem Tod zu begegnen.

Immer zeichnet sich ein Held – damals und heute – aus durch ungewöhnliche, außerordentliche Leistungen, durch seine *Helden-Taten.* Hier stellt sich die alles entscheidende Frage: Wem dienen diese Heldentaten? Dienen sie dem Leben oder dienen sie einer völkisch-nationalen Ideologie? Oder lediglich dem Ego eines Möchtegern-Helden? Wir sehen, das Heldenthema ist heikel, zwiespältig, die Heldenreise ist immer ein Grenzgang: Eine Helden-Tat kann Tod bringen oder Leben geben, sie kann zerstören oder sie kann das „Wasser des Lebens" schenken, wie in der mythischen Heldenreise beschrieben.

Der mythische Heldenweg ist gekennzeichnet durch Abstieg und wieder Aufstieg; dementsprechend folgt er einer ganz speziellen dramatischen Struktur, einem universellen *rituellen Grundmuster,* dem „ritual pattern":

- Ruf
- Trennung
- Abstieg
- Prüfungen
- Todeserfahrung
- Geistige Wiedergeburt
- Aufstieg und Rückkehr

Diesem rituellen Grundmuster entsprechen alle Übergangsriten, Initiationsriten und Einweihungs-Mysterien. Es lässt sich vereinfacht in drei Phasen untergliedern: Aufbruch, Initiation und Rückkehr. Hier eine allgemeine und knappe Zusammenfassung:

Der mythische Held folgt seinem *inneren Ruf,* seiner Berufung. Er folgt seiner inneren Stimme, seiner Bestimmung und nimmt Abschied von seiner Familie, der Gemeinschaft, dem Alltag, und vollzieht eine notwendige, aber auch schmerzliche Trennung. Er verlässt den vertrauten Lebensraum, seine alltägliche Welt, und wagt den *Gang über die Schwelle* in eine noch unbekannte Welt.

Er wagt den *Abstieg* in eine magische und gefährliche Unterwelt – einen dunklen Wald, ein Labyrinth –, in der die Gesetze der Alltagswelt ihre Gültigkeit verlieren. Hier, in Dunkelheit und Einsamkeit, wird er mit gefährlichen Schatten-Kräften, seinen eigenen Dämonen, konfrontiert, die seinen Weg behindern. Er hat schwierige *Prüfungen* zu bestehen, mit mächtigen Ungeheuern zu kämpfen, und zuweilen wird er von ihnen verschlungen, wie Jonas vom Wal verschlungen wurde. Er durchlebt Ohnmacht, Hilflosigkeit und Todesangst.

Aber auch helfende Kräfte, gute Geister, begleiten seinen Weg und schenken ihm Schutz und Zuversicht. Von magischen Tieren, Waldgeistern, guten Hexen und Zauberern unterstützt, gelingt ihm die Prüfung. Mit Hilfe von Zauberformeln, Kraftobjekten, Heilkräutern, magischen Symbolen und Heilweisen besteht er auch die schwierigste Bewährungsprobe, die *Erfahrung von Tod und geistig-seelischer Erneuerung.* Er ist nun ein Wieder-Geborener.

Gestärkt und gesegnet kehrt er dann in seine Alltagswelt zurück und bringt der Welt, was er gesucht und auf seiner langen Reise – in sich selbst – gefunden hat: Den aus der Tiefe geborgenen Schatz seiner Seele, *das Wasser des Lebens.*

Dieses archetypische *Heros-Muster* von Aufbruch-Initiation-Rückkehr finden wir auch in unserer persönlichen Lebens- und Entwicklungsgeschichte: *Abschied,* das Ende eines Lebenszyklus, einer nahen Beziehung, ein Verlust und der daraus folgende *Abstieg* in innere Dunkelheit, Einsamkeit und Schmerz. Indem wir mutig den inneren Schattenwesen begegnen, kann sich die schmerzliche Krise zu einer Heilungs-Krise wandeln. Das kosmische Licht erleuchtet die Dunkelheit, wir erfahren die Einheit von Dunkel und Licht, von Tod und Leben. Diese innere Erfahrung, die *Einheit des Getrennten,* das ist der Schatz, nach dem der Heros sucht, das Geheimnis des Lebens.

Dieses archetypische Heldenmuster gestaltet sowohl unsere individuelle Entwicklung als auch die kollektive Entwicklung einer Gemeinschaft, eines Volkes, einer Nation. Immer geht es um Transformation und um Wandlung von einem eher unreifen in einen reiferen Zustand: vom Kind zum Erwachsenen, vom Jungen zum Mann, vom personalen Ich zum transpersonalen Wahren Selbst.

Die menschliche Seele sehnt sich nach Bewusstseins-Erweiterung und Selbst-Erkenntnis, beständig ist sie auf der Suche nach sich selbst:

> Es ist die „Sehnsucht des Suchenden, die gegebenen Grenzen zu überschreiten und sich vom Gesuchten anziehen zu lassen. Die Suche ist in vielen Mythen und Kulturen das Symbol für den Aufbruch in eine andere Wirklichkeit und gehört wesentlich zum mystisch-spirituellen Weg.“[(3)]

Die Initiationsriten, wie sie bei allen Naturvölkern gebräuchlich waren und in Relikten bis heute überlebt haben, gestalten diesen „Aufbruch in eine andere Wirklichkeit“ in ritueller und *dramatischer* Weise, als Psycho-Drama mit Musik und Tanz:

> „Und ich gehe weiter und komme zu einer tanzenden Männerhorde, die nehmen mich in die Mitte und tanzen wild mit mir, so dass ich kaum noch Luft bekomme.
> Und sie sagen zu mir: »Wir entlassen dich erst wieder aus unserer Mitte, wenn du dich deiner männlichen Kraft nicht mehr schämst.« Das gelobe ich und fühle nun eine große Kraft in mir.“
>
> (Knut T., Sequenz aus einer Holotropen Atemreise)

Die Initiationen der Naturvölker waren meist *Übergangs-Riten;* sie markierten den Übergang vom Zustand der Kindheit in die Welt der Erwachsenen. In diesen Kulturen bleibt das Kleinkind gewöhnlich sehr lange nahe bei der Mutter, genießt die mütterliche Wärme und

Geborgenheit. Mit der Pubertät aber ändert sich dieser Zustand abrupt, die männlichen Jugendlichen werden in einem oft schmerzhaften Ritual, in dem sie einen symbolischen Tod erleiden, von der Mutter abgelöst: Das Kind, der kleine Junge, muss „sterben", damit er als Mann „wiedergeboren" wird und seine soziale Aufgabe in der Gemeinschaft erfüllen kann.

Die im Initiations-Ritus gebräuchlichen Methoden variieren stark, immer aber sind sie mit Schrecken, Angst, Not und häufig auch mit körperlichem Schmerz verbunden. Bei indigenen und germanischen Stämmen war es üblich, die männlichen Jugendlichen in der Wildnis einsamer Wälder auszusetzen. Allein, ohne Nahrung und ohne Schutz vor den Angriffen wilder Tiere erlebten sie seelischen und möglicherweise auch körperlichen Tod. Sie durchlebten den sprichwörtlichen „Kampf auf Leben und Tod" und erfuhren gleichzeitig die stärkenden magischen Kräfte ihrer Totems, Geister oder Gottheiten.

Diese traditionellen Initiationsriten – abgesehen von ihren Schattenseiten – erfüllten eine wichtige integrale psychische und soziale Aufgabe und sicherten das Überleben eines Stammes. Initiationsbräuche waren „magische Mittel", durch die der Mensch aus einem unbewussten Zustand in einen erweiterten Bewusstseins-Zustand überführt wurde.

In Bezug auf unser Thema „Krieg oder Frieden" stellt sich nun die Frage: Welche sinnvollen und heilsamen Initiationsriten haben unsere heutigen Gesellschaften den jungen Männern anzubieten? „Der Krieg macht einen Jungen zum Mann", wird uns gesagt. Wie aber kann das Helden-Ich junger Männer gefördert werden und dem Leben dienen, anstatt das Leben kriegerisch zu zerstören?

Die archetypische Kampfeskraft junger Männer will und muss angenommen und integriert werden, sie will sich ausdrücken, sie drängt in die Welt. Diese Kraft aber braucht friedvolle Lenkung und fürsorglichen Schutz durch reife und erfahrene ältere Männer, damit sie heilsam gehalten und gerichtet werden kann –, damit gewalt-tätige männliche Kraft sich wandeln kann in gewaltig-liebende männliche Kraft: Eine Kraft, die heldenhaft dem Leben dient.

Helden-Lust und Helden-Tod

Wo aber sind heute die weisen alten Männer, welche die jungen Männer auf ihrem Weg zum Erwachsenwerden kraftvoll und zugleich liebevoll begleiten? Körperlich und psychisch geschwächt von zwei Weltkriegen, abgeschnitten von ihrer eigenen essentiellen männlichen Kraft, sind die wenigsten dazu in der Lage.

Junge Männer aber, seelisch verödet – ohne Selbstwert, ohne kraftvolle und zugleich liebevolle Väter, ohne familiären und sozialen Zusammenhalt, ohne lebenswerte Zukunft – leiden unter ihrer gebrochenen Männlichkeit. Sie sind daher durch gezielte Kriegspropaganda besonders verführbar. Gerade im rücksichtslosen, gewalttätigen und vor allem im siegreichen Kämpfen erleben sie Stärkung und Kraft ihrer verwundeten Männlichkeit: „Endlich bin ich ein Held!"

„Es ist so schön, im Krieg zu sein!", sangen junge italienischen Rekruten bei Mussolinis Überfall auf Nord-Griechenland im Winter 1941:

> „Wir pfiffen und sangen, als wir uns hektisch auf den Vormarsch vorbereiteten (…); wie froh es uns stimmte, ohne Widerstand eine fremde Grenze zu überschreiten; wie schmeichelhaft es war, uns als die neuen Legionäre des neuen Imperiums zu sehen, das zehntausend Jahre bestehen sollte. (…) Welche Kraft wir doch ausstrahlten, als wir uns mit unserem Beitrag zum berühmten Stahlpakt brüsteten …"[(4)]

Diese kriegsbegeisterten jungen Helden aber landeten letztendlich – wie alle, die Kriege führen – in Elend, Wahnsinn und Tod:

> Einem Soldaten „wurden seine Därme bei einem Bajonettangriff herausgerissen, den er heldenhaft mit einer leergeschossenen Pistole in der Hand angeführt hatte. Wir wurden vernichtend geschlagen …"
> „Ein weiteres Mal werden wir von unseren eigenen Fliegern angegriffen, einer Staffel von SM79ern; zwanzig Tote …"
> „Aufwachen am Morgen, zehn Grad unter Null. Die erste Frage: Wer ist erfroren? (…) Ich habe immer noch Angst vor dem Wei-

ßen Tod. Aus den Zelten höre ich die unmenschlichen Schreie bei einer Amputation. (…) Wir haben dreizehntausend Opfer des Weißen Todes."

„Francisco ist zweifellos verrückt. Sein Mund bewegt sich ständig, sein Bart ist ein Eiszapfen geworden, er verdreht die Augen im Kopf und erkennt mich nicht. Er macht absichtlich in die Hose, um die momentane Wärme zu genießen …"[(5)]

So sieht Krieg aus der Nähe aus, anders als in der idealisierenden Helden-Kriegs-Propaganda. Solche deutlichen Berichte brauchen wir, um aufzuwachen, um die höllische Realität des Krieges zu erkennen. In diesem und anderen ähnlichen Kriegsberichten offenbart sich der Wahnsinn des Krieges, 1941 in den Bergen des Epirus und heute im Jemen, im Irak, in Myanmar, in Äthiopien, Afghanistan, Syrien und der Ukraine. Allein im Jahr 2021 fanden weltweit insgesamt 28 Kriege und bewaffnete kriegerische Konflikte statt.

Otto Dix, Der Krieg, „Grauen des Krieges", 1924

„Dein Bild in den Spätnachrichten
Wimmernder sterbender Soldat.
Eine Zahl in den Kriegsberichten
Ein Rädchen im Kriegsapparat
Für einen Schachzug zerschossen
Und für ein Planquadrat im Sand
Für einen Wahn hast du dein Blut vergossen
Und immer für ein gottverdammtes Vaterland!“

(R. Mey, 1994, Lied „Frieden“, erste Strophe)

Müssten die militärisch und politisch Verantwortlichen, all die Schreibtisch- und Sofa-HeldInnen, ihre Söhne oder Töchter dem Kriegsmoloch opfern oder selbst an der Front kämpfen, dann gäbe es vermutlich keine Kriege mehr.

Das jämmerliche Ende eines jeden sterbenden Soldaten ist bis heute und überall das gleiche: Von einer Bombe zerfetzt, in einem Panzer verbrannt, im Nahkampf erschossen oder erschlagen, verhungert, verdurstet, erfroren, ertrunken ... So erbärmlich enden viele Helden, so verlieren sie ihr Leben für „Ruhm und Ehre“ ihres Vaterlandes.

Wenn der ukrainische Präsident in seiner täglichen, dramatisch inszenierten Videobotschaft verkündet, wie ruhmreich und heldenhaft es sei, für das Vaterland zu kämpfen, dann verschweigt er, wie elend und erbärmlich es ist, für das Vaterland im Bombenhagel zu sterben. Die letzten Worte eines sterbenden Soldaten lauten nicht: „Endlich, jetzt bin ich ein Held!“ oder: „Danke für diesen glorreichen Tod.“ Die letzten gehauchten Worte eines sterbenden Soldaten sind häufig: „Mama, Mama, Mama.“

Die heldenhaften Größen-Phantasien eines kleinen Soldaten sind die individuelle Entsprechung der Großmacht-Phantasien seiner jeweiligen Nation: Der westliche Imperialismus brüstet sich gerne mit „Freiheit und Demokratie“, verteidigt die sogenannten „westlichen Werte“ und erstrebt – angeblich – eine „freiheitliche“ Weltordung.

Der östliche Imperialismus hat, wie es scheint, den Zerfall des alten zaristischen Großreiches noch nicht verwunden und träumt sich zurück in vergangene Größe, was die russische Hymne eindrucksvoll verdeutlicht. Eine Nationalhymne sagt viel über die Nation aus; sie hat beschwörenden und magisch-bannenden Charakter, was die ukrainische Hymne – zitiert im Kapitel „Opfer-Täter-Umkehr" – bereits gezeigt hat. Hier nun die russische Hymne:

„Russland, unsere geheiligte Macht,
Russland, unser geliebtes Land.
Mächtiger Wille, großer Ruhm
Dein Vermächtnis für alle Zeiten.

Von südlichen Meeren bis zum Polargebiet
Erstrecken sich unsere Wälder und Felder.
Einmalig bist du in der Welt!
Einzigartig bist du, von Gott beschützte heimatliche Erde.

Einen weiten Raum für Träume und Leben
Eröffnen uns die künftigen Jahre.
Die Treue zu unserem Vaterland gibt uns Kraft.
So war es, so ist es, und so wird es immer sein.

Refrain:
Glorreich seist du, unser freies Vaterland,
Der brüderlichen Völker jahrhundertealter Bund,
Von Vorfahren gegebene Weisheit des Volkes!
Gerühmt sei das Land! Wir sind stolz auf dich!"

(de.wikipedia.org)

Aber all diese heldenhaften Großmachtphantasien, gleich welcher nationalen Prägung, werden zwangsläufig in Elend und Tod vergehen. Warum nur verstehen die Mächtigen dieser Welt das nicht? Warum lernen sie nicht aus der Geschichte? Wann endlich werden sie begreifen, dass wir *eine* Menschheits-Familie sind, mit *einer* Erdenmutter und *einer* Sehnsucht: Der Sehnsucht zu leben, zu lieben und geliebt zu werden?

Siegen heißt Töten

„Über die Grässlichkeit des Sieges.
Über seine Folgen, die ich schon jetzt
in ihren blinden Augen seh.
Mit Blindheit geschlagen, ja.
Alles, was sie wissen müssen,
wird sich vor ihren Augen abspielen,
und sie werden nichts sehen."

(Worte der Seherin Kassandra)[(6)]

„Sieg der Ukraine wird auch Sieg Amerikas", mit diesen Worten dankt „Selenskyj dem US-Präsident Biden, nachdem er bei seinem USA-Besuch weitere schwere Waffen für sein Land gefordert hatte." Er überreichte im US-Repräsentantenhaus eine Fahne mit den Worten: *„Diese Flagge ist ein Symbol unseres Sieges.* In diesem Krieg halten wir stand, wir kämpfen und wir werden gewinnen, weil wir vereint sind. Die Ukraine, Amerika und die gesamte freie Welt." – „Als ein Signal militärischer Macht", wertet der ZDF-Korrespondent in Washington die Überreichung der Siegesflagge. (zdf.de, 22.12.2022)

„Die Ukraine muss siegen!" Sieges-Flaggen, Sieges-Versprechen und Sieges-Mythen: Tagtäglich werden sie von Kriegsherren und MilitaristInnen in die Welt posaunt. Der ukrainische Autor und Schriftsteller Serhij Zhadan schreibt: „Frieden wird erst nach Sieg möglich sein." (…) „Morgen wachen wir auf und sind dem Sieg einen Tag näher." – Heute erhielt er den *Friedenspreis* des Deutschen Buchhandels." (23.10. 2022)

Siegen aber heißt Töten, und Töten ist ein Verbrechen, das größte Verbrechen und die größte Schuld des Menschen. Ob die Schuldigen an diesen Verbrechen sich dessen bewusst sind? Vermutlich nicht, sonst würde unser Wirtschaftsminister so nicht sprechen:

„Ich bin dafür, dass Deutschland zusammen mit den Alliierten die Ukraine so unterstützt, dass sie diesen Krieg gewinnen kann",

> sagte Habeck, der sich schon vor dem Beginn des russischen Angriffskriegs gegen die Ukraine für Waffenlieferungen an das Land eingesetzt hatte. (…) „Es ist gut, dass die USA Patriots liefern. Für Deutschland gilt: Wir unterstützen die Ukraine auch mit schweren Waffen, seit Monaten, und wir werden das auch weiter tun.“ (Robert Habeck, zdf.de, 22.12.2022)

Schuld macht *Schuld-Gefühle.* Die abgewehrten Schuldgefühle aber gehen in die Spaltung, verdunkeln, verfinstern sich und werden zu quälenden Trauma-Dämonen. Vielen unserer Väter und Großväter hat die *persönliche Kriegs-Schuld* den Mund verschlossen, sie haben – nachdem sie aus dem Krieg zurückgekehrt waren – nicht mehr gesprochen. Sie waren wortkarg, emotional abwehrend, sie hatten ihr Täter-Trauma in sich verschlossen. Keine anderen Emotionen sind so quälend, verfolgen uns so hartnäckig, sind so gnadenlos beißend wie Scham und Schuld.

Es erfordert persönlichen Mut und überpersönliche seelische Größe, sich selbst schuldig zu bekennen. Nur wenige sind dazu in der Lage; aber viele leugnen die Schuld, projizieren sie auf andere und bekämpfen sie hier stellvertretend: In Kriegsereignissen bietet der jeweilige Feind reichlich Möglichkeit für Schuld-Projektion. Der Feind ist das Böse, der „Satan“ – ein Feindbild, das gerade von beiden Kriegsparteien benutzt wird –, und wir sind die Guten, die mit Herz.

> „Selenskyj dankte Bundeskanzler Olaf Scholz und US-Präsident Joe Biden in der Nacht zum Freitag herzlich für die Zusage. »Wir werden noch ein Patriot System und mächtige Panzertechnik bekommen, das ist wirklich ein *großer Sieg* für unseren Staat«, sagte er in seiner Videoansprache. – Botschafter Oleksi Makeiev twitterte schwarz-rot-goldene *Herzen* und die Worte »Dank Deutschland«.“ (zdf.de 06.01.2023, kursiv G.C.)

„Ein *Herz* für Waffen“: Die Waffenexpertin Marie-Agnes Strack-Zimmermann wünscht von dem neuen Verteidigungsminister „ein *Herz* für die Soldaten und Soldatinnen, die für uns in den Krieg, in eine Schlacht ziehen müssen.“ Das Herz – überall auf der Welt ein Symbol der Liebe: hier wird es missbraucht, um für Mordwerkzeuge zu werben und den unfreiwilligen Opfertod von SoldatInnen zu beschönigen. Wo nur, in welchen moralischen Abgründen, ist ein Teil der Menschheit versunken?

Ich bin nicht parteiisch, ich wünsche Russland keinen Sieg. Keiner der beiden Kriegsparteien wünsche ich einen Sieg, denn Siegen heißt Töten und Getötet-werden. Jeder Sieg ist wie ein selbst verschuldetes Erdbeben, das verbrannte Erde, Verwüstung und Tod hinterlässt – und eine riesengroße Schuldenlast, die früher oder später nach *Schuld-Ausgleich* verlangt.[7]

Denn alles, was unrechtmäßig genommen wird – Menschenleben, Territorien, Lebensgrundlagen –, muss auf irgendeiner Ebene wieder zurückgegeben werden, freiwillig oder unfreiwillig. Das fordert das „Gesetz des Ausgleichs". Jeder Sieg ist somit der Beginn von neuem Unfrieden, Beginn von neuem Krieg, von neuer Gewalt, neuem Leid. Es gibt nichts zu gewinnen:

> „In einem Krieg gibt es keine Gewinner. Niemand gewinnt ein oder zwei Beine oder andere Gliedmaßen. Es gewinnt auch nie-

Otto Dix: Kriegskrüppel, 1920

mand ein bewohnbares Haus, gute Infrastruktur, unverseuchte Böden usw. … Es gibt immer nur Verlierer. Außer der Waffenindustrie, die machen Profite."

(P.G., März 2023)

„Stellt euch mal vor, was man mit diesen Geldtöpfen für Menschen und ein GUTES LEBEN alles machen könnte! Stattdessen finanzieren wir: zerbombte Häuser, verseuchte Erde und traumatisierte, verkrüppelte und tote Menschen."

(W.T. März 2023)

Der patriarchale heldenhafte Mann aber muss siegen, um jeden Preis. Für ihn – und die ihm hörige Frau – gibt es tatsächlich nichts Schlimmeres, als zu verlieren. Im unbedingten Siegen aber geht die Achtung für das Leben verloren. Denn Siegen ist Töten, militärischer Sieg ist nur möglich über die Vernichtung des Anderen:

Der Generalstab der ukrainischen Armee erklärte (im November 2022) in einer Nachricht mit deutlichem Stolz, dass seit dem Einmarsch der russischen Truppen „etwa 82.080" russische Soldaten „liquidiert" wurden. Je mehr Feinde getötet werden, umso triumphaler erscheint der Sieg und umso größer das Heldentum.

Auch die eigene Bevölkerung – die vermeintlich geschützt werden soll – wird dem erhofften Sieg geopfert. Dem ukrainischen Kriegs-Helden Selenskyj, der ja unsere „westlichen Werte" vertritt, ist der Preis eines ungewissen Sieges durchaus bewusst, aber wie wird er dieses Opfern der eigenen Bevölkerung später einmal verantworten können?

„Den Krieg zu gewinnen wird die Ukraine Zehntausende von Menschenleben kosten. Dies sagte Präsident Wolodimir Selenskyj in einem Gespräch mit ukrainischen Studenten." (strana.news, 19.05.2022)

„Die ukrainische Armee hat russische Stellungen im Osten der Ukraine angegriffen. Dabei wurde ein Dorf in der Region Luhansk zweimal von amerikanischen Mehrfachraketenwerfern getroffen." (zdf.de, 31.12.2022)

Ein ukrainisches Dorf wird von dem eigenen ukrainischen Militär bombardiert; ukrainische Frauen und Kinder werden von Waffen getötet, die vom Westen geliefert wurden, „um Menschenleben zu retten", wie uns gesagt wird. Hier die bewegenden Worte einer Ukrainerin:

> „Ich bin Ukrainerin! Alle meine Cousins sind gezwungen, auf dem Front zu kämpfen und zu sterben! KEINER will das! Die wollen ihre Kinder aufwachsen sehen, die wollen einfach leben! Wenn Deutschland keine Waffen liefert, werden die Politiker gezwungen zu verhandeln und meine Verwandten werden leben!"
>
> (K.D., November 2022)

Ob sich unsere Außenministerin dessen bewusst ist, wenn sie immer weitere Waffen fordert und öffentlich so forsch verkündet: „Die Ukraine muss siegen!"? Nicht wenige Frauen in zentralen politischen Positionen agieren aktuell im Bann einer antiquierten Helden-Ideologie, besetzt von einem patriarchalen mörderischen Helden-Wahn.

Jede Woche sterben1500 bis 2000 ukrainische Soldaten, weil Waffenlieferungen diesen Krieg weiter ermöglichen und verlängern. Was die ukrainischen Mütter, Frauen, Freundinnen, Töchter wohl zum befohlenen „Heldentod" ihrer Männer sagen? Ob sie die von PazifistInnen geforderte Ablehnung von Waffenlieferungen an die Ukraine wirklich als „naiv, verstörend und überheblich" erleben, wie Frau Baerbock den FriedensaktivistInnen unterstellt?

> „Bei mir arbeitet eine junge Ukrainerin.
> Sie ist mit Mutter und Kind aus der Ukraine geflüchtet.
> Sie will wieder nach Hause, so schnell wie möglich.
> Sie will, dass dieser Krieg aufhört.
> Sie will alle in der Ukraine gebliebenen gesund und heil wieder sehen.
> Sie kann den kriegsgeilen Selenskyj nicht mehr verstehen.
> Also, für wen wird da eigentlich gekämpft?"
>
> (K.A. Juli 2022)

Die Heldenbegeisterung der Deutschen wird im September 2022 langsam weniger. Die deutsche Bevölkerung sei „kriegsmüde“ geworden, wird jetzt gesagt: „62% sind gegen Waffenlieferungen, 77% für Friedensverhandlungen, 87% für Gespräche mit Russland.“ (RTL-Trendbarometer 09.09.2022)

Bereits im Mai 2022 bedauerte die deutsche Außenministerin eine Kriegsmüdigkeit:

> „Außenministerin Annalena Baerbock kam vor wenigen Tagen in Aachen mit Blick auf die Ukraine zu dem Urteil: »Wir haben einen Moment der Fatigue erreicht.« Sie warnte vor einer Kriegsmüdigkeit in den westlichen Staaten. Eine Aussage, die suggeriert, dass diese Staaten im Krieg stehen.“ (www.freitag.de, 31.05.2022)

Am 10.09.2022 heißt es auf tagesschau.de zu Baerbocks Besuch in Kiew: „Baerbock will wohl Zeichen gegen drohende Kriegsmüdigkeit setzen.“

> „Kriegsmüde – das ist das dümmste von allen Worten, die die Zeit hat. Kriegsmüde sein, das heißt, müde sein des Mordes, müde des Raubes, müde der Lüge, müde der Dummheit, müde des Hungers, müde der Krankheit, müde des Schmutzes, müde des Chaos? War man je zu all dem frisch und munter? …
> Kriegsmüde hat man immer zu sein, das heißt, nicht nachdem, sondern ehe man den Krieg begonnen hat.“
>
> (Karl Kraus, 1874-1936, österreichischer Schriftsteller)

Jubel und ein mörderischer Sieg

> „Von Anfang an glaubte ich nicht an den »Sieg« und wusste nur eines gewiss: dass selbst wenn er unter maßlosen Opfern errungen werden könnte, er diese Opfer nicht rechtfertigte. Aber immer blieb ich allein unter all meinen Freunden mit solcher Mahnung, und das wirre Siegesgeheul vor dem ersten Schuß, die Beuteverteilung vor der ersten Schlacht ließ mich oft zweifeln, ob ich selbst wahnsinnig sei unter all diesen Klugen oder vielmehr allein grauenhaft wach inmitten ihrer Trunkenheit."
>
> (Stefan Zweig, 1881-1942)[8]

Stefan Zweig, ein österreichischer Schriftsteller und Pazifist, litt unter der Gewaltherrschaft des Nationalsozialismus und den Traumafolgen von zwei Weltkriegen. Er nahm sich zusammen mit seiner Frau Lotte am 23.Februar 1942 das Leben.

Am 12.11.2022 eroberte die ukrainische Armee die strategisch wichtige südukrainische Stadt Cherson zurück, nachdem die russischen Truppen sich von dort zurückgezogen hatten. Die Ukraine hat einen „außergewöhnlichen Sieg errungen", das ist ein „historischer Tag" heißt es in den Medien. Der Sieges-Jubel ist – verständlicherweise – groß; vor allem junge Menschen feiern singend und tanzend in den Straßen von Kiew „ihre Befreiung". Und sie feiern „ihre Helden".

Strategisch und in der Logik der Waffenbefürworter und Bellizisten hat sich der große kämpferische Einsatz der Ukraine gelohnt; für sie hat sich gezeigt, dass die Ukraine – mit militärischer Unterstützung des Westens – zum Sieg in der Lage sein kann. Aber bringt dieser Sieg auch Frieden? Siegen heißt töten, denn siegen ist nur möglich über die Niederlage des Feindes und den Tod eigener Soldaten. Auch wenn die Freude der Menschen im befreiten Cherson nachvollziehbar ist, ihre Erleichterung und ihr Jubel uns emotional vielleicht berühren mag, ein Sieg mit Waffengewalt bringt niemals Frieden: Die Opfer-Täter-Spirale rollt weiter:

Cherson ist zwar befreit von den russischen Besatzern, nun aber ohne Wasser, ohne Strom; zurück bleiben Minen – russische sowie auch ukrainische Minen – und eine vergiftete und zerstörte Umwelt. Zurück bleiben auch ohnmächtig-wütende Menschen, vergiftete Seelen, gezeichnet von Elend und Tod. Die siegreiche Stadt ist zerstört und unbewohnbar geworden, nicht allein durch die russische Besatzung, sondern durch den wechselseitigen Beschuss zwischen russischen und ukrainischen Streitkräften. Die Menschen fliehen aus Cherson, so wird uns berichtet:

> „Flucht nach der Befreiung: Neun Monate nach Beginn der russischen Invasion ist Cherson befreit. Doch die Stadt ist zerstört. Und die Kämpfe in der Gegend gehen weiter. Vielen Menschen bleibt nur die Flucht." (tageschau.de, 24.11.2022)

Die Kämpfe gehen weiter und werden vermutlich weiter zunehmen, denn der ukrainische Präsident will „keine Pause in unserer militärischen Strategie einlegen." (tageschau.de, 24.11.2022)

> Die realistische Einschätzung des US-Generals Mark Milley lautet: „Baldiger Sieg unwahrscheinlich."
> „Die Wahrscheinlichkeit eines ukrainischen militärischen Sieges – definiert als der Rauswurf der Russen aus der gesamten Ukraine, einschließlich der von ihnen beanspruchten Krim – ist militärisch gesehen in naher Zukunft nicht sehr hoch. (…) Wahrscheinlicher sei nach Ansicht von Milley eine politische Lösung. Russland liege »im Moment auf dem Rücken«, sagte der General. Die Ukraine müsse aus einer Position der Stärke heraus mit Russland Gespräche führen können." (zdf.de, 17.11.2022):

Es sind inzwischen „auf beiden Seiten mehr als 100.000 getötete und verletzte Soldaten" zu beklagen. (tagesschau.de, 10.11.2022) Das sind zusammen 200.000 ermordete, an Leib und Seele verwundete und verstümmelte ukrainische und russische Männer, Väter, Großväter, Ehemänner, Geliebte, Söhne, Freunde. Der ohnmächtige Zorn der Hinterbliebenen wird weiter wirken, die Trauma-Dämonen werden keine Ruhe geben, sie werden aus ihren Schlupflöchern hervorkommen und sich am zukünftigen Unheil laben: „Die Sünde der Väter bis ins dritte und vierte Glied ..." Die seelischen und körperlichen Leiden der kommenden Generationen, der Kriegskinder und Kriegsenkel, werden uns und die Erde weiter belasten.

Macht, Ehre, abstrakte Ideale und vor allem wirtschaftliche Interessen triumphieren über die Achtung und Heiligkeit des Lebens. Das Gebot „Du sollst nicht töten" hat im Krieg seine Gültigkeit verloren, ja, gerade die Umkehr ist nun Gebot: „Du sollst töten." Auf diese Werte-Umkehr verweist Eugen Drewermann (geb.1940), der ehemalige katholische Priester, Psychoanalytiker und Autor zahlreicher Werke, in seinem bewegenden Vortrag „Rede gegen den Krieg" vom Juli 2022.

Auch wenn der nationale Sieges-Triumph der Ukraine verständlich ist, für die Transformation des menschlichen Bewusstseins ist dieser Tag eine Niederlage. Siegreich war lediglich eine nach Macht gierende expansive Männlichkeit, siegreich war Waffengewalt und ein „Gleichgewicht des Schreckens". Weitere und vielleicht noch größere Schrecken sind damit nicht auszuschließen.

Kein mit Waffengewalt erzwungener militärischer Sieg, sondern lediglich ein mühsam errungener Verhandlungs- und Kompromiss-Friede würde dem Leben der Ukraine und dem Leben der Erde dienen.

Wie können die verantwortlichen Kriegsherren in Ost und West – und überall in der Welt – den Opfertod der Menschen und den Tod ihrer eigenen Bevölkerung verantworten? Woher nehmen sie das Recht, über Leben und Tod zu entscheiden? Dieser schmerzlichen Gewissensprüfung werden sich die Entscheidungs-TrägerInnen, wird sich jeder Politiker und jede Politikerin irgendwann zu stellen haben, und sei es erst auf dem Sterbebett.

> „Unter ständigen Beteuerungen, der Ukraine helfen zu wollen, trägt die EU nun dazu bei, dieses europäische Land zu zerstören. Die von der EU gelieferten Waffen verlängern nicht nur den Krieg, sondern führen ebenso wie russische Waffen zu Tod und Zerstörung auf ukrainischem Territorium. Heute dürfte die Ukraine nicht nur das zerstörteste, sondern auch das politisch am

tiefsten gespaltene Land Europas sein. (...)“ (Aus dem Artikel „Die EU zerstört Europa“ des ehemaligen UN-Diplomaten Michael von der Schulenburg, emma.de, 14.07.2023)

Auch die deutsche Regierung macht sich schuldig an diesem sinnlosen Blutvergießen, indem sie den antiquierten und dümmlichen Helden-Wahn nährt, schwere Waffen an die Ukraine liefert und damit zur Verlängerung des Krieges beiträgt. Und sie macht sich schuldig an uns, der eigenen Bevölkerung, indem sie uns mit einseitiger Berichterstattung und Halbwahrheiten täuscht, indem sie einen ökonomischen Zusammenbruch und sogar einen 3. Weltkrieg riskiert. Sie scheint blind zu sein für das, was wirklich heldenhafte Entscheidungen und heldenhaftes Handeln sein könnten:

„Der Held ist der,
der sich in Freiheit beugt.“

(J. Campbell, Mythenforscher und Autor)

Manessische Liederhandschrift um 1320

5. Militarismus und Sexismus

„Der brüderlichen Völker jahrhundertealter Bund"
„Noch wird uns lächeln, junge Brüder, das Schicksal …"
„… und auch wir, Brüder, werden Herren im eigenen Land sein"

Die Ukraine erscheint als ein Bund der Brüder, der Brüder und Landes-Herren: Frauen kommen in der ukrainischen Nationalhymne nicht vor. Gebraucht werden sie als Mütter, Geliebte und jetzt im Krieg auch als Soldatinnen und damit als potenzielle Opfer …

Die Urprinzipien von Weiblich und Männlich (Yin und Yang) als die sich ergänzenden und wechselseitig durchdringenden, polaren Urkräfte sind im Ungleichgewicht. Die männliche Ur-Energie mit den symbolischen Zuordnungen Sonne, Helligkeit, Hitze, Feuer, Bewegung, Expansion ist nicht mehr im weiblichen Urprinzip mit der Symbolik Mond, Dunkelheit, Erde, Weichheit, Ruhe, Hingabe *gehalten.* Das männliche *ungehaltene* Yang hat die Welt und das menschliche Bewusstsein über Jahrtausende erobert und die weibliche Yin-Energie zunehmend geschwächt.

Jede militärische Offensive, jeder militärische Sieg ist der Triumph eines entfesselten Yang über das mitfühlende Yin, ein Triumph männlicher Gewalt über Mitgefühl und Liebe.

Der Feind ist weiblich

„Welcome to Ukraine, bitch." Mit diesem provokativen Gruß an den russischen Feind haben ukrainische Soldaten die Panzerhaubitzen 2000 – aus deutscher Lieferung – geschmückt. Bitch bedeutet gemeine Frau, geile Schlampe, dreckige Hündin oder Hure. Der Feind ist schon immer weiblich, denn Weiblichkeit gilt im Patriarchat als lüstern, schmutzig, schwach und ehrlos.

„Wir haben am Eurymedon die Perser gefickt." Es hatte Tradition – und hat es wohl noch immer –, dass Krieger die Männer des Feindes oder auch die eigenen Kampfesunwilligen „zu Weibern machten". Es wurden ihnen Frauenkleider angezogen, aber auch auf andere Weise wurden die Gegner „entmännlicht": „... etwa dadurch, dass man sie durch Einführen von spitzen Gegenständen wie Lanzen, Pfeilen oder Stöcken in den After vergewaltigte." Der Ethnologe und Kulturwissenschaftler Hans Peter Duerr veröffentlichte in der umfangreichen Forschungsarbeit „Obszönität und Gewalt – Der Mythos vom Zivilisationsprozess" eine Fülle von Beispielen aus alten Kulturen bis in die Neuzeit: Bei den Griechen der Antike, den Römern, Kreuzfahrern, den Soldaten im Mittelalter und der Neuzeit, zu allen Zeiten wurden die Feinde durch Entmännlichung und gewaltsame symbolische Verweiblichung gedemütigt und entehrt.(1)

> „Solche Untaten empfand man zwar auch im Mittelealter als barbarisch und schamlos (...). Trotzdem oder gerade weil es die schlimmste Entehrung war, die einem Mann zugefügt werden konnte, pflegte man vor allem in Kriegen und Bürgerkriegen überwältigte Gegner auf diese Weise zu töten ..."

Militarismus und Sexismus, als die Entwertung des Weiblichen, sind verwandt, sie haben gemeinsame Wurzeln: Für den patriarchalen Helden ist der Feind – auf der Ebene des analogen, symbolischen Bewusstseins – schon immer weiblich: Der meist unbewusste, kollektiv-patriarchale Hass auf das Weibliche ist etwa vier- bis fünftausend Jahre alt und entspringt der „Angst vor der weiblichen Urkraft". In kriegerischen Grenzerfahrungen wird diese Angst aktiviert, und es kommt zu Gewaltexzessen gegen Frauen: Gewalt gegen den weiblichen Körper, Massenvergewaltigungen, Genitalverstümmelungen, Abschneiden der Brüste und Aufschlitzen von schwangeren Leibern ... In meinem Buch „Psychotherapie im Raum der Göttin – Weibliches Bewusstsein und Heilung"(2) habe ich das Phänomen der Gewalt am weiblichen Körper ausführlich beschrieben und analysiert.

Im aktuellen Kriegsgeschehen werden hauptsächlich russische Kriegsverbrechen medial veröffentlicht und russische Soldaten als Frauenschänder und Vergewaltiger benannt. Dies entspricht durchaus der gängigen

Kriegspropaganda, wie sie in jedem Krieg von allen beteiligten Kriegsparteien propagiert wird: „Der Feind begeht mit Absicht Grausamkeiten." Kriegsverbrechen aber, wie Vergewaltigungen, Folter, Hinrichtungen von Gefangenen oder Deserteuren, Morde an der Zivilbevölkerung und systematische Plünderung gehören zu dem Grauen eines jeden Krieges und sind nicht als geplante Kriegsstrategie des jeweiligen Feindes zu verstehen.

Aber immer und überall, in jedem Krieg, sind Frauen und Mädchen die Opfer und eine beliebte Kriegsbeute. Nicht nur russische Soldaten werden im Krieg zu Vergewaltigern, auch deutsche, amerikanische, französische, englische Soldaten betrachten Frauen als legitime Beute. Meine Mutter entging als junge Frau nur durch einen glücklichen Umstand der Vergewaltigung durch amerikanische Soldaten.

Während des zweiten Weltkrieges waren in Griechenland sowohl Italiener als auch Deutsche als Beutegreifer unterwegs, die Auflistung dieser Kriegsverbrechen wäre endlos. Hans-Peter Duerr beschreibt und belegt in seinem Buch besonders obszöne und grausame Verbrechen, Massenvergewaltigungen mit anschließender Verstümmelung des weiblichen Körpers; unter anderem auch diese von deutschen Soldaten begangene Gräueltat in Weißrussland: Dort überfiel eine Einheit deutscher Soldaten eine Gruppe fliehender Frauen, sechsunddreißig von ihnen wurden vergewaltigt und anschließend ermordet.

> „Zu diesen gehörte ein sechzehnjähriges Mädchen, das gleichermaßen vor den Augen aller anderen vergewaltigt wurde. Anschließend nagelten die Soldaten die Sterbende auf Bretter und schnitten ihr währenddessen die Brüste ab. Dies scheint kein Einzelfall gewesen zu sein (…)", schreibt Duerr. „Auch im Vietnam-Krieg wurden zahllose einheimische Frauen von »US-Boys« auf bestialische Weise an den Geschlechtsorganen und Brüsten malträtiert und verstümmelt. So erzählten einige Soldaten, dass sie, nachdem jeder von ihnen eine Vietnamesin vergewaltigt hatte, einer Krankenschwester jeweils eine Handgranate in die Vagina und in den After steckten und dann abzogen."

Duerr betont in seiner Dokumentation[3] barbarischer Gräueltaten: „Entscheidend ist, dass es sich bei allen diesen deutschen, russischen oder amerikanischen Soldaten nicht um krankhafte »Lustmörder« handelt, sondern um mehr oder weniger normale Männer …"

Der sexuelle obszöne Gewalt-Schatten, der unter den extremen Bedingungen eines Krieges entfesselt wird, unkontrolliert hervorbricht und in Handlung drängt, existiert im Unbewussten zahlreicher harmlos erscheinender Männer, geselliger Ehemänner und fürsorglicher Väter –, was der aktuell verbreitete Konsum von pornografischen Gewalt-Videos belegt.

In Tiefenprozessen, wie dem Holotropen Atmen[4] und anderen Innenwelt-Reisen, in sexuellen Phantasien, in Tag- und Nacht-Träumen, kommen derartige Exzesse sexistischer Grausamkeiten ins Licht des Bewusstseins –, wie ich es eindrücklich in meiner psychotherapeutischen Arbeit mit Männern erlebe. Hier können solche verstörenden inneren Bilder und Phantasien in einem geschützten Raum mitgeteilt, integriert und heilsam gewandelt werden. *Nur die wache und mutige Begegnung mit dem eigenen sexuellen Schatten bewahrt Männer in Grenzsituationen vor einem Täter-Trauma.*

Die Analogie von sexueller Gewalt und Waffengewalt zeigt sich auch in der Symbolik unserer Sprache: „Abdrücken" steht für Ejakulieren, „Schieß-Rohr" für den erigierten Penis, „Scheide" ist ein Behälter für scharfes Werkzeug: Der Krieger steckt sein „Schwert in die Scheide". Und auch in der Formen-Sprache eines Panzers mit seinem gewaltigen Schießrohr wird die Analogie von Sexualität und Gewalt ersichtlich. Da wundert es nicht, wenn ein geschwächter Wirtschaftsminister den deutschen Panzer 2000 in einer Talkrunde bei Illner vorstellt und dazu stolz wie ein kleiner Bube verkündet: „Der kann was."

Ja, was kann der Panzer? Töten! Und die zivilen Opfer der Kriege sind vor allem Frauen und Kinder.

Das Schweigen der Mütter

Umso verstörender ist es, wenn ausgerechnet eine Frau, die „Friedensforscherin" Nicole Deitelhoff, in einem Interview für die Lieferung schwerer Waffen und für die Fortsetzung der Kampfhandlungen in der Ukraine plädiert:

> „Wir müssen Russland die Grenzen aufzeigen und es wird bedeuten, dass wir schmerzhafte Einschnitte erleben müssen." (zdf.de, 20.07.2022)

Diese Frau fordert hier ein freiwilliges Selbst-Opfer. Wer soll die „schmerzhaften Einschnitte" erleben, ertragen? Sie selbst, ihre Kinder? Wer will schon Leib und Leben opfern für einen wahnsinnigen Krieg? Welche Mutter ist bereit, ihre Kinder zu opfern? Im Folgenden der verzweifelte Aufschrei einer Mutter, mitgeteilt im Forum der Petition gegen die Lieferung schwerer Waffen an die Ukraine:

> „Was bedeutet für *euch* Tapferkeit? Dass die ukrainischen Männer, Söhne, Brüder, Väter … für ihre Familien, die zurückgebliebenen Frauen und Kinder, furchtbar zu Tode kommen? Ihr glaubt wirklich, so den Frauen und Kindern zu helfen?
>
> – Ukrainischen Müttern, die sich einst rührend um ihre fiebrigen kleinen Söhne gekümmert haben, nicht vom Krankenbett gewichen sind und zum zwanzigsten Mal den Fieberumschlag wechselten?
> – Ukrainischen Müttern, die ihre Söhne vor allen Gefahren immer beschützten?
> – Ukrainischen Müttern, die mit ihnen an der Hand über die Straße gegangen sind und zig-mal vor heißen Herdplatten gewarnt haben?
> – Ukrainischen Müttern, die nie wieder einen Geburtstagskuchen für ihre Söhne backen können?
> – Ukrainischen Müttern, die ihre Söhne auf deren bevorstehendes Leben nach bestem Wissen und Gewissen vorbereitet haben?

- Ukrainischen Müttern, die alleine zurückbleiben und denen der Boden unter den Füßen weggezogen wird? Deren Zukunft zerstört ist?
- Ukrainischen Müttern, die ihre Söhne an die Front verabschieden müssen, ein Abschied, der mit hoher Wahrscheinlichkeit für immer ist?
- Ukrainischen Müttern, denen das Herz herausgerissen wurde?
- Ukrainischen Müttern, die nie wieder ihre Söhne in den Arm nehmen können und auf die Stirn küssen werden?
- Ukrainischen Müttern, deren Söhne für Machtinteressen missbraucht und gezwungen werden, in einer sinnlosen Schlacht bis zum »letzten Blutstropfen« zu kämpfen und zu sterben?

Dasselbe gilt für russische Mütter und alle Mütter dieser Welt. MÜTTER DIESER WELT, VEREINIGT EUCH! Das muss aufhören, es ist schon genug Leid angerichtet!
Dieser Krieg hätte vermieden werden können – jeder weiß das. Und je länger das geht, desto schwieriger wird es, einen Ausstieg zu finden. Dennoch gäbe es nach wie vor Möglichkeiten zu verhandeln. Es muss nur gewollt sein.
Ich bin selbst Mutter, und während ich diese Zeilen schreibe, verliere ich wieder einmal die Fassung und es fließen verzweifelte Tränen.
Nur damit »ihr« es schon einmal wisst: MEINEN SOHN KRIEGT IHR NICHT! NIEMALS! Er endet nicht als Kanonenfutter auf einem Acker im Nirgendwo für euer verlogenes, eiskaltes, törichtes, interessengesteuertes, infames, kurzsichtiges, arrogantes Kriegsspiel!"

(S.T., Juni 2022)

Ja, wo bleibt der kollektive verzweifelt-wütende Aufschrei aller Mütter? Ich höre sie an den warmen Sommertagen mit ihren Kindern lachen, sie sitzen mit den Kleinen auf dem Spielplatz im Sandkasten, bringen ihnen mit großer Hingabe das Schwimmen bei, sind engagierte und fürsorgliche Mütter. Warum aber fehlt der mütterliche Impuls, die Kinder vor der Gefahr eines drohenden Krieges zu schützen? An die Zukunft der Kinder zu denken? Warum verdrängen oder verleugnen Frauen und Mütter die drohende Gefahr?

> „Warum sind die nicht auf der Straße? Warum sind sie stumm? Wo sind die Mütter? Jede Wölfin, Hündin, Katze verteidigt ihren Nachwuchs mit Zähnen und Klauen. Hier müssten doch, wie es bei Schiller heißt, Weiber zu Hyänen werden?"
>
> (A.E., 24.08.2022)

Wo nur sind die Mütter? Hier sind sie:

> „Der Zorn russischer Soldatenfrauen.
> In Russland hat sich nun ein »Rat der Mütter und Frauen« gebildet. Die Mütter und Frauen von zum Kampf eingezogener Männer – teilweise ohne militärische Ausbildung – versuchten, ihre Söhne und Männer aus dem Kriegsgebiet herauszuholen. Sie üben Druck auf die Regierung aus und fordern von Putin »die Rückkehr unserer Ehemänner und Söhne aus der Hölle« (...)"
> (tagesschau.de, 25.11.2022)

Diesen mutigen Frauen gebührt unsere Achtung und Wertschätzung; sie sind Vorbild für alle Soldaten-Frauen und Soldaten-Mütter dieser Welt: „Nein, meine Söhne geb' ich nicht!"

K. Kollwitz: Mütter, Kreidelithographie, 1919

„Die Tränen der Mütter“

Eine weitere Friedensinitiative zum Kriegsleid der Mütter möchte ich hier vorstellen und würdigen: Ein Friedensaktivist hatte mir ein kleines, sehr berührendes Video geschickt, das am Sowjetischen Ehrenmal in der Schönholzer Heide, nahe Berlin, entstanden ist. Dieses Ehrenmal umfasst eine großflächige, architektonisch gestaltete Gedenkstätte und einen Soldatenfriedhof, auf dem 13.200 der insgesamt 80.000 sowjetischen Soldaten beigesetzt sind, die in der „Schlacht um Berlin“ im März/April 1945 getötet wurden. Das zentrale Denkmal dieser Gedenkstätte ist die Statue der russischen „Mutter Heimat“, eine Mutter, die ihren toten Sohn beweint, geschaffen von dem russischen Bildhauer Iwan G. Perschudtschew.

„Aufgrund des Vertrages über gute *Nachbarschaft, Partnerschaft und Zusammenarbeit zwischen der Bundesrepublik und der Sowjetunion vom 9. November 1990* begann Anfang 2011 eine Instandsetzung des Ehrenmals.“ Die Gedenkstätte wurde im August 2013 von dem Senator für Stadtentwicklung und Umwelt, Michael Müller, gemeinsam mit dem Botschafter der Russischen Föderation, Wladimir M. Grinin, wiedereröffnet. In seiner Gedenkrede sprach der russische Delegierte die folgenden Friedensworte (nach wikipedia.org, kursiv im Original):

> „Die heutige Gedenkstunde ist nicht nur ein Akt der Totenehrung durch dankbare Nachkommen. Sie ist ein wichtiger Akt der Annäherung und Versöhnung zwischen Russen und Deutschen. (…)“

Das war im August 2013. Kurze Zeit später, Ende November 2013, begann der „Euromaidan“ in der Ukraine, der im Februar 2014 gewalttätig eskalierte und einen neun Jahre dauernden Bürgerkrieg zwischen ukrainisch- und russischstämmigen Menschen – von westlichen Interessengruppen militärisch unterstützt – provozierte und schließlich in den aktuellen mörderischen Russisch-Ukrainischen Krieg mündete.

Ein Friedensfreund hatte mir im April 2023 das Video geschickt, das er zu Beginn des Ukraine-Krieges gemeinsam mit Freunden entwickelt und in die Welt geschickt hatte – in die Ukraine und nach Russland, aber auch nach Israel, Frankreich … in den jeweiligen Muttersprachen:

„Die Tränen der Mütter, Witwen und Waisen rufen zu einem dauerhaften Frieden zwischen den Völkern.“ Hier der deutsche Text, im Video ist er auf Ukrainisch, Russisch, Englisch und Französisch gesprochen:

„Auf dem Ehrenmal »Mutter Heimat« in Berlin Schönholz liegen mehr als 13.000 Sowjetsoldaten. Viele von ihnen wurden nicht einmal 25 Jahre alt. Geboren waren sie in Russland und in der Ukraine, in Armenien und Georgien, in Kasachstan und Kirgisien, in Weißrussland und in Moldawien …

Mehr als 13.000 lebendige Herzen hörten auf zu schlagen.
Mehr als 13.000 Mütter weinten um ihre Söhne, die sie unter Schmerzen geboren hatten.
Mehr als 26.000 Großmütter verloren ihre geliebten Enkel.
Viele Frauen trauerten um ihren Mann, und ihre Kinder mussten ohne Vater aufwachsen.

Wir Frauen, Mütter und Großmütter,
Menschen in aller Welt …
Erinnern wir uns!
Erheben wir unsere Stimmen!
Stoppt den Krieg!“

Hier die Stimme einer besorgten Mutter zum „Manifest für Frieden“:

„Ich bin eine Mutter von drei wunderbaren Söhnen. Wenn ich mir vorstelle, dass einer meiner Söhne im Krieg sterben sollte, das zerreißt mir das Herz.
Krieg ist die schlimmste menschengemachte Sache der Welt. Ich bin in Gedanken und im Gebet bei den Müttern.
Wir rufen den Regierenden zu:
Macht Schluss mit dem Krieg in der Ukraine!
Wie soll das weitergehen? Es gibt keinen Sinn.
Wir wollen ein Leben ohne Krieg.
Keine Toten, keine Verletzten, keine Traumatisierten mehr!
Liebe Mütter der ganzen Welt:

Erhebt Eure Stimmen, wir sind eine große Friedensarmee.
Wir rufen den Söhnen zu:
»Ihr sollt nicht gegen eure Brüder Krieg führen,
geht wieder nach Hause!«“

(B.C., Juli 2023)

Die Frage einer ukrainischen Mutter:

„Soll mein Sohn sterben für einen Quadratmeter
russische oder ukrainische Erde?“

(A.G., Juni 2023)

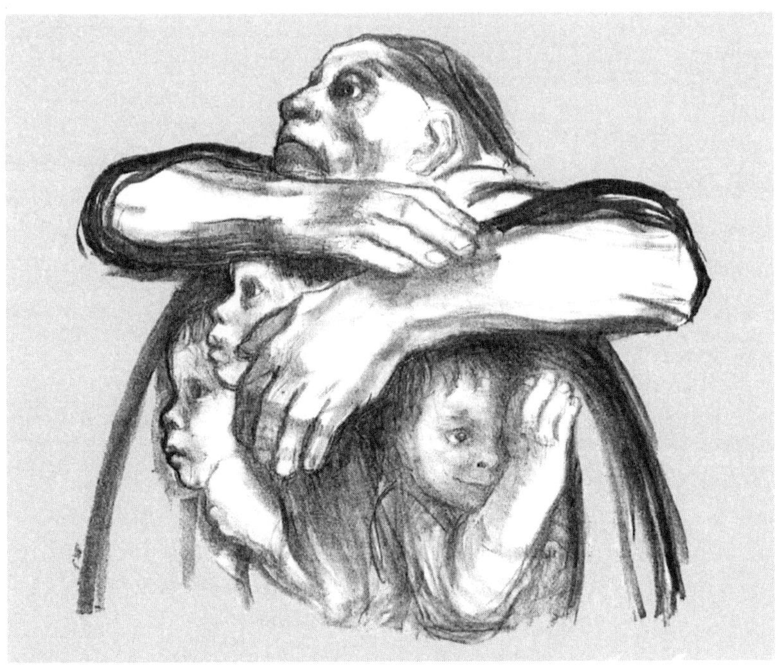

K. Kollwitz: „Saatfrüchte sollen nicht vermahlen werden“,
Kreidelithographie, 1941

„Frauen weltweit für Frieden“

„Im März (2023) kamen viele Frauen aus der ganzen Welt online zusammen, um einen Aktionsplan vorzustellen: um die Mobilisierung der Frauen zu diesem wichtigen Thema sicherzustellen. Wir nennen uns »Global Women for Peace – United Against NATO« und haben eine Friedenserklärung verfasst, in der wir unsere Botschaft von Frieden, Gerechtigkeit, Solidarität und gemeinsamer Sicherheit darlegen.“[(5)]

„Wir sind Frauen, die unseren Planeten und unsere Länder zutiefst lieben. Wir kommen aus allen Teilen der Welt. Wir sind von den universellen Grundsätzen von Gleichheit, Gerechtigkeit und Frieden, wie sie in der Charta der Vereinten Nationen und der allgemeinen Erklärung der Menschenrechte verankert sind, überzeugt. Wir kämpfen für die Durchsetzung der Rechte von Frauen und Völkern, sowie gegen alle Formen von Gewalt, Ausbeutung und Diskriminierung.

Wir engagieren uns seit Jahrzehnten für einen weltweiten Frieden sowie für eine neue Weltordnung, in der es keine Kriege mehr gibt. Wir wollen durch ein gemeinsames neues Konzept eine Sicherheit schaffen, die nicht auf gegenseitiger militärischer Bedrohung beruht, sondern in der das Leben und die Gesundheit aller gegenwärtigen und zukünftigen Generationen auf diesem Planeten – und die Existenz des Planeten selbst – gewährleistet ist.

Unser Streben nach Frieden wird heute durch das eskalierende Wettrüsten und die Gefahr eines Atomkrieges, die Stärkung militärischer Allianzen und die Militarisierung der internationalen Beziehungen bedroht. All dies birgt die Gefahr, dass die Menschheit in eine Katastrophe geführt wird. Es sind die Beschlüsse der NATO seit 1991, die zu einem großen Teil für diese sich entwickelnde weltweite Konfrontation verantwortlich sind. Der jüngste Schritt in diesem politischen Prozess ist das sogenannte

Neue Strategische Konzept, das auf dem letzten NATO-Gipfel der Staats- und Regierungschefs in Madrid im Jahr 2022 vereinbart wurde.

Dieses »Neue Strategische Konzept« geht weit über die ursprünglich behaupteten »Verteidigungszwecke« der NATO hinaus. Die NATO versucht damit, die Rolle an sich zu reißen, die nach der Charta der Vereinten Nationen bisher in der alleinigen Verantwortung der Vereinten Nationen und des Sicherheitsrates liegen.

Diese NATO maßt sich die Rolle eines weltweiten Gendarmen an, um die Privilegien des wohlhabenden Teils des Planeten zu erhalten. Sie dehnt dafür ihre Aktivitäten immer weiter nach Osten bis in den Pazifik aus. Sie bildet eine »Heilige Allianz« des 21. Jahrhunderts, deren Ziel es ist, ein »Modell der Zivilisation« durchzusetzen, das weit über den euroatlantischen Raum des ursprünglichen Bündnisses hinausgeht. Daher steht dieses neue strategische Konzept in völligem Widerspruch zum »Geist von Helsinki«, der eine friedliche Zusammenarbeit zwischen Staaten und die Ablehnung von Drohungen oder Gewaltanwendung anstrebt. (…)

Als Frauen des Friedens lehnen wir die NATO und ihre Weltanschauung ab. Beide schüren Instabilität und verschärfen internationale Konflikte. Sie sind unvereinbar mit unserem Grundsatz, sich um die Welt zu sorgen und zu kümmern, einem Grundsatz, den wir weltweit durchsetzen wollen. (…)

- Nein zu einer weltweiten NATO! (…)
- Nein zur Militarisierung der wissenschaftlichen Forschung! (…)
- Nein zur Beteiligung von Frauen an den Kriegsplänen des Patriarchats!"

Essentielle Weiblichkeit, als Kraft des Yin, möchte sich um Kinder, den Stamm, die Sippe, die Familie, das Land als „Mutterland" und um die gesamte Weltengemeinschaft „sorgen und kümmern". Das weibliche Urprinzip – das auch in Männern existiert – ist erdig, es ist tief mit der Erde und ihren Wesen verbunden. Das Weibliche ist die Erde selbst, ist der mütterliche Ursprung, aus dem alles Leben geboren wird.

Dieser archaisch-instinktive weibliche Impuls, das Leben zu schützen und zu bewahren, wurde dem patriarchalen Prinzip von Expansion, Machtwille und dem Drang nach grenzenloser „Freiheit" geopfert – und bringt somit die Welt immer bedrohlicher an den Rand des Untergangs.

Frauen als Kriegstreiberinnen

Auffällig viele Frauen, junge Frauen, engagieren sich für unbegrenzte Waffenlieferungen, gebärden sich kriegerisch und siegesgewiss. Die Liste der Beispiele ist lang, und fast täglich kommen neue hinzu:

Die finnische Premierministerin Sanna Marin verkündete in einem Interview auf dem Weltwirtschaftsgipfel (WEF) in Davos (17.01.2023): „Wir werden die Ukraine so lange wie nötig unterstützen, ob das jetzt ein, zwei, zehn oder fünfzehn Jahre sind ..."

Die deutsche Außenministerin Annalena Baerbock verkündete in der Parlamentarischen Versammlung des Europarates zur Einheit der westlichen Alliierten: „Denn wir kämpfen einen Krieg gegen Russland und nicht gegeneinander." (zdf.de, 26.01.2023) Nur ein „verrutschter" Satz, versuchen die Medien zu beschwichtigen; es kann aber nur raus-rutschen, was drin ist, und Frau Baerbock kämpft ganz offensichtlich einen persönlichen Krieg gegen Russland. Damit ist sie leider nicht allein, viele politisch engagierte Frauen kämpfen diesen ideologischen Krieg, in dem mit Waffengewalt Leben gerettet werden soll.

Warum engagiert sich unsere Außenministerin für Waffenlieferungen an die Ukraine „... solange ihr unsere Hilfe braucht." Warum kämpft sie für einen „Sieg", den es ohne Niederlage, ohne tausende Tote und unsäglichem Leid nicht geben kann?

„Frau Annalena Baerbock, gestern (am 10.9.2023) sind Sie nach Kiew gereist und haben die Lieferung von Mehrfachraketenwerfern, Panzerhaubitzen usw. in das Kriegsgebiet zugesagt. Möchten Sie wirklich, dass das sinnlose Töten, der Schmerz und die Verwüstung der Ukraine weiter gehen? Warum suchen Sie als Politikerin, als Frau, als Ehefrau und Mutter nicht nach einer diplomatischen Lösung des Krieges?"

(M.B., 11.09.2022)

„Die ukrainische Friedensnobelpreisträgerin Oleksandra Matwijtschuk hat die Bundesregierung aufgerufen, ihren Widerstand gegen die Lieferung westlicher Kampfpanzer an ihr Land aufzugeben. »Ich kann wirklich nicht verstehen, wieso die Ukraine keine modernen Kampfpanzer und Flugzeuge bekommt, nach denen wir seit Monaten fragen.« (...) Die Ukrainerinnen und Ukrainer seien »bereit, für Freiheit und Demokratie zu kämpfen«, bekräftigte die Friedensnobelpreisträgerin. Dabei könne jeder Panzer Leben retten. Jedes Zögern bringe täglich Tod." (zdf.de.15.01.2022)

Eine Friedensnobelpreisträgerin behauptet, Panzer würden „Leben retten". Wessen Leben? Geht es hier nur um die Rettung des eigenen Lebens, der eigenen Familie, der eigenen Freunde? Zählt das Leben der anderen nicht, das Leben der russischen Männer, die von den Panzern getötet werden sollen? Und auch nicht das Leben all derer, die zunehmend in diesen Krieg hineingezogen werden?

„Warum musste meine Freundin Andriana Susak, die in die Armee eingetreten ist, um ihren sechsjährigen Sohn und eine friedliche Zukunft für alle ukrainischen Kinder zu verteidigen, durch eine Mine schwer verletzt werden, als sie mit ihrer Einheit in einem zivilen Auto unterwegs war –, während so viele Länder gepanzerte Fahrzeuge auf Lager haben?", fragt Oleksandra Matwijtschuk im Interview. (Berliner Zeitung, 19.12.2022)

Oleksandra Matwijtschuk wurde 1983 geboren, ihr bisheriges Leben war wesentlich geprägt vom Kampf ihres Landes um Unabhängigkeit und nationale Identität. Die wirklich erschütternde Erbärmlichkeit kriegerischer Realität aber hat sie vermutlich noch nicht erlebt, wie die meisten dieser jugendlichen WaffenbefürworterInnen auch in unserem Land. Was Krieg wirklich bedeutet, können wohl nur diejenigen wirklich begreifen, die das Grauen des Krieges am eigenen Leib erlebt haben:

> „Leute, die keinen Krieg erlebt haben, wohl aber selbst Krieg führen oder provozieren, wissen nicht, was sie Furchtbares anrichten."
>
> (Helmut Schmidt, ehemaliger Bundeskanzler)

Im Vergleich zu deutschen Frauen ist die kämpferische Begeisterung ukrainischer Frauen eher nachvollziehbar. Als Betroffene und als Opfer des russischen Überfalls wurden sie zu Täterinnen: Etwa 38.000 Frauen dienen als Soldatinnen in der ukrainischen Armee. Eine von ihnen kämpft als Elitesoldatin und Scharfschützin an der Front. Von ihren KollegInnen wird sie anerkennend „Hexe" genannt, denn im Schießen sei sie allen überlegen.

> „Ihr Auftrag ist: Töten aus dem Hinterhalt.
> Sie will kämpfen bis zu einem Sieg der Ukraine."
> (vgl. zdf-online, 05.08.2022)

Die Frauen des rechtsnationalen ukrainischen Asow-Regiments nennen sich „Frauen aus Stahl". Sie fordern die Freilassung ihrer Männer, die das Asow-Stahlwerk in Mariupol verteidigt und sich schließlich ergeben hatten, mit den folgenden Worten: „Sie sind Helden und dürfen nicht in Vergessenheit geraten und müssen nach Hause zurückkehren." (tagesschau.de, 30.05.2022)

Diese Frauen, die so stolz sind auf ihre heldenhaft kämpfenden Männer, sie haben vergessen, dass der kriegerische Mann nur im Sieg oder im Tod zum Helden wird. Dabei wünschen sie sich doch vor allem, ihre Männer wohlbehalten in die Arme zu schließen.

Schatten-Tanz der Weiblichkeit

Auch bei uns gibt es „Frauen aus Stahl“, vor allem in öffentlichen und politischen Ämtern, die kommen so strack daher –, meine Mutter hätte sie als „schneidig“ bezeichnet. Sie kämpfen vehement für die Aufrüstung der Bundeswehr und sind zu allem Übel auch noch mit der Rüstungsindustrie liiert. Die österreichische Autorin Burga Kalinowski bringt dieses Phänomen militanter Frauen auf den Punkt, indem sie schreibt:

> „Wer nach Sinn fragt und Vernunft, gar Verhandlungen fordert, ist ein Kriegsverderber. Wir überlegen, warum so auffällig viele Frauen kriegsfordernd durch Nachrichten und Gesprächsrunden ziehen: gut gestylt, mal schrillstimmig, mal säuselnd nach modernster Waffentechnik verlangen, mit bohrendem Blick und festgefrorenem Lächeln werden Hass und Vernichtungswünsche salonfähig gemacht …“[(6)]

Unter großem Druck hat Olaf Scholz (Januar 2023) nun doch der Lieferung von deutschen Leopard-Panzern zugestimmt und manche der Grünen jubeln. Jürgen Trittin, der zwar die Panzerlieferung als „bittere Notwendigkeit“ akzeptiert oder akzeptieren muss, kritisiert die Panzer-„Euphorie“ in Teilen seiner Partei und die „leichten Sprüche“ mancher seiner Parteigenossinnen. Denn, so Trittin, „dieses schwere Gerät ist dazu da, andere Menschen zu töten.“ (zdf.de, 03.02.2023)

Immerhin, diese Ernsthaftigkeit lassen manch andere vermissen: So postete Sara Nanni, die sicherheitspolitische Sprecherin der Grünen – 35 Jahre alt, mit einem Master in Friedens- und Konfliktforschung – bezüglich der Lieferung von Leopard-Panzern „eine Aufnahme von sich in Kleidung mit Leopardenmuster …“ (zdf.de, 31.01.2023)

Diese Begrenztheit von Bewusstsein, von Mangel an weiblichem Fühlen und von Mitgefühl für die Opfer dieser Tötungsmaschinen ist schon erstaunlich: Krieg auf der Ebene von Faschingsvergnügen:

> „Als »moderne Ritterin im besten Sinne« bekommt Annalena Baerbock den wohl wichtigsten Karnevalsorden in Deutschland verliehen und räumt ein: Es sei gar nicht so einfach, in diesen Zei-

ten den Humor zu behalten. Unter der Prominenz im Publikum sitzt im Vampirumhang auch Marie-Agnes Strack-Zimmermann." (ntv.de, 05.02.2023).

Die sicherheitspolitische Sprecherin der Grünen im Leopard-Kampfanzug, die grüne Außenministerin im Ritterkostüm und die Vorsitzende des Verteidigungs-Ausschusses des Deutschen Bundestages als Vampir: In der Faschings-Verkleidung zeigen sich die Schatten, das Verborgene kommt ans Licht, und das ist oft gar nicht humorig. Schauen wir uns hierzu einige wichtige Merkmale dieser drei Identifikations-Gestalten an:

Der Leopard ist ein Raubtier mit starker aggressiver Angriffskraft; ein Ritter, meist hoch zu Ross, sollte sowohl kampfesmutig als auch seinem Herrn treu und bedingungslos ergeben sein; und ein Blut saugender Vampir braucht das Blut der anderen, um sich selbst am Leben zu erhalten. Der Totentanz weiblicher Schatten ist erschreckend und der deutliche Mangel an ethischem Bewusstsein wirklich verwunderlich.

Als „eine echte Granate" bezeichnete die Moderatorin der Karnevalsveranstaltung, Sandra Maischberger, die Vampirin Frau Strack-Zimmermann mit deutlicher Bewunderung. Diese hatte in ihrer Karnevalsrede männliche Kollegen öffentlich schwer gedemütigt und sich selbst folgendermaßen gerühmt: „In jeder Talkshow ein Gewinn, weil ich die Allergeilste bin." – Wer einen Einblick in die psychische Verfassung mancher unserer politisch Verantwortlichen gewinnen möchte, sollte sich das Video der Veranstaltung ansehen.

Die Vorsitzende des Verteidigungsausschusses, Strack-Zimmermann, scheint „am langen Ende" eine Beteiligung Deutschlands im Krieg gegen Russland für möglich oder gar erstrebenswert zu halten, wenn sie von dem neuen Verteidigungsminister Folgendes erwartet:

> „Es muss eine Persönlichkeit sein, die ein Herz für die Soldaten und Soldatinnen hat, sie versteht und deren Brille trägt, heißt Entscheidungen trifft für die Personen, die am langen Ende für uns in den Krieg, in eine Schlacht ziehen müssen, um unsere

Freiheit zu verteidigen, und das mit ihrem Leben.“ (tagesschau.de,16.01.2023)

Warum engagieren sich Frauen als Kriegstreiberinnen? Nicht das körperliche Geschlecht ist hier entscheidend, es ist das männlich-patriarchale Bewusstsein, in dem die moderne Frau fixiert ist: Dynamisch, leistungsstark, erfolgreich und wehrhaft hat sie zu sein. Zudem ist sie von einem veräußerlichten, simplifizierten Freiheitsbegriff geblendet. Gerade erfolgreiche und mit öffentlicher Macht ausgestattete Frauen in Politik und Medien zeigen sich augenfällig verbissen und gefühlsarm, vor allem arm an Mitgefühl. Sie scheinen von einem narzisstischen Patriarchen besetzt, sie dienen nicht dem Leben, sondern den Götzen von Ansehen und Macht.

Ja, warum sind so auffällig viele moderne Frauen Kriegstreiberinnen? Zunächst sind es, wie ich gerade feststellte, Frauen in öffentlichen und politischen Positionen, die im Strom der aktuellen Helden-Ideologie schwimmen, ansonsten würden sie ihr Ansehen und ihre politische Definitionsmacht verlieren. Dann stünden sie ohn-mächtig da und müssten sich die entscheidende Frage stellen: Wer bin ich wirklich?

Und dann sind da noch die vielen anderen, die ‚normalen‘ Frauen, die sich aus Mangel an Selbstwert an vorgegebenen männlichen Werten orientieren. Es ist das Elend der patriarchalen Frau, sich über das vermeintlich starke und heldenhafte Männliche zu definieren, da sie vergessen hat, wer sie ist. Über viele Jahrtausende hat sie gelernt, die schöpferische und lebenserhaltende Kraft ihrer Weiblichkeit zu verraten. Deshalb füttert sie ihren Helden mit Nahrung, Sex und Zuwendung, was sie – fälschlicherweise – für Ausdruck ihrer Liebe hält. Denn solange er als heldenhafter Mann erscheint, erlebt sie sich selbst, als die Frau an seiner Seite, als eine Heldin.

Anstatt sich mit machtorientierten und militanten Männern zu identifizieren, sich von deren Kriegslust anstecken zu lassen und sie mit vermeintlicher Liebes-Nahrung zu füttern, könnten Frauen sich in allen Bereichen ihren Männern verweigern.

Ohne den unermüdlichen Einsatz von Frauen in öffentlichen und sozialen Einrichtungen, in Familie und Haushalt, in der Kindererziehung und vor allem im Bett, würde das gesellschaftliche Leben bald zusammenbrechen, und auch die Vorbereitung und das Führen von Kriegen wäre kaum möglich.

Der griechische Dichter Aristophanes (445-386 v. Chr.) hat diese kühne Vision in einer Komödie dramatisiert. Um den seit zwanzig Jahren andauernden Krieg zwischen Athen und Sparta zu beenden, überredete Lysistrata die Frauen von Athen, sich ihren Männern sexuell zu verweigern, so lange, bis die Waffen ruhen. Als es ihr gelingt, auch die Frauen von Sparta, die Frauen des Feindes, für ihren Plan zu gewinnen, kann der Krieg endlich beendet werden. – Tatsächlich aber wurde Athen mit Hilfe des Perserreichs schließlich zur Kapitulation gezwungen.

In einer freien Übersetzung von Erich Fried (1921-1988) gibt Lysistrata die folgende Empfehlung an die Frauen von Athen:[(7)]

„Wir sitzen da,
Zuhaus, ganz schön gemacht, im durchsichtigen Kleid,
Geschminkt, so gut wie nackt. Da machen wir sie scharf.
Und dann, wenns soweit ist, da machen wir nicht mit.
»Zuerst macht Frieden!« Was glaubt ihr, was dann geschieht?“

6. Kriegs-Lust und Kriegs-Wahn

„Den Herrschenden:
Hat es euch Herz und Auge ausgebrannt?
Sind nicht mehr zehn Gerechte in dem Land?
Ihr seid nicht tierisch, denn so schlägt kein Tier.
Keins eurer Opfer ist so tot wie ihr."

Erich Fried (1921-1988)

Andrij Melnyks Weihnachtswunsch:
„Es müssen noch sehr viele Tabus gebrochen werden. Wir brauchen dringend westliche Panzer, Kampfjets, Kriegsschiffe, Mehrfachraketenwerfer, Munition. Das ist mein einziger Wunsch an das Christkind." (…) Verhandlungen mit Russland lehnt er eindeutig ab. „All das Kreml-Gerede über die angebliche Bereitschaft Putins zu verhandeln, ist purer Bluff, der hauptsächlich darauf zielt, im Westen Sympathien zu sammeln, die Gesellschaften – auch in Deutschland – zu verunsichern und die Entschlossenheit unserer Verbündeten zu zerbröckeln." (…) „Die Ukraine werde niemals auf Staatsgebiete verzichten …" (ntv.de, 27.12.2022)

Melnyk: „Die Ukrainer sind bereit, für die Befreiung ihrer Heimat einschließlich der Krim so lange zu kämpfen, solange wir atmen." (heute.at, 26.12.2022)

Melnyk nach Zusage von Leopard 2-Panzern:
„Halleluja! Jesus Christus!", schrieb er auf Twitter. „Und nun, liebe Verbündete, lasst uns eine starke Kampfjet-Koalition für die Ukraine auf die Beine stellen, mit F-16 und F-35, Eurofightern und Tornados, Rafale und Gripen-Jets – und alles, was ihr an die Ukraine liefern könnt." (zdf.de, 25.01.2023)

Nach Roderich Kiesewetter, CDU-Politiker und Oberst a. D. der Bundeswehr, soll die Ukraine mit westlichen Kampfjets „auch Ziele in Russland angreifen dürfen". (focus.de, 21.02. 2023). Das ist ganz im Sinne des ukrainischen Militärs, das mit seinen vom Westen gelieferten Drohnen im Sommer 2023 Ziele in Russland angreift, – wohl wissend, dass dies den Krieg weiter gefährlich ausdehnen wird:

> „Der ukrainische Armeechef Walerij Saluschnyj hat nach einem Bericht der US-Zeitung „Washington Post“ Angriffe der ukrainischen Armee auf russisches Staatsgebiet zugegeben: »Es ist unser Problem, und wir müssen entscheiden, wie wir den Feind töten. Es ist möglich und nötig, ihn auf seinem Gebiet im Krieg zu töten«, sagte Saluschnyj der Zeitung. (…) Saluschyjn machte dem Bericht zufolge auch deutlich, dass er die von Russland schon 2014 annektierte Schwarzmeer-Halbinsel Krim ebenfalls zurückholen wolle: »Sobald ich die Mittel habe, werde ich etwas tun. Es ist mir egal, niemand wird mich stoppen«, wird er weiter zitiert.“ (tagesschau.de, 15.07.2023)

Am 18.02.2023 fordert die Ukraine die Lieferung der völkerrechtlich geächteten Streumunition:

> „Nach Kampfpanzern und Kampfjets hat die Ukraine den westlichen Ländern auf der Münchner Sicherheitskonferenz einen neuen Waffenwunsch für den Kampf gegen Russland genannt: Vizeregierungschef Olexander Kubrakow forderte Streumunition und Phosphor-Brandwaffen.“ (tagesschau.de)

Gewalt erzeugt Gegengewalt

> „Auge um Auge –
> und die ganze Welt wird blind sein.“
>
> (Mahatma Gandhi)

Frieden schaffen mit noch mehr Waffen? „Nato-Generalsekretär Stoltenberg hat die Bündnisstaaten zu weiteren Waffenlieferungen an die Ukraine aufgerufen. Das sei der schnellste Weg zum Frieden.“ (zdf.de, 30.12.2022) „Krieg beenden, Waffen senden“, fordern ukrainische junge AktivistInnen in Kiew.

„Waffen für den Frieden"? Waffen sind zum Töten da; die Unsinnigkeit dieser Haltung sollte jedem klar denkenden Menschen bewusst sein. Der sozialpolitisch engagierte Unternehmer Wolfgang Grupp bringt im Interview mit BW24 hierzu das folgende schlüssige Argument:

> „Ich habe noch nie erlebt, dass man einen Streit beendet, indem man dem einen ein größeres Messer und dem anderen eine größere Axt gibt. Wir müssen miteinander sprechen." (bw24.de, 28.02.2023)

Es ist erstaunlich, dass in dieser verfahrenen und verwirrenden Kriegssituation ausgerechnet ein Bundeswehrgeneral, Harald Kujat, den klaren Durchblick behält, wenn er rät, das „anzuerkennen", was ist. Auch ein Kernsatz der Systemischen Psychotherapie lautet: „Anerkennen, was ist." Denn in einer ausweglosen Situation, wie Krankheit, Verlust, Tod eines geliebten Menschen, bringt einzig die schmerzliche Annahme Ruhe und seelischen Frieden.

Und so führt auch aus diesem ausweglos erscheinenden Krieg nur die Annahme dessen, was ist: Die militärische und nukleare Überlegenheit Russlands. Denn jedes Lebewesen, jedes Tier und auch jedes Menschenwesen, das in die „Enge getrieben" ist, wehrt sich mit allem, was es zur Verfügung hat, Gewalt erzeugt Gegengewalt. So ist anzunehmen, dass Putin, seit jeher ein rigoroser Kämpfer, eine militärische Niederlage nicht hinnehmen wird.

> „Der ehemalige Generalinspekteur der Bundeswehr, Harald Kujat, sieht Russland und die USA als Hauptakteure im Ukraine-Krieg. »Die Ukraine kämpft auch für die geopolitischen Interessen der USA«, sagt er. Denn deren erklärtes Ziel sei es, Russland politisch, wirtschaftlich und militärisch zu schwächen. Notwendig wäre es, das bestehende Kräfteverhältnis und die erdrückende militärische Überlegenheit Russlands anzuerkennen und daraus die richtigen Schlussfolgerungen zu ziehen: Die Ukraine kann den Krieg gegen die Atommacht Russland nicht gewinnen, zumal Russland in diesem Krieg die Eskalationsdominanz besitzt! Wladimir Putins

Strategie, die Ukraine in wenigen Wochen besiegen und besetzen zu können, ist fehlgeschlagen. Öffentlich proklamiert er den »vaterländischen Krieg gegen den Westen und die Nato«. Tatsächlich aber ist er als Feldherr in die Enge getrieben. Aus der russischen Eskalationsdominanz droht im schlimmsten aller denkbaren Szenarien ein Einsatz von Atomwaffen." (Frankfurter Rundschau, 28.02.2023)

„Natürlich sind wir alle gegen Krieg, aber dass uns allen Ernstes verkauft werden soll, wir würden durch Waffenlieferungen an die Ukraine und Sanktionen bzw. Provokationen gegen Russland etwas für den »Frieden« tun, ist absolut lächerlich und geradezu schwachsinnig. Im Gegenteil, alles wird militärisch dramatisch angeheizt und kulminiert. Das meint immerhin auch der verdienstvolle und erfahrene Paul Craig Roberts, der immerhin stellvertretender Wirtschaftsminister unter Reagan war. Er schreibt: »Wir stehen erneut vor einem nuklearen Armageddon und einer ganzen Reihe idiotischer und gefährlicher Aktionen Washingtons. Bislang war der Kreml nicht bereit, die ihm zur Verfügung stehenden Mittel einzusetzen, was den Westen zu weiteren Provokationen ermutigt hat. Früher oder später werden diese Provokationen zu einem Krieg führen …« Dem ist eigentlich nichts hinzuzufügen außer folgender Frage: Liebe Politiker/innen, sind Sie sich eigentlich über die Tragweite Ihres Handelns im Klaren?"

(S.C., September 2022)

Dass mit Waffengewalt seit Menschengedenken niemals Frieden geschaffen wurde und auch jetzt nicht wird, ist logisch: Gewalt erschafft Gegengewalt.

Wenn von Politikern und Medienleuten ganz richtig behauptet wird: Aber nur durch die Waffengewalt der Alliierten konnte Hitler erledigt und der 2.Weltkrieg beendet werden, dann antworte ich: Ja, der Krieg wurde glücklicherweise beendet, aber das Kriegsende brachte keinen Frieden:

5.185.000 deutsche Soldaten verloren ihr Leben, 1.170.000 Zivilisten,

Frauen, Kinder und Alte, davon allein 600.000 durch die Bombenangriffe ab 1942 auf deutsche Großstädte. Und 160.000 alliierte Flieger starben bei diesen Einsätzen. Schätzungsweise wurden in diesem Krieg 60 bis 65 Millionen Menschen getötet, bei Einbeziehung der durch Verbrechen und Kriegsfolgen Getöteten sind es etwa 80 Millionen Menschen. Etwa 3,5 Prozent der Weltbevölkerung wurden Opfer des 2. Weltkrieges!

Aus der Traumaforschung wissen wir, dass unbewältigte Traumata im Unbewussten der Opfer weiter existieren und über die genetische Informations-Kette an die nächsten Generationen weitergegeben werden, was bereits im ersten Kapitel beschrieben wurde. Die Trauma-Dämonen der Opfer von damals, die während des Kalten Krieges geschlafen haben, werden in der heutigen Krise wieder lebendig und fordern ihr Recht – ihr Recht auf Rache und auf Waffengewalt.

Vielleicht ist die aktuelle Gefühls- und Wahrnehmungs-Verzerrung, dieser aktuelle Kriegswahn, auch eine kollektive posttraumatische Folgestörung all der kriegs-traumatisierten Menschen im Westen wie im Osten.

Der Theologe und Psychoanalytiker Eugen Drewermann sagt in seinem emotional ergreifenden Vortrag „Rede gegen den Krieg“:[(1)]

> „Militär ist das Untergraben von allem, was Zivilisation bedeutet. Das Militär ist die Gegenwelt zur zivilen Welt.“

In dieser gewaltvollen Gegenwelt werden tragende ethische Werte auf den Kopf gestellt: Das Gebot „Du sollst nicht töten“ wird umgekehrt, und die Umkehrung wird zur Pflicht: „Du musst töten.“ Und je mehr Menschen du tötest, umso großartiger und wertvoller bist du, du bist ein Held!

Im zehnten Gebot heißt es: „Du sollst nicht begehren deines Nächsten Haus, Weib, Vieh und alles, was sein ist.“ Für die kriegerischen Eroberer aber ist es schon immer ganz selbstverständlich, alles in Besitz zu nehmen, was den Eroberten gehört. Zum „Besitz“ und damit zur Kriegsbeute gehört auch „sein Weib“, und bis heute gehört es scheinbar auch zum Kriegsalltag, die Frauen und Mädchen des Feindes in Besitz zu nehmen, zu vergewaltigen.

Diese verrückte Umkehr traditioneller ethischer und religiöser Werte hat schon so manchen Soldaten irre gemacht, ihm den Verstand geraubt. Posttraumatische Belastungsstörungen sind bei Kriegs-Tätern genauso verbreitet wie bei Kriegs-Opfern, vielleicht sind sie sogar belastender und verrücktmachender. Die Tötungs-Schuld kann einen Täter ein Leben lang verfolgen, Tag und Nacht, bis in den eigenen Tod. hinein.

Großmachtphantasien und Größenwahn

> „Die Vereinigten Staaten aus ihrem fundamentalen Interesse kontrollieren alle Ozeane der Welt. Keine andere Macht hat das jemals getan. (…) Die Aufrechterhaltung der Kontrolle über die Ozeane und im Weltall begründet unsere Macht." (George Friedman, 04.02.2015, Youtube)

> „»Im neuen Jahr wird die ukrainische Luftverteidigung noch stärker, noch effektiver«, sagte Selenskyj am Freitagabend in seiner täglichen Videoansprache. Dadurch könne die Luftabwehr der Ukraine *die stärkste in ganz Europa* werden." (zdf.de, 30.12.2022)

Zwei Tage vorher hatte Selenskyj behauptet, die Ukraine sei zu einer „*Anführerin* der freien Welt" geworden. Sie habe dem Westen geholfen, „wieder zu sich zu finden". (zdf.de, 28.12.2022)

Darum geht es ihm und den anderen Kriegsherren also: um die Demonstration von Stärke, um Führung und Macht, nicht um Schutz des Lebens, nicht um schnelle Beendigung dieses mörderischen Krieges. Dem Westen geht es vor allem um einen „Führungsanspruch" in der Welt und um die Schaffung einer „internationalen Front gegen Russland", so Biden auf dem G20-Gipfel im November 2022. (tagesschau.de)

Wer mehr über die imperialistischen Weltmacht-Strategien der USA erfahren möchte, dem empfehle ich den aufschlussreichen Beitrag von George Friedman von 2015, aus dem ich noch einige Sätze zitiere:

> „Der Punkt bei der ganzen Sache ist, dass die USA ein *Cordon Sanitaire,* einen Sicherheitsgürtel um Russland herum aufbauen. Und Russland weiß es. Russland glaubt, die USA beabsichtigen,

die Russische Föderation zu zerschlagen. Ich denke, wir wollen sie nicht töten, sondern nur etwas verletzen bzw. Schaden zufügen."
(George Friedman, 04.02.2015, Youtube)

Die weltweite Machtergreifung der USA ist überall deutlich und spürbar. Russland hat seine einstige Führungsmacht verloren und bemüht sich nun um militärische und ökonomische Bündnispartnerschaften –, selbst bei so problematischen Staaten wie dem Iran unter Ebrahim Raisi, der gerade junge DemonstrantInnen hinrichten lässt.

Und auch Deutschland will wieder führen; die deutsche Verteidigungsministerin verkündet kühn, Deutschland solle „militärische Führungsmacht" übernehmen.

Bei allen Großmächten existiert der imperialistische Größenwahn, immer noch größer sein zu wollen. Matthias Horx, Zukunftsforscher und Publizist, bringt den Wahn der beiden am Ukrainekrieg beteiligten Großmächte auf den Punkt: Den „Cowboy-Wahn" der Amerikaner als „die Idee, die ganze Welt befreien und zähmen zu müssen", und den „Zaren-Wahn" der Russen als „die Vorstellung, das größte, beste und mächtigste Großreich aller Zeiten besitzen zu wollen." (Kolumne 94 vom 14.04.2022) Der russische Großmacht-Traum – so erklingt er in der russischen Nationalhymne:

„Von südlichen Meeren bis zum Polargebiet
Erstrecken sich unsere Wälder und Felder.
Einmalig bist du in der Welt!
Einzigartig bist du, von Gott beschützte heimatliche Erde!"

Dieses „einzigartige Großreich" ist nun weiter von Zerfall und Niedergang bedroht; das könnte Angst und Panik auslösen. Da erstaunt es nicht, dass jemand wie Wladimir Putin – mit einer so widersprüchlichen psychischen Struktur ausgestattet – in dieser Lage überreagiert und einen unabsehbar folgenschweren Fehler begeht. Vielleicht hat er inzwischen selbst erkannt, dass der Überfall auf die Ukraine eine Fehlentscheidung war.

Aber der kleine, schwächliche und empfindsame Bube im ärmlichen Hinterhof von Leningrad, der alles tut, um seine körperlichen und psychischen Muskeln zu stählen, dem es als „furchtloser Raufbold" gelingt, den anderen Kindern zu zeigen, wie stark er ist, der KGB-Offizier und schließlich Präsident der russischen Föderation wird –, der kann jetzt nicht mehr zurück. Nach etwa 200.000 getöteten russischen Soldaten erscheint es für einen Autokraten undenkbar umzukehren, nachzugeben, sich in Schuld-Annahme und Demut zu beugen. Eine Erklärung, auf die in diesem Krieg eroberten Gebiete zu verzichten, das würde ihn als Verlierer erscheinen lassen, und es würde ihn – vermutlich – Amt und Ehre kosten.

> „Putin muss »gesichtswahrend rausgehen«: Für Friedensverhandlungen mit Russland sei es wichtig, Putin zu ermöglichen, vor der eigenen Bevölkerung das Gesicht zu wahren, so die ZDF-Korrespondentin Eigendorf." (zdf.de, 05.05.2023)

Und da nun auch die Ukraine einen Größenanspruch vertritt und kühn behauptet „Anführerin der freien Welt" zu sein, gibt es auch hier kein Einlenken, und es bleibt beim Beharren auf die Rückeroberung der von Russland besetzten Gebieten einschließlich der Krim.

Wem aber gehört die Krim? Die „Landeszentrale für politische Bildung" schreibt auf ihrer Seite: „Nach mehr als 170-jähriger Zugehörigkeit der Krim zu Russland, vermachte der neue Parteichef Nikita Chruschtschow die Halbinsel 1954 der Ukraine." Da sagen die einen, „geschenkt ist geschenkt" und die anderen sagen, „sie gehört zu Russland". Ein Krim-Ukrainer wendet sich im Friedens-Manifest gegen die Lieferung weiterer Waffen:

> „… weil ich meine Heimat, die Krim, die Ukraine, nicht völlig zerstört wiederfinden möchte, sobald es mir endlich wieder gelingt, dort zurückzukehren. Meine Heimat ist besetzt von ukrainischen Nationalisten und führt Krieg gegen das eigene Volk …"
>
> (J.P, Dezember 2022)

> „In der Ukraine müssen nach Angaben von Präsident Wolodymyr Selenskyj noch etwa 2.000 von russischen Truppen besetzte Städte und Dörfer befreit werden." (zdf.de, 23.11.2022)

Ja, zweitausend! Zweitausend Städte und Dörfer, in denen UkrainerInnen leben, die sich nach Befreiung von der russischen Besatzung sehnen, genauso aber auch russischstämmige Menschen, die ihre russische Sprache sprechen und ihre russische Tradition und Kultur – die schon vor dem russischen Überfall behindert wurde – frei leben möchten. Der Bürgerkrieg, in der jeder auf der einen Seite für die andere Seite automatisch ein „Verräter", ein „Kollaborateur" ist, wird weiter eskalieren. Denn Ukrainern, die mit der russischen Besatzung kooperieren, drohen Sanktionen: „Gefängnisstrafen und Anschläge" (merkur.de, 16.09.2022).

> „Zu wem spricht Selenskyj, der »Diener des Volkes«, in seinen abendlichen Ansprachen, wenn er warnt, den »Krieg nicht aus den Augen zu verlieren«? Zu denen, die den Tod vor Augen haben? Zu denen, die die Toten beweinen? Zu den Rekruten, die nicht schießen wollen und dafür eingesperrt werden, zu denen die ihr Leben als Soldat opfern sollen? Zu den verwaisten Kindern, Geschwistern und Eltern? Oder zu den Lebenden und den weinenden Kindern, die in ständiger Angst leben müssen?"
>
> (M.B., März 2023)

Und so werden die Ukrainer kämpfen müssen, „solange sie atmen". Und sie werden weiter „ihre Körper und Seelen geben" für eine ungewisse Freiheit. Nur, dass hier nicht die Kriegsherren selbst ihre Körper geben bis zum letzten Atemzug –, so wie in früheren Feudalgesellschaften der Herrscher auch gleichermaßen der Heerführer war und selbst an vorderster Front kämpfte.

Die heutigen Heerführer sitzen an geheimen Orten, vermutlich in sicheren Bunkern, und ihre Lieben, ihre Frauen, Töchter und Söhne, haben sie schon längst im westlichen Ausland untergebracht. Sie verbreiten täglich unhaltbare Versprechen und beschwören – mit dramatischer Hand-aufs-Herz-Geste – nationale Größe, Ruhm und Ehre. Sie opfern ihr Volk für einen eigenen persönlichen und nationalen Größenwahn.

Dieser nationale Größenwahn hat nun auch Deutschland gepackt. In den ersten Monaten des Krieges ging es zunächst um die „Ehre Deutschlands"; damals standen unsere Politiker und Politikerinnen in Kiew Schlange, „um die Ehre Deutschlands zu retten", da der Bundeskanzler wegen der groben Beschimpfungen durch den ukrainischen Botschafter vorerst seinen Besuch verweigert hatte. Nun aber, im Herbst 2022, wird – nach der Ehre – eine deutsche „Führungsrolle" gefordert. Eine Ministerin „fordert militärische Führungsrolle Deutschlands". (zeit.de,14.09.2022) Deutschland als militärische „Führungsmacht"? Wohin wird uns das führen?

Kriegslist, Kriegslügen und Kriegspropaganda

> Annalena Baerbock auf dem Petersberger Klimadialog:
> „Auch wenn Putin das nicht beabsichtigt hat, ist dieser brutale Angriffskrieg ein Booster für den Ausbau erneuerbarer Energien."
> (zeit.online, 18.07.2023 u.a.)

„Mit anderen Worten: Was für ein »Glücksfall« für die Grünen und die Öko-Industrie", schreibt eine Kommentatorin. Allein das aktuelle NATO-Manöver „Air Defender" im Juni 2023 verbrauchte pro Tag ca. eine Million Kerosin. (vgl.ntv)

Ist die Aussage der Ministerin nun als gründlich missglücktes Manipulations- und Täuschungsmanöver zu verstehen, als ein listenreicher Schachzug, mit dem sie sowohl Klima-Aktivisten als auch Militaristen beeindrucken wollte? Oder zeugen diese Worte von Verblendung oder Unwissenheit?

Klimawandel und die daraus folgenden weltweiten Naturkatastrophen sind das drängendste Thema der Menschheitsgeschichte und sollten das zentrale Thema „grüner" Politik sein. Ich muss hier nicht noch einmal verdeutlichen, dass Kriege und mit ihnen die Zerstörung riesiger Landstriche und Naturreiche die größten Umweltzerstörer sind.

Jeden Tag erleben wir Verunsicherung angesichts der unterschiedlichen und vielfach auch widersprüchlichen Kriegsberichte durch Politiker und Medien. Wir zweifeln bis zum Verzweifeln. Das ist nicht verwunderlich, denn mehr oder weniger willentliche Täuschung, Lüge und Propaganda gehören zum Wesen eines jeden Krieges. Schon immer bedienen sich die kriegführenden Staaten und ihre Delegierten einer systematischen Kriegspropaganda.

Anne Morelli, Professorin für Geschichte an der Freien Universität Brüssel, hat „die Prinzipien der Kriegspropaganda" in einem Buch unter 10 Punkten zusammengestellt.[(2)] Sie bezieht sich hierbei auf das Buch „Falsehood in Wartime" von Arthur Ponsonby von 1928, der die Kriegspropaganda im Ersten Weltkrieg untersucht und beschrieben hat.

Es ist erstaunlich und erhellend, dass nicht nur im Ersten Weltkrieg, sondern in allen Kriegen vom Altertum bis in die Neuzeit, ganz ähnliche Muster von Täuschung und Lüge eingesetzt wurden und werden „um den jeweiligen Bevölkerungen der kriegführenden Länder Wut, Angst und Haß einzuflößen, um also die Leidenschaften der Menschen zu entfachen …"[(3)]

„Die Prinzipien der Kriegspropaganda" von Anne Morelli sind folgende:

1. Wir wollen keinen Krieg
2. Das feindliche Lager trägt die alleinige Schuld am Krieg
3. Der Feind hat dämonische Züge
4. Wir kämpfen für eine gute Sache und nicht für eigennützige Ziele
5. Der Feind begeht mit Absicht Grausamkeiten. Wenn uns Fehler unterlaufen, dann nur versehentlich
6. Der Feind verwendet unerlaubte Waffen
7. Unsere Verlust sind gering, die des Gegners aber enorm
8. Unsere Sache wird von Künstlern und Intellektuellen unterstützt
9. Unsere Mission ist heilig
10. Wer unsere Berichterstattung in Zweifel zieht, ist ein Verräter

> Anne Morelli: „Auch den nächsten Krieg wird man uns ohne jeden Zweifel als »Aggression« des Gegners verkaufen, als Kampf zwischen Gut und Böse schmackhaft machen, den Führer des feindlichen Lagers als teuflische Fratze verunglimpfen.“[(4)]

Nationale Expansion kann nur mit Waffengewalt gelingen und dazu braucht es ein zunächst kriegsbegeistertes Volk sowie Männer, die bereit sind, die Waffen zu tragen und zu gebrauchen. Mit gezielter Täuschung und Angstmache, mit Lügen und kleinen oder großen militärischen Provokationen, die dann dem Feind angelastet werden (False-Flag-Aktionen), gelingt es immer wieder, Kriegs-Lust und Kriegs-Wahn im Volk zu schüren. Hermann Göring, der bekannte nationalsozialistische Kriegsverbrecher, wusste genau, wie das funktionieren kann. 1946, in seiner Nürnberger Gefängniszelle, hat er im Interview mit dem Psychologen Gustave Gilbert folgendes Bekenntnis abgelegt:

> „Natürlich, das einfache Volk will keinen Krieg (…) Aber schließlich sind es die Führer eines Landes, die die Politik bestimmen, und es ist immer leicht, das Volk zum Mitmachen zu bringen, ob es sich nun um eine Demokratie, eine faschistische Diktatur, um ein Parlament oder eine kommunistische Diktatur handelt. (…) Das Volk kann mit oder ohne Stimmrecht immer dazu gebracht werden, den Befehlen der Führer zu folgen. Das ist ganz einfach. Man braucht nichts zu tun, als dem Volk zu sagen, es würde angegriffen, und den Pazifisten ihren Mangel an Patriotismus vorzuwerfen und zu behaupten, sie brächten das Land in Gefahr. Diese Methode funktioniert in jedem Land.“ (Hermann Göring, 1893-1946, Nürnberger Tagebuch 1962)

Erstaunlich, Täuschung und Lüge greifen immer noch: Jean-Claude Juncker, von 1995 bis 2013 Premierminister Luxemburgs und von 2014 bis 2019 Präsident der Europäischen Kommission, soll auf einer Abendveranstaltung zur Euro-Krise in Brüssel im April 2011 Folgendes gesagt haben (zit.nach Spiegel): „Wenn es ernst wird, muss man lügen.“

Jetzt braucht man dem einfachen Volk nur zu suggerieren, dass Putin Deutschland und ganz Europa einkassieren will, ihm damit Angst und

Schrecken einjagen, und schon werden scheinbar friedliebende Väter und Mütter zu aufgebrachten MilitaristInnen und befürworten die Lieferung von schweren Waffen an die Ukraine:

> „Deutschland »erklärtes Kriegsziel von Putin« – Der CDU-Außenpolitiker Kiesewetter fordert im ZDF-Interview von Kanzler Scholz, weitere Panzer an die Ukraine zu liefern. Er sieht Deutschland bereits als »Kriegsziel von Putin«." (14.01.2023)

„Der Russ will alles", so begründete mir ein tüchtiger, einfacher Mann seine bejahende Haltung zu den Waffenlieferungen. Angstmachen vor dem Ungetüm Russland, das greift, so wird der Kriegs-Wahn zum Kollektiv-Wahn.

Selbst der Machtmensch Otto von Bismarck (1815-1898), von 1871 bis 1890 erster Reichskanzler des Deutschen Reiches, mit seinem militaristischen Bekenntnis zu „Eisen und Blut", konnte sagen:

> „Lügen können Kriege in Bewegung setzen,
> Wahrheiten hingegen können ganze Armeen aufhalten."

Wie gefährlich politisch motivierte Täuschungen, Halbwahrheiten und Lügen sind und dass sie tatsächlich „Kriege in Bewegung setzen" können, belegen diese Nachrichten vom Juni 2022:

> „Bedrohung aus Russland: Die Britische Armee bereitet sich auf einen Krieg in Europa vor." (ntv 19.06.2022)
> Ingo Gerhartz, Luftwaffenoffizier der Bundeswehr, meint: „Die Nato-Staaten müssen sich darauf vorbereiten, im Ernstfall auch Atomwaffen einsetzen zu müssen." (bild.de,18.06.2022)

Wie es aussieht, geht es keinem der hier Zitierten um die Erschaffung oder Bewahrung von Frieden in Europa und in der Welt. Wenn mit Waffengewalt, nachweislich, niemals Frieden geschaffen wurde, worum geht es dann den Militärs und all den Kriegslustigen heute in Ost und West? Um Frieden kann es nicht gehen. Worum dann?

Bellizismus – als der Gegenpol von Pazifismus – bezeichnet eine politische Haltung, die den „Einsatz von militärischer Gewalt zur Durchsetzung von Zielen" rechtfertigt. Um welche Ziele ging und geht es in den Kriegen der letzten Jahrzehnte? Um territoriale Machtansprüche, um wirtschaftliche Machterweiterung und um die Macht, die Ordnungen des Lebens nach eigenen politischen und ökonomischen Vorteilen zu definieren.

Das Video des US-Politologen und Militärstrategen George Friedman vom März 2015 – aus dem ich im vorigen Kapitel bereits zitierte – liefert hierzu eine erschreckende Offenbarung, eine von einem US-Amerikaner mit unverhohlenem Triumph vorgetragene Kriegs-List und Welt-Eroberungs-Strategie. Sie ist teuflisch, wenn man unter Teufel – wie C.G. Jung – das verdichtete kollektive Böse einer Gesellschaft versteht:

> „Die Politik, die ich empfehlen würde, ist die, die Ronald Reagan angewendet hat, in Iran und Irak. Er unterstützte beide Kriegsseiten, sodass sie gegeneinander kämpften (Iran-Irak-Krieg 1980-88) und nicht gegen uns. Es war zynisch, es war nicht moralisch vertretbar, aber es funktionierte."

Von George Friedman stammt auch die erschreckende Aussage: „Das Beste für die USA wäre, wenn man Deutschland in eine kriegerische Auseinandersetzung mit Russland verwickeln könnte."

Kriegswahn und Realitätsverlust

Die europäische „Kampfjet-Koalition" wendet sich in einem offenen Brief an Joe Biden mit der Bitte um die Lieferung von F-16-Kampfjets für den militärischen Sieg gegen Russland. Mitunterzeichner sind Roderich Kiesewetter (CDU) und Anton Hofreiter (Grüne). (vgl. weltwoche.ch, 20.05.2023)

> „Weitere Lieferungen von schweren Waffen, Waffen, Waffen … Krieg, Zerstörung, Tod, Schmerz, Elend, Schreie, Tränen …, wir werden von Irren regiert, Abscheu und Wut auf diese Regierung! Für ihre Machtspiele verheizen sie ihr Volk! Schluss damit!"
>
> (K.K., 12.09.2022)

Zu Kriegslist und Kriegswahn gehört auch die medial betriebene Demonstration vom Leid der Ukrainer: Die täglichen Bilder von Kriegselend – von zerbombten Häusern, weinenden Frauen und schreienden Kindern – werden gebraucht, um Kriegswilligkeit und Bereitschaft zu weiteren Waffenlieferungen zu erzeugen. Die menschliche Fähigkeit zu Mitgefühl und Mitleiden wird systematisch missbraucht für Macht- und Expansionsbestrebungen der Herrschenden. „Emotionaler Missbrauch" ist eine perfide Strategie zur Beherrschung und Ausbeutung anderer. Emotionaler Missbrauch verwirrt, macht abhängig und krank.

> „Könnte unsere Situation nicht mit der einer bedrohlichen Epidemie verglichen werden? Die Menschen sind nicht in der Lage, diese Situation in ihrem wahren Licht zu sehen, denn ihre Augen sind von Leidenschaft geblendet.
> Allgemeine Angst und Besorgnis erzeugen Hass und Aggressivität. Die Anpassung an kriegerische Ziele und Aktivitäten hat die Mentalität des Menschen verdorben:
> Intelligentes, objektives und humanes Denken hat dadurch kaum Wirkung und wird sogar als unpatriotisch verdächtigt und verfolgt."
>
> (Albert Einstein)[(5)]

Dämonischer Hass, Kälte, Rache und ein *Irrsinn der Gefühle* werden im Krieg wirkmächtig und gestalten die Propaganda-Reden aller Kriegsparteien. Bezeichnend für jegliche Kriegs-Lust ist die Freude an der Vernichtung des anderen und die Abspaltung von Gefühlen und Empfindungen wie Liebe, Mitgefühl, Erbarmen mit dem Schwachen, Achtung der Natur und der Erde.

Kriegslust, die Lust am Töten, kann sich epidemisch potenzieren, verbreiten und zu einer Volksseuche, einem kollektiven Wahn verdichten: „Gebt uns unseren Krieg!", riefen die Männer der Südstaaten im Amerikanischen Bürgerkrieg 1861-1865. „Es ist so schön, im Krieg zu sein", sangen italienische Soldaten, die auf Befehl Mussolinis mit chaotischen Männerhorden 1940 Griechenland überfielen.

Im Herbst 1943 ermordete die deutsche Wehrmacht auf der griechischen Insel Kefalonia innerhalb weniger Tage 5200 italienische Soldaten; diese wollten nicht mehr für Mussolini und Hitler kämpfen und hatten sich bereits ergeben. Es gäbe unzählige weitere Beispiele für naive Kriegs-Lust und dämonischen Kriegs-Wahn bei Männern und Frauen.

Wahn, Irrsinn, Kriegsgeheul als Epidemie, als kollektive Störung: Das Phänomen geistiger Massen-Erkrankung dürfte uns spätestens seit dem Wahnsinn des 2. Weltkrieges vertraut sein.

Nicht nur Individuen leiden an psychischen Störungen, die Systemforschung spricht auch von psychisch kranken Familien und von kranken Systemen. Gesellschaftliche Gruppen und ganze Nationen können psychisch erkranken und schwere Symptome entwickeln. Jedes lebendige System, das aus seinem Gleichgewicht geraten ist, wird zunehmend krank. Etwas fehlt zur Ganzheit, zur kollektiven Homöostase.

Wenn wir hinschauen und wahrhaftig sind, dann müssen wir schmerzlich erkennen, dass die gesamtgesellschaftliche Menschheit sich in einem deutlichen Zustand des Ungleichgewichtes befindet und damit in einem *pathologischen Zustand.* Während der geistig-intellektuelle Fortschritt und mit ihm die moderne Wissenschaft und Technologie sich rasant entwickelt – Erschaffung von künstlichem Leben, künstliche Intelligenz, Weltraumforschung u. ä. –, hat sich das allgemeine menschliche Bewusstsein seit der Frühzeit kaum weiterentwickelt. Archaische Wut, infantile Gier und ungehaltene Gewaltbereitschaft gestalten das öffentliche Leben der vermeintlich „zivilisierten" westlichen Welt. Der hieraus resultierende unmäßige Wachstums- und Leistungsdruck hält einen Großteil der Menschen gefangen, während Werte wie Achtsamkeit, Demut, Bescheidenheit, Liebe und Mitgefühl weiter im Schwinden sind.

Es gibt keinen umfassenden menschlichen Zivilisationsprozess, was neben der ökonomischen Spaltung von Arm und Reich vor allem die Kriege mit ihren Gewaltexzessen eindrucksvoll belegen. „Wenn ein Fluss ökologisch verschmutzt ist, dann kippt er um", sagte Dorothee Sölle.

Schauen wir uns die aktuell wirksame gesellschaftliche Pathologie etwas genauer an: Am auffälligsten ist die von dem Psychiater und Psychoanalytiker Hans Joachim Maaz diagnostizierte *„narzisstische Störung"* der Gesellschaft, mit der typischen Spaltung von Groß und Klein. Hier verbirgt sich hinter einem aufgeblasenen Größen-Ich ein kleines erbärmliches Etwas, das verleugnet werden muss, um der peinigenden Schuld und Scham zu entkommen. Je mehr unbewältigte innere Konflikte ein narzisstisches System, eine Nation hat, umso gigantischer ist ihr Größenanspruch und damit auch ihre Gewaltbereitschaft, um diesen Anspruch auf Größe und Vorherrschaft zu verteidigen.

Und hier, an diesem Punkt, verschärft sich die narzisstische Störung zu einer *„Borderline-Störung"* mit den dazugehörigen Symptomen von Realitätsverlust, mangelnder aggressiver Impulskontrolle, der Neigung zu Selbstverletzung und Selbstzerstörung sowie der typischen *Spaltung von Gut und Böse:* Wir sind die Guten, der Feind ist das Böse, er ist der Satan. So sprach Präsident Selenskyj, ganz im Sinne der gängigen Kriegspropaganda, bei seinem Besuch in London, wo er weitere Waffen und Kampfjets forderte:

> „»Das Böse wird verlieren. Die Freiheit wird triumphieren. Mit Hilfe britischer Führung in der Welt.« Worte Selenskyjs, die Politiker in London in höchste Entzückung versetzen." (zdf.de, 08.02.2023)

Als Schauspieler ist er ein Meister der *Manipulation* –, was ein zentrales Kriterium einer Borderline-Störung darstellt. Wenn nun große Teile einer Gesellschaft und vor allem deren politische Führung dieser manipulativen Spaltung verfallen, dann entsteht daraus kollektive Verrücktheit, ein Kollektiv-Wahn, eine Kollektiv-Psychose:

> „Es ist die Pest der Zeit,
> wenn Verrückte die Blinden führen."
>
> (William Shakespeare)

Noch ist etwa die Hälfte der Deutschen bei Sinnen und erkennt sehend die Gefahr, auch wenn wir tagtäglich mit Lügen manipuliert und gefügig gemacht werden sollen: „Was muss mit Menschen geschehen, dass sie glauben, Krieg sei eine Lösung?", fragt der Psychiater Hans Joachim

Maaz (13.11.2022).[6] Er bezeichnet die kriegsführenden und alle finanzkapitalistischen Staaten als *„narzisstische Gesellschaften"*, die unersättlich nach mehr Macht, mehr Größe und mehr Geld streben. „Die narzisstische Größe und Überhöhung geht immer mit Abwertung der anderen einher" und muss individuell und kollektiv in eine Krise führen: „Krieg ist der narzisstische Zusammenbruch der Gesellschaft", sagt Maaz. Und weiter: „Im Moment scheint es ja, dass der Kriegsrausch gebraucht wird oder gewollt wird."

Ja, so scheint es, aber wozu kann Krieg gebraucht werden? In einem „falschen Leben" dürfen Gefühle nicht authentisch ausgedrückt werden, es kommt zu einem chronischen „Gefühlsstau", sagt Hans Joachim Maaz. Und so inszeniert man eine Krise, einen Konflikt, einen Krieg: „Bei Gefühlsstau sucht man sich eine Situation, um die Gefühle auszudrücken."

Es ist beeindruckend und auch beängstigend, welche verrückten Schattengefühle uns tagtäglich über die Medien erreichen. Im Kriegs-Wahn verbinden sich Hass, Anmaßung, Größenphantasien und Realitätsverlust zu einer kollektiven Krankheit, einer kollektiven psychischen Störung. Ist die Menschenwelt verrückt geworden? Leiden die USA, die EU, die Ukraine und Deutschland an einem wahnhaften Realitätsverlust, wenn sie die ebenfalls verrückte Aggression Russlands mit noch mehr verrückter Aggression stoppen wollen?

Wir liefern Waffen, mit denen die Ukraine in ihrem Rückeroberungskrieg die Lebensgrundlagen ihrer eigenen Bevölkerung zerstört, speziell im Südosten, um dann Milliarden für den Wiederaufbau bereitzustellen. Wenn das kein Wahnsinn ist!

> „Die Bundesregierung stellt der Ukraine weitere 111 Millionen Euro für den Aufbau des Landes zur Verfügung. (…) Insgesamt hat Berlin der Ukraine den Angaben zufolge seit Beginn des russischen Angriffskriegs im Februar vergangenen Jahres 3,6 Milliarden Euro an ziviler Unterstützung zukommen lassen." (ntv.de, 19.04.2023)

Und der ukrainische Verteidigungsminister Oleksij Resnikow phantasiert gar von einem Nato-Beitritt der Ukraine noch *vor* Beendigung des Krieges, was, wie wir wissen, den Bündnisfall und damit einen offiziellen Nato-Russland-Krieg auslösen würde. Und kein öffentlicher Aufschrei, kein Dementi, keine Klarstellung:

> „Ich denke, dass dieser sehr vorsichtige Standpunkt – dass die Ukraine vor dem Ende des Krieges der Nato nicht betreten kann –, bereits Veränderung erfährt." (zdf.de, 21.04.2023)

> „Deutschland ist schwer krank! Die Krankheit begann mit der Lieferung »Waffen für den Frieden«. Nun wird es gefressen von den verschiedensten Parasiten. Sie haben sich in die Ohren gesetzt –, es kann nicht mehr hören, was unwahr ist. Sie sitzen in den Augen –, es kann nicht mehr sehen, was richtig ist. Sie sitzen in der Sprache –, es kann nicht mehr sagen, was wahr ist. Sie sitzen im Kopf –, es kann nicht mehr unterscheiden, was falsch oder richtig ist."
>
> (S.S. August 2022)

Ich erinnere nochmals an den „Zwei-plus-Vier-Vertrag", die Friedensregelung der beiden deutschen Staaten mit den vier Sieger-Mächten nach dem Zweiten Weltkrieg. Er wurde im September 1990 in Moskau unterzeichnet. Hierin heißt es in Artikel 2:

> „Die Regierungen der Bundesrepublik Deutschland und der Deutschen Demokratischen Republik bekräftigen ihre Erklärungen, daß von deutschem Boden nur Frieden ausgehen wird …"

Und doch liefern wir Waffen in Kriegsgebiete und starten von „deutschem Boden" US-Drohnen für den Kampfeinsatz in der Welt. Diese Waffen – produziert von einer expandierenden und profitablen Rüstungsindustrie – töten unzählige unschuldige Menschen, und wir sprechen von „westlichen Werten". Vermutlich werden wir aktuell wirklich „von Irren regiert", wie die Schreiberin des weiter oben zitierten Kommentars feststellte. Und die Forderungen werden immer noch irrer, der kriegerische Wahnsinn immer größer. Der Höhepunkt einer solchen wahnhaften Verkennung der Realität gipfelt in Vernichtung und Selbstvernichtung: Die „Ukraine fordert Waffen mit Reichweite bis nach Russland“ (welt.de, 25.11.2022), und Selenskyj hat gar einen Präventivschlag der Nato gegen Russland vorgeschlagen. (welt.de, 07.10.2022)

> „Die Nato muss nach Ansicht des ukrainischen Präsidenten Wolodimir Selenskij die Möglichkeit eines russischen Atomwaffeneinsatzes verhindern – notfalls mit Präventivschlägen.
> Ja, seid ihr denn alle verrückt geworden? Was für ein Irrsinn. Das wäre der Beginn des 3. Weltkriegs. Warum schweigt die Bundesregierung dazu?
> Ich habe 45 Jahre gearbeitet, oft bis zur Erschöpfung, und zwei Kinder alleine großgezogen. Sie nehmen uns mit ihrer Kriegspolitik unsere Zukunft und unseren bescheidenen Wohlstand. Einschränken und sparen, ja, für eine friedliche Welt, für die Umwelt, aber nicht für ihre Kriegspolitik!
> Sie stecken unser Geld in einen irrsinnigen Krieg, bei dem es nur Verlierer geben kann. Setzen Sie sich endlich für Verhandlungen mit Russland ein. (Demokratie heißt auch, mit einer anders denkenden Staatsmacht versuchen umzugehen.) Die Kriegstreiber (…) müssen unbedingt weg. Sie verstehen absolut nichts von Diplomatie.“
>
> (K.S., Oktober 2022)

> „Der Atomtod bedroht nicht nur die, die sich fürchten, sondern auch die, die glauben, mit dem Atomtod an der Hand sicherer zu sein. Aufrüstung tötet auch ohne Krieg. (…) Wenn ein Fluß ökologisch verschmutzt ist, kippt er um. Wenn ein Land militärisch verschmutzt ist und sich zu Tode rüstet, dann kippt das Land um. Genau das erleben wir“, warnte die Theologin Dorothee Sölle.[(7)]

Stellvertreter-Krieg – „Bis zum letzten Ukrainer"

Max Blumenthal, ein US-amerikanischer Journalist, Autor und Dokumentarfilmer, sprach am 29.06.2023 vor dem UN-Sicherheitsrat über die wahren Motive der US-Militärhilfe an die Ukraine und über die Rolle der NATO im Ukrainekrieg. Seine ca. 15-minütige aufklärende, und wie gesagt wird, „spektakuläre" Rede übertrifft mit ihrer schonungslosen, faktenbasierten Offenlegung der wahren Hintergründe alles bisher Gesagte:[8]

> „(…) Die Regierung Biden weiß nicht nur, dass sie die Waffen, die sie in die Ukraine liefert, nicht nachverfolgen kann, sondern sie weiß auch, dass sie einen *Stellvertreterkrieg* gegen die größte Atommacht der Welt anheizt und eine entsprechende Antwort riskiert. Wir wissen, dass sie diese Kenntnis haben, weil Präsident Barack Obama 2014 – und dieser Zeitpunkt ist so wichtig, denn damals sagte NATO-Sekretär Jens Stoltenberg, der Krieg habe *nach einem von den USA unterstützten Staatsstreich* begonnen – Forderungen Kiews nach tödlichen Offensivwaffen abgelehnt hat, wie er, wie es das Wall Street Journal ausdrückte, »seit langem die Sorge hatte, dass eine Bewaffnung der Ukraine Moskau zu einer weiteren Eskalation provozieren würde, die Washington in einen Stellvertreterkrieg hineinziehen könnte.« (…)
>
> Präsident Joe Biden selbst sagte im März 2022: »Die Vorstellung, dass wir Offensivausrüstung schicken und Flugzeuge und Panzer einsetzen werden … machen Sie sich nichts vor, unabhängig von Ihrer Meinung, das ist der Dritte Weltkrieg.« Etwas mehr als ein Jahr später änderte Biden seine Meinung und unterstützte einen Plan zur Lieferung von F-16-Kampfjets an die Ukraine, nachdem er Deutschland gedrängt hatte, die Panzer zu schicken, von denen er einst befürchtete, dass sie den Dritten Weltkrieg auslösen würden (…)."

Nach Max Blumenthal „beschuldigte die Ukraine Russland auch grundlos, eine Provokation im Kernkraftwerk Saporischschja zu planen.« Er äußert in diesem Zusammenhang die Befürchtung einer ukrainischen

„Täuschung", einer „falschen Flagge", um „ein direktes Eingreifen der NATO in der Ukraine und einen Angriff auf Russland" zu rechtfertigen, wie es US-Senatoren in einer Resolution gefordert hatten. Und er stellt die entscheidende Frage: „Warum tun wir das? Warum provozieren wir eine nukleare Vernichtung, indem wir die Ukraine mit fortschrittlichen Waffen überschwemmen und die Verhandlungen bei jeder Gelegenheit sabotieren?" (...)

Die gängige Begründung, die Ukraine befände sich „in einem Kampf um Freiheit und Demokratie" widerlegt Blumenthal mit einer Auflistung autokratischer und undemokratischer Entscheidungen von Wolodymyr Selenskyj, wie dem Verbot von Oppositionsparteien, der Entlassung, Kriminalisierung und Verhaftung oppositioneller Politiker und orthodoxer Geistlicher, und er fragt: „Und wo ist die Demokratie in Selenskyjs jüngster Entscheidung, die Wahlen im Jahr 2024 mit der Begründung des Kriegsrechts auszusetzen?" (...)

> „Senator Graham hat eine viel düsterere – und treffende – Begründung für die Lieferung von Waffen in Milliardenhöhe an die Ukraine vorgebracht. Wie der Senator kürzlich bei einem Besuch mit Selenskyj in Kiew prahlte: »Die Russen sterben ... es handelt sich um die besten Investitionen, die wir je getätigt haben.« Wir sollten nicht vergessen, dass Graham auch erklärte, dass wir, die USA, diesen Krieg *»bis zum letzten Ukrainer«* führen müssen. Obwohl die offiziellen Opferzahlen streng geheim sind, müssen wir befürchten, dass die Ukraine auf dem besten Weg ist, die schaurigen Phantasien des Senators zu erfüllen. Wie ein ukrainischer Soldat diesen Monat gegenüber Vice News beklagte, wissen wir nicht, was Selenskyjs »Pläne sind, aber es sieht nach der Ausrottung der eigenen Bevölkerung aus – der kampfbereiten und der Bevölkerung im arbeitsfähigen Alter. Das ist alles.« (...)"

Es folgen differenzierte Informationen über die ökonomischen Profite einzelner Interessengruppen und „die wahren Gewinner des Stellvertreterkriegs in der Ukraine." (...)

Mit einer ungemein dichten Zusammenfassung wendet sich Max Blumenthal in seinem abschließenden Appell direkt an den anwesenden UN-Sicherheitsrat:

> „Wenn die Vereinigten Staaten, ein ständiges Mitglied dieses Rates, unter die Kontrolle einer Regierung geraten sind, die einen Stellvertreterkrieg fortsetzen will, »solange es nötig ist«, die Diplomatie als Synonym für einseitige Zwangsmaßnahmen ansieht, um »den Rubel zu Boden zu bringen«, wie Biden es versprochen hat; dessen Führung Verhandlungen untergräbt, um Profit zu machen, und sich weigert, seine Bürger ordnungsgemäß über die Kosten zu informieren, und das Söhne und Brüder seiner angeblichen ukrainischen Partner auf ein Schlachtfeld schickt, um einen geopolitischen Rivalen zu besiegen; wenn sowohl Selenskyj als auch Mitglieder des US-Kongresses Präventivschläge gegen Russland fordern, die dem Sinn von Artikel 51 der UN-Charta zuwiderlaufen, muss dieser Rat Maßnahmen ergreifen, um diese Charta durchzusetzen. (…) Dieser Rat hat die Pflicht, die USA und die illegale militärische Formation, die als NATO bekannt ist, streng zu überwachen und einzuschränken. Ich danke Ihnen."

Erstaunlich, von den öffentlich-rechtlichen Medien kommt keine Stellungnahme zu dieser Rede, keine Gegendarstellung, keine Entwertung; auch nicht von Seiten der ukrainischen Regierung. Blumenthals Worte haben in ihrer unmissverständlichen und ernsthaften Deutlichkeit ganz offensichtlich getroffen, sie machen betroffen. Nun ist es endlich gesagt, das bisher Verschwiegene oder Verleugnete ist öffentlich, es ist in der Welt.

Die Ukraine kämpft, so wird von Bellizisten immer noch gerne behauptet, um ihre Freiheit. Aber: „Wie frei war die Ukraine vor dem Krieg? Und wie frei ist das Land noch?", fragte Ulrich Krökel im Januar 2023 in der „Berliner Morgenpost" – mit viel Verständnis und Respekt für die Ausnahmesituation, in der die Ukraine sich befindet:

Das aktuell in der Ukraine geltende Kriegsrecht steht über dem Recht auf persönliche Freiheit, und die verfassungsmäßig garantierten Grundrechte haben ihre universelle Gültigkeit verloren, wie beispielsweise „die Versammlungs- und Redefreiheit, das Recht auf Eigentum, die Unverletzlichkeit der Wohnung, das Brief- und Telefongeheimnis oder das Streikrecht. Wahlen und Referenden abzuhalten, ist sogar verboten."

Aber auch wenn im Kriegsfall die persönlichen Freiheitsrechte verständlicherweise eingeschränkt werden müssen, so wachsen dennoch „die Zweifel an Selenskyjs demokratischem Bewusstsein", schreibt die Berliner Morgenpost. „In der Kritik steht vor allem ein neues Mediengesetz, das Selenskyj kürzlich in Kraft setzte. Es soll angeblich den Einfluss der Oligarchen auf die »vierte Gewalt« begrenzen und der Annäherung an EU-Standards dienen. Allerdings gibt der neue Rundfunkrat künftig der Regierung einen zentralen Zugriff auf die Medienunternehmen. Das Gesetz werfe »den Schatten eines Diktators« auf Selenskyj, kritisiert der ukrainische Journalistenverband. (…)"

Freiheit in der Ukraine? Bereits im ersten Kriegsjahr wurden „mehr als 600 Verfahren wegen Hochverrats" (zdf.de, 19.07.2022) gegen politische Oppositionelle eingeleitet, die als Kollaborateure bezeichnet werden. „Das ukrainische Gericht ordnete die Inhaftierung von Metropolit Pawel vom Kiewer Höhlenkloster an." (18.07.2023, slobodenpecat.mk)

Die ukrainische Opposition warnt: „Das Präsidialamt sei zu einem Schattenzentrum der Macht geworden. (…) »Natürlich erfordern Fragen, die den Schutz der nationalen Sicherheit betreffen, heute besondere Sensibilität und Aufmerksamkeit«, sagt die Rada-Abgeordnete Iryna Heraschtschenko. »Aber unter dem Deckmantel des Kriegsrechts politische Zensur einzuführen, ist sehr schlecht. Und genau das passiert gerade.«" (tagesschau.de, 25.07.2023)

Keine Grundrechte, keine Bürgerrechte, keine Ausreisemöglichkeit für Männer im wehrfähigen Alter, kein Versammlungsrecht, keine Referenden, keine freien Wahlen … immer in Angst, der Kollaboration bezichtigt und verhaftet zu werden. So müssen Ukrainer kämpfen, um jeden Preis, „bis zum letzten Ukrainer". Sie sind zum Sterben verurteilt.

Auf der Internationalen Friedenskonferenz am 13. Juni 2023 in Wien, mit über 300 Vertretern von Friedensorganisationen aus 32 Ländern, sprach ein Vertreter der „ukrainischen pazifistischen Bewegung“, der das Land nicht verlassen darf, von Kiew aus per Zoom zu den Teilnehmern:

> „Wie viele Ukrainer bin ich ein Opfer der Aggression der russischen Armee, die meine Stadt bombardiert, und ein Opfer von Menschenrechtsverletzungen durch die ukrainische Armee, die versucht, mich durch den Fleischwolf zu ziehen, indem sie mir das Recht verweigert, das Töten zu verweigern und das Land zu verlassen, um an der Universität Münster zu studieren … Denken Sie darüber nach: Allen Männern zwischen 18 und 60 ist es verboten, das Land zu verlassen, sie werden auf den Straßen gejagt und in die Leibeigenschaft der Armee verschleppt.“ (Telepolis, heise-online, 13.06.2023)

> „Wenn die Liebe zu den Söhnen
> größer ist als der Hass auf die Feinde,
> dann wird es keine Kriege mehr geben.“
>
> (Quelle unbekannt)

Ein verordneter Suizid

Einsatz von Uranmunition und Streumunition: Wissen die Ukrainer, „dass ihr Land über viele Generationen verseucht sein wird?“, fragt Frieder Wagner, der Regisseur des Dokumentarfilms „Todesstaub“. (NachDenkSeiten, 18.07.2023)

> „Die USA wollen übereinstimmenden Medienberichten zufolge der Ukraine umstrittene Streumunition liefern. (…) Nun also doch. Trotz aller Bedenken und Proteste will die US-Regierung umstrittene Streumunition an die Ukraine liefern. (…) Der Einsatz von Streumunition wird international geächtet, vor allem, weil sie als extrem gefährlich gilt für die Zivilbevölkerung.“ (tagesschau.de, 07.07.2023)

„Die ukrainische Armee setzt im Krieg gegen Russland nun Streumunition ein, die von den USA geliefert wurde (...), so der Sprecher des US-Sicherheitsrates, John Kirby, am Donnerstag: »Sie setzen sie angemessen ein, sie setzen sie effektiv ein.« (...) Streumunition aber produziert »viele Blindgänger, die lange nach dem Abwurf noch Zivilisten verletzten oder töten können. Besonders Kinder sind immer wieder Opfer, weil sie die Sprengsätze mit Spielzeug verwechseln.« (...) Militärexperte Mölling betont, dass große Teile der Ukraine mit Minen und Blindgängern verseucht seien: »Die Ukraine dürfte noch auf Jahre mit der Räumung von Blindgängern jedweder Art beschäftigt sein.«" (zdf.de, 21.07.2023)

K. Kollwitz: Kindersterben, 1924

Auch wenn die Ukraine, aufgrund internationaler Kritik, fünf „Streubomben-Grundsätze" zu deren „angemessenem" Einsatz veröffentlicht hat, so bleibt dennoch die Frage: Wie soll es denn in einem Krieg einen „angemessenen" Einsatz von Massen-Vernichtungswaffen geben können?

Bundespräsident Frank-Walter Steinmeier äußerte sich im ZDF-Interview zur Streubombenlieferung der USA zwiespältig: Es sei zwar richtig, dass diese Art der Munition in Deutschland nach wie vor von der Bundesregierung geächtet werde und Deutschland sich gegen Lieferungen ausspreche. Aber, so Steinmeier: Die Bundesregierung „kann in der gegenwärtigen Situation den USA nicht in den Arm fallen." (09.07.2023) Das Abkommen zum Verbot von Streumunition aber hatte Steinmeier 2008 als Außenminister mit unterschrieben.

„Mehr als 100 Staaten haben Streumunition mit der Osloer Konvention geächtet – die USA, Russland und die Ukraine haben diese jedoch nie unterzeichnet. Diese Art Raketen oder Granaten setzt viele kleine Sprengsätze frei, die wahllos über ein größeres Gebiet hinweg töten können. Sprengsätze, die nicht explodieren, stellen für Jahrzehnte eine Gefahr für die Bevölkerung dar."

Vorsichtige Kritik kommt von einigen Nato-Partnern; selbst der Grünen-Politiker Anton Hofreiter bekannte, so die Süddeutsche Zeitung: „Die Lieferung von Streumunition lehne ich ab, sie ist zu Recht geächtet." Nach US-Aussage habe die Ukraine „schriftlich zugesichert, die Waffen nur sehr vorsichtig einzusetzen, um das Risiko für die Zivilbevölkerung zu minimieren." (sz.de, 09.07.2023)

Derart manifestiert sich Kriegswahn und Realitätsverlust in Kriegsverbrechen gegen die eigene Bevölkerung, in verordnetem Selbstmord. Ich will damit nicht sagen, dass die Ukraine ganz besonders verbrecherisch handelt, verbrecherischer als Russland oder andere kriegsführende Staaten, die ebenfalls Streumunition einsetzen. Das Verbrecherische liegt im Wesen des Krieges; jeder Krieg ist ein Verbrechen gegen die Menschlichkeit. Nur, und das ist in diesem Zusammenhang das Entscheidende: Wir Europäer und wir Deutschen unterstützen dieses Verbrechen mit Waffen, mit Geld, mit unseren eigenen Lebensgrundlagen und, möglicherweise – ich hoffe es nicht – mit unserem Leben.

„Sieht so die Verteidigung westlicher Werte aus? – Joe Bidens Entscheidung für den massenhaften Einsatz von Streubomben diskreditiert die moralische Überlegenheit des Westens im Ukraine-Krieg. Bundespräsident Frank-Walter Steinmeier äußert sich dazu vertragsbrüchig und feige", urteilt Heribert Prantl in der Süddeutschen Zeitung. (14.07.2023)

Ein mutiger Rechtsanwalt hat nun Strafanzeige gegen Steinmeier erstattet: Wolf Göhring, Jurist und Mathematiker, begründet seine Anzeige folgendermaßen:

> „Der Bundespräsident verletzt aus meiner Sicht das Kriegswaffenkontrollgesetz. Durch das deutsche Ratifizierungsgesetz des Osloer Abkommens wurden im Kriegswaffenkontrollgesetz Streuwaffen neben biologischen und chemischen Waffen sowie neben Anti-Personenminen als verbotene Waffen eingeführt. Hierdurch ist der Umgang mit diesen Waffen verboten und mit Haft bedroht. Auch das Fördern des Umgangs ist verboten, wozu ein Unterlassen von Maßnahmen gehört, die den Umgang verhindern würden. (…)" (telepolis-heise online, 15.07.2023)

Kriegerischer Wahnsinn kennt keine Grenzen: „Die Ukraine als Waffen-Testgelände" – Der ukrainische Verteidigungsminister Resnikow hat – gegenüber Financial Times – sein Land als ideales Testgelände im Kampf gegen russische Systeme angepriesen. Die Tageszeitung „Junge Welt" spricht hier von einem „Experiment am (noch) lebenden Organismus der ukrainischen Bevölkerung und Infrastruktur". (jungewelt.de, 06.07.2023):

> „Nirgendwo sonst auf der Welt könne der Westen in der Auseinandersetzung mit den russischen Systemen so perfekt ermitteln, wo die Stärken und wo die Schwächen seines Tötungsgeräts seien. Im Rahmen von dessen bestimmungsgemäßen Gebrauch nämlich, also dem Töten und Zerstören."

Ate, die Macht und die Verblendung

> „Auch sie (die Königin Klytaimnestra) wird von jener
> Blindheit befallen, die an Macht gekoppelt ist. Auch sie
> wird die Zeichen übersehen. Auch ihr Haus wird untergehen."
>
> (Worte der Seherin Kassandra) [(9)]

Die Ampelregierung propagiert eine „neue nationale Sicherheitsstrategie": „Als die drei essentiellen Elemente eines neuen Sicherheitsbegriffs bezeichnete Baerbock:

die »Unverletzlichkeit des Lebens«,
die »Sicherheit der Freiheit unseres Lebens«,
die »Sicherheit der Grundlagen unseres Lebens«."

Ja, sagen wir da zustimmend, so soll es sein! Dann aber kommt die eigentliche Mitteilung der deutschen Außenministerin, und die ist für PazifistInnen ziemlich schockierend; sie verdeutlicht das Ausmaß von taktischer Täuschung, Lüge und Verblendung:

„Der Ukraine-Krieg zeige »einmal mehr, dass die Sicherheit von der Bündnisfähigkeit der NATO abhängt«, unterstrich Baerbock. (…), aber auch, dass die »nukleare Abschreckung der NATO glaubhaft bleiben« müsse. Aus diesem Grund habe sich die Bundesregierung für die Beschaffung atomwaffenfähiger F-35-Tarnkappen-Jets entschieden." (tagesschau.de, 18.03.2023)

Ein weiteres Beispiel für *Realitätsverlust* und die unbewusste Regression auf eine frühe infantile Ebene des Bewusstseins lieferte die deutsche Außenministerin bei ihrem Besuch in Finnland: „Ausgerechnet bei einer Bunkerführung wird die Politikerin wieder zum Kind." Als sie in Begleitung von Sicherheitsbeamten durch die Gänge der Bunkeranlage geht und auf dem Boden gemalte Quadrate sieht, beginnt sie lachend zu hüpfen – „als wäre sie wieder ein Kind, das auf dem Schulhof »Himmel und Hölle« spielt." (t-online, 14.02.2023)

Ihr inneres Kind ist offensichtlich begeistert von so viel öffentlicher Aufmerksamkeit und so viel Lob. Das wäre ihr zu gönnen; denn warum sollten Politikerinnen in der Öffentlichkeit nicht freudig hüpfen dürfen? Nur ist „Himmel und Hölle" jetzt kein Spiel mehr; es geht um Krieg und Frieden, Tod und Leben.

Infantilisierung, Realitätsverlust, Verblendung und Torheit bestimmen vielfach die Entscheidungen unserer Macht-habenden PolitikerInnen – nicht dort, wo es um notwendige humanitäre Hilfe für die Menschen der Ukraine geht, sondern in Bezug auf Waffenlieferungen, Aufrüstung und zunehmende Militarisierung. Hierzu ein Auszug aus einer Pressemitteilung von Sevim Dagdelen, Bundestagsabgeordnete der Partei Die Linke:

„Die Lieferung hochgiftiger Uran-Munition durch das Nato-Mitglied Großbritannien an die Ukraine ist verbrecherisch und droht den Krieg weiter zu eskalieren. Der Einsatz panzerbrechender Geschosse mit abgereichertem Uran führt wie im Fall der Nato-Aggression im ehemaligen Jugoslawien und des US Angriffskrieges im Irak zur Verseuchung der Einsatzgebiete mit den bekannten gesundheitlichen Folgeschäden für die Bevölkerung, darunter Krebserkrankungen und Missbildungen bei Neugeborenen." (linksfraktion.de, 22.03.2023)

Die realitätsferne Haltung der politischen EntscheidungsträgerInnen erinnert an die Blindheit der Trojaner und die Zerstörung Trojas durch die Griechen im Jahr 1182 v. Chr. Zehn Jahre lang hatte das griechische Heer die gut befestigte Stadt Troja, das Königreich des Priamos, ergebnislos belagert. Nach der mythischen Erzählung war es eine Kriegslist, welche die Eroberung Trojas schließlich ermöglichte:

Die griechische Armee täuschte einen Rückzug vor und hinterließ den erschöpften Trojanern ein „Geschenk" der Göttin Athene, ein riesiges hölzernes Pferd, in dem sich die kühnsten griechischen Krieger versteckt hielten. Entgegen den eindringlichen Warnungen der Seherin Kassandra und des Priesters Laokoon holten die trojanischen Führer das hölzerne Pferd in ihre Stadt. Im Schutz der Nacht entstiegen ihm die griechischen Kämpfer, die Trojaner wurden in einer blutigen Schlacht getötet und Troja wurde vernichtet.

Das trojanische Pferd

Angesichts dieser Dummheit der Trojaner fragen wir erstaunt: Warum ließen sich die Trojaner täuschen? Warum waren sie so töricht und durchschauten nicht die simple List der Griechen? Warum zogen sie das „hölzerne Pferd" in ihre Stadt?

Ganz ähnliche Fragen stellen sich uns in der heutigen Situation: Warum verfallen auch eher antimilitaristisch geprägte PolitikerInnen den Täuschungen der Bellizisten, die an Aufrüstung und der Verlängerung des Krieges interessiert sind? Warum sind sie so naiv und ziehen das „Trojanische Pferd" von Militarisierung, Waffenlieferung und der Gefahr eines Atomkrieges in den eigenen Lebensraum? Warum hören sie nicht auf die Kassandra-Rufe der vielen erfahrenen Menschen und inzwischen der Mehrheit der deutschen Bevölkerung?

Damals wie heute ist es die *Verblendung* der Regierenden, Verblendung durch Größe, Macht und Reichtum. In der Erzählung vom Untergang Trojas ist dieser Drang nach Macht symbolisiert durch das „Pferd". Als Geschenk der Göttin Athene wird das hölzerne Pferd sakralisiert, es wird ein heiliges Pferd und damit ein Objekt göttlicher Macht, welche auf die Beschenkten übergeht, so die Vorstellung.

Seit etwa fünftausend Jahren und bis heute ist „das Pferd" unter anderem ein archetypisches Symbol für männliche Stärke, für Größe, Reichtum, Überlegenheit, den Drang zu Freiheit und insbesondere den Drang zur Macht.

Hier zeigt sich der Zusammenhang von Macht und Verblendung, von Macht und Torheit. Die amerikanische Historikerin Barbara Tuchman (1912-1989) hat in ihrem Buch „Die Torheit der Regierenden. Von Troja bis Vietnam"(10) diesen Zusammenhang gründlich belegt. Sie schreibt

> „Torheit ist ein Kind der Macht. Von Lord Acton stammt der bekannte Ausspruch »Macht korrumpiert«. Weniger bewusst ist uns, dass die Macht häufig auch dumm macht und Torheit erzeugt; dass die Macht, Befehle zu erteilen, häufig dazu führt, das Denken einzustellen; dass die Verantwortlichkeit der Macht in dem Maße schwindet, wie ihr Handlungsspielraum wächst."(11)

Diese Aussage gibt uns eine nachvollziehbare Antwort auf die drängenden Fragen: Wo ist die einstmalige demokratische und ethische Verantwortlichkeit so vieler, vor allem „grüner", PolitikerInnen geblieben? Warum diese Kehrtwendung, dieser Verrat? Annalena Baerbock verkündete noch am 19.09.2021 in ihrer Rede zum Wahlparteitag:

> Wir sind „eine Regierung der Demut, (…)
> eine Regierung, die den Menschen zuhört …"

Auf Robert Habecks Homepage heißt es noch immer:

> „Robert Habecks Antrieb ist Freiheit und sein Ziel, große Veränderung auf demokratischen Wegen zu ermöglichen. Miteinander verhandeln, Gespräche führen, Kompromisse schließen – (…)
> Erst die Fähigkeit, im Streit um die besten Lösungen einen Konsens herzustellen, macht den Kern von Demokratie aus. Und dieser Kern wird geschaffen durch das gegenseitige Zuhören, das Ernstnehmen des anderen und durch eine politische Debatte, die zugewandt ist."

Wo nur ist dieser zugewandte und ernstnehmende Robert Habeck geblieben? Wo die demütige und den Menschen zuhörende Außenministerin Baerbock?

So wie die Herrscher von Troja, so scheinen auch unsere Herrschenden verführt von Ate, der antiken Göttin des Unheils. In der griechischen Mythologie ist Ate die Verkörperung der Verblendung und der Verrücktheit, eine göttliche Macht, „die dem Menschen den Verstand raubt"– vor allem den Mächtigen dieser Welt. Sie ist eine Schattengottheit, eine Göttin der Unterwelt; als Dämonin überfällt sie ihre Opfer und verführt diese zu unheilvollem Verhalten.

> „Ate ist, abwechselnd oder zugleich, die Göttin der Verblendung, des Unheils, des Wahns und der blinden Torheit, sie macht ihre Opfer »unfähig zu vernünftiger Entscheidung« und blind für moralische und zielgerichtete Erwägungen."[12]

Die historischen Beispiele der Autorin verdeutlichen „ein erstaunliches Panorama von Selbsthypnose, Zynismus und Blindheit“ der Regierenden von der Antike bis in die Neuzeit. Allerdings, so heißt es im Vorspann zu Tuchmans Buch, „dass eine vergleichbare »Torheit der Regierenden« heute nicht nur eine Stadt, sondern wahrscheinlich alles Leben vernichten würde. Wir leben in einer Zeit, in der die Folgen der »Torheit« nicht mehr begrenzbar sind.“

7. Die Anrufung der Kriegsgötter

> „Die Geschichte begann,
> als die Menschen die Götter erfanden,
> und sie wird enden,
> wenn die Menschen zu Göttern werden."
>
> (Yuval Noah Harari, israelischer Historiker)

> „Wir beschließen etwas, stellen das dann in den Raum und warten einige Zeit ab, was passiert. Wenn es dann kein großes Geschrei gibt und keine Aufstände, weil die meisten gar nicht begreifen, was da beschlossen wurde, dann machen wir weiter – Schritt für Schritt, bis es kein Zurück mehr gibt." (Der Spiegel, 26.12.1999)

Diesen Rat gab Jean-Claude Juncker, 18 Jahre lang Premierminister Luxemburgs und ehemaliger Kommissionspräsident der EU, den Staats- und Regierungschefs zur Europapolitik.

Der kriegerische Übermensch

Es werde „übermenschliche Anstrengungen" erfordern, die besetzten Gebiete zurückzuerobern, verkündete Selenskyj (05.07.2022): „Wir müssen sie brechen" – die Feinde.

Übermenschliche Anstrengungen: Wenn mit Waffengewalt der ersehnte Sieg nicht zu erzwingen ist, wenn Menschlichkeit durch Waffengewalt in Un-Menschlichkeit mündet – was für alle Kriegsparteien zutrifft –, dann wird an Über-Menschlichkeit appelliert. Zum Glück aber existieren keine übermenschlichen Wesen, Kriegsgötter, die nun angerufen werden könnten; es gibt nur Menschen in Machtpositionen, die sich wie Götter gebärden. Eine Kommentatorin der Anti-Waffenlieferungs-Petition bringt die Anmaßung mancher Politiker treffend und fast satirisch auf den Punkt:

„Armselig und erbärmlich. …
Jeder einzelne Politiker meint, er wäre Gott.
So viele Götter können nicht irren.
Und es tönt »Slava Ukraini, Ruhm der Ukraine, Ruhm den Helden«. Das ist der offizielle militärische Gruß der ukrainischen Streitkräfte.
So etwas brauchen wir jetzt in Deutschland auch, wenn wir in den Krieg ziehen.
Macht alle Vorschläge für einen deutschen Kriegsruf. …
Der Gewinner bekommt eine Panzerausbildung.
Er wird sich niemals mehr von diesem Weg abwenden.
Bis wir im Krieg stehen.
Durch die vom Volk gewählten und bezahlten Politiker Deutschlands.
Unseren Volksvertretern.
Volk? … Haben wir nicht, was ist das?
Es gibt nur uns Götter …

(W.B., Juni 2022)

Die unbedarfte und kindliche Idealisierung und Vergötterung der Mächtigen, der Politiker, wird deutlich im Kommentar einer Frau, die schreibt (Juli 2022): Weil „ich an unseren Bundeskanzler glaube und er nur das Beste für uns und unser Land im Sinn, Verstand und Herzen hat."

Das Kind in uns sehnt sich nach einem gütigen Vater und einer fürsorglichen Mutter, die ihm den Weg in eine sichere Zukunft weisen, es an die Hand nehmen und liebevoll führen. Diese infantile Sehnsucht wird oft blindlings auf politische Autoritäten projiziert, auf politische FührerInnen – selbst wenn diese uns in die Irre führen. Die Sehnsucht, einem übermenschlichen, vergötterten „Führer" zu folgen, ist groß – es sei denn, wir sind wachsam, wie diese Schreiberin:

„Ich habe noch in Erinnerung, was meine Eltern im zweiten Weltkrieg mitmachen mussten. Damals hieß es, »unser Führer, wir folgen dir bis in den Tod«. Heute könnte man sagen, »unser

Amerika, wir folgen dir bis in den Tod«. Wenn ich über solche ideologischen Gedanken nachdenke, bekomme ich Gänsehaut."

(M.W., 05.07.2022)

Keine über-menschliche Anstrengung mit Waffengewalt kann Frieden schaffen. Nur eine sehr schlichte mit-menschliche Anstrengung, nur die Kraft und Größe des menschlichen Bewusstseins sind Frieden schaffend, mit Verzicht und Kompromiss, mit Dialog und Achtung, auch der Achtung der Interessen der Gegenseite.

Heilige Kriege – die Sakralisierung der Gewalt

„Russland, unsere geheiligte Macht, (…)
Einzigartig bist du,
von Gott beschützte heimatliche Erde!"

„Von Gott beschützte heimatliche Erde" heißt es in der russischen Nationalhymne. Sich von einer übermenschlichen göttlichen Macht beschützt zu fühlen, das soll die irdische vaterländische Macht stärken, besonders in Zeiten des Krieges. Die Sakralisierung des Krieges soll dem sinnlosen Töten einen vermeintlichen Sinn geben.

Die Vergöttlichung und Spiritualisierung der Kriege existierte in allen Gott-Vater-Religionen bis in die heutige Zeit. Religiöse Begründungen, um militärische Gewalt zu legitimieren, sind bis heute ein beliebtes Mittel propagandistischer Kriegsführung:

Im *Judentum* existierte der Glaube, dass Jahwe als „ein »Gott der Heerscharen« die Truppen seines Volkes in den Krieg führt und für die Seinen kämpfen wird (Exodus 14,14); zum anderen war es die Überzeugung, dass der Tod auf dem Schlachtfeld einem Martyrium gleichkommt, das mit göttlicher Belohnung rechnen kann."(1)

In Heiligen Kriegen versucht der fundamentalistische *Islam* seine vermeintliche Heilsbotschaft im Namen Allahs in die Welt zu bomben und verspricht den mehr oder weniger freiwilligen Selbstmord-Attentätern die „ewige Glückseligkeit" in einem jenseitigen Paradies.

Auch im *Christentum* wurden und werden Krieg und Gewalt sakralisiert: So fühlten sich die mittelalterlichen Kreuzritter von Gott berufen, den Geburtsort Christi mit Schwert und Blut zu befreien, die kolonialistischen Eroberungszüge im Namen Gottes wurden von Priestern oder Mönchen begleitet. Und 1945 bezeichnete Goebbels den Kriegsdienst als „Gottesdienst".

Bis in die heutige Neuzeit segnen Christen in Ost und West ihre Kriegswaffen, führen ihre Kriege im Namen Gottes, im Namen Jesu und Maria und bitten um göttlichen Schutz für ihre Eroberungskriege. Und ganz aktuell wünscht sich die ukrainische Kriegspartei Waffen, Panzer und Kriegsschiffe vom „Christkind".

Insbesondere vermeintliche Befreiungskriege – wie der aktuelle Ukrainekrieg – gelten als gerechte und daher als „heilige Kriege". Der heilige Krieg wird auch verstanden als ein Krieg zwischen Gut und Böse, zwischen Christen und dem Teufel; gerade gilt Putin als eine Personifizierung des Teufels. Die ukrainischen Behörden verdächtigen die orthodoxe Kirche der Kollaboration mit Russland, diese soll sich offiziell von Moskau distanzieren, indem sie Putin zum Satan erklärt.

> „Kiew: Kirche soll Putin zum Teufel erklären. –
> »Wenn ihr keine Beziehung zu Russland habt, dann sagt Euch offiziell los, sagt, dass Putin der Satan ist." Das fordert der Sekretär des Nationalen Sicherheitsrats, Olexij Danilow, am Dienstag im Fernsehen von der ukrainisch-orthodoxen Kirche." (zdf.de, 28.12.2022)

Der Teufel, als metaphysische Gestalt, galt ursprünglich als integraler Bestandteil des Göttlichen und wurde erst im jüdisch-christlichen Verständnis zu einem „Widersacher Gottes" und einer wesenhaften bösen Macht, die sich in Menschen und Tieren verkörpern kann.[(2)]

In Kriegen – die aus der Bewusstseins-Spaltung von Gut und Böse leben –, ist für jede Seite der Feind das Böse und damit der Teufel. So ist es nicht verwunderlich, dass sich gerade zur Weihnachtszeit 2022 die wechselseitige Verteufelung des Feindes großer Beliebtheit erfreut: Wenn der andere das Böse, der Teufel, das Höllische ist, dann bin ich das Gute; dann ist das Göttliche auf unserer Seite. Und acht Monate später benutzt auch Kanzler Olaf Scholz dieses mittelalterliche Narrativ. Am 18.08.2023 bei einer Wahlkampfveranstaltung der SPD in München donnerte Scholz an die Adresse der anwesenden FriedensaktivistInnen (YouTube, faz.19.08.2023, u.a.):

> „... die, die hier mit Friedenstauben rumlaufen, sind deshalb vielleicht gefallene Engel, die aus der Hölle kommen, weil sie einem Kriegstreiber das Wort reden."

Opfer für die Kriegsgötter

> „Heute wollen sie Panzer
> Morgen Kampfjets
> Und übermorgen Eure Söhne"
>
> (S.I., 25.02.2023)

„Skepsis gegenüber allem Militärischen", das sei „naiv". So jedenfalls urteilt Frau Agnes Strack-Zimmermann; sie ist Vorsitzende des Verteidigungsausschusses des Deutschen Bundestages und „Mitglied im Präsidium der Deutschen Gesellschaft für Wehrtechnik" sowie beim „Förderkreis Deutsches Heer" und somit Mitglied in verschiedenen Lobbyorganisationen der deutschen Rüstungsindustrie. Sie appelliert eindringlich an die Deutschen, in der „Auseinandersetzung mit Russland, *zu Opfern bereit zu sein*". (presseportal.de, 08.05.2022 u. spiegel.de, 23.08.2022)

Ich bringe gerne „Opfer", verzichte liebend gerne für das Leben und die Zukunft unserer Kinder, Enkel und den Erhalt unserer Erde. Aber ich verweigere ein Kriegs-Opfer, ich hungere und friere nicht freiwillig für einen mörderischen Krieg und die Finanzierung von Waffen, – vermutlich bin ich zu „naiv".

In den frühen patriarchalen Kulturen wurden Kriegsgötter, wie Mars und Ares, angerufen, es wurden ihnen Opfer dargebracht, auch Menschenopfer, um den begehrten Sieg zu erringen.

Welche Opfer sind es heute, die von den politischen Kriegs-Göttern gefordert und die von dem Volk bereitwillig gebracht werden sollen? Wahrhaftigkeit, Würde, Mitgefühl werden geopfert und immer mehr Menschenopfer werden verlangt, das Leben tausender ukrainischer und russischer Soldaten. Unzählige Menschen werden geopfert auf der vergeblichen Suche nach Frieden, nach Freiheit, „nach Glück“:

Der französische Dichter Charles Baudelaire, 1821-1867, mit einem ausgeprägten Sinn für das Untergründige und das Böse, kannte wohl das mörderische Donnern der Stahl-Kanonen, die ab 1859 von Alfred Krupp in Essen gebaut und „in fast alle europäischen Staaten“ geliefert wurden:

> „Die Kanone donnert … Gliedmaßen fliegen in alle Richtungen … man hört das Stöhnen der Opfer und das Heulen der Opfernden … es ist die Menschheit auf der Suche nach dem Glück.“

Die Opferungen im Ukraine-Krieg gehen weiter; inzwischen, im November 2022, wird von ca. 100.000 getöteten und verletzten ukrainischen und ca. 100.000 getöteten und verletzten russischen Soldaten ausgegangen. (tagesschau.de) Und auch das Leben der Schwachen, der Kinder, der Frauen und Alten wird den modernen Kriegsgöttern bereitwillig geopfert.

> „Selenskyj hat dem Militär befohlen, mit Hilfe westlicher Waffen besetzte Gebiete im Süden zurückzuerobern, da sie für *die Wirtschaft* von großer Bedeutung seien.“ (zdf.de, 11.07.2022)

> „Ein »Leuchtturm für die Kraft des Kapitalismus« könne der Wiederaufbau der Ukraine werden. Das sagte Larry Fink, CEO der Investmentgesellschaft Black Rock (…). Auch David Solomon, CEO von Goldman Sachs, freute sich auf die vielversprechende Nachkriegszeit in dem geschundenen Land: »Es steht außer Frage, dass es beim Wiederaufbau gute wirtschaftliche Anreize für echte Rendite und echte Investitionen geben wird.«
> Der Ausverkauf der Ukraine – darum geht es beim sogenannten »Wiederaufbau-Programm« der kapitalistischen Westländer. Sie hoffen auf die Übernahme weiter Teile des öffentlichen Sektors durch Public-Private-Partnership. (…)“ (telepolis, Lars Lange, 22.12.2023)

Auch dem CDU-Außenpolitiker Roderich Kiesewetter, Oberst a.D. der Bundeswehr, scheint es zentral um Wirtschaftswachstum zu gehen. In dem ARD-Interview „Bericht aus Berlin" (Dez. 2023) offenbarte er den wahren „Hintergrund" seiner Waffenlieferungs-Initiative an die Ukraine:

> „(…) Die größten Lithiumvorkommen in Europa liegen im Donezk-Luhansk-Gebiet. Deswegen will Russland diese – und uns abhängig machen von der Energiewende mit Blick auf Elektromotoren. Also wir haben hier auch ganz andere Ziele noch im Hintergrund …" (telepolis, H. Neuber, 22.12.2023)

Nicht um die Befreiung der Ukraine, nicht um die Verteidigung von Demokratie und Freiheit, nicht um Menschenrechte geht es so manchen Militaristen, sondern um materiellen Zugewinn und damit um Macht.

Lars Lange beendet seinen Telepolis-Artikel mit der entscheidenden Frage: „Ist das irgendwie abgesprochen mit dem zu befreienden oder zu beschützenden ukrainischen Volk? Hat dieses eine Entscheidungsfreiheit, ob Europa oder Deutschland sich dieses Lithium aneignen darf?"

Darum geht es also: Um wirtschaftliches Wachstum und um die Ausbeutung ukrainischer Bodenschätze; dafür müssen weitere Waffen geliefert werden.

Die Zivilbevölkerung wird geopfert und zur Flucht aus ihrer Heimat aufgefordert. Hanna Maljar, stellvertretende ukrainische Verteidigungsministerin, forderte die Bevölkerung der Region Cherson auf, die besetzte Region in Richtung Krim zu verlassen, da die ukrainische Armee das Gebiet „definitiv räumen werde". Auch die Bevölkerung der Region Donezk wurde im Juli zur Flucht aufgerufen, da die Region zum Kriegsschauplatz werde. Ukrainische Familien, Frauen und Kinder müssen ihr Heim verlassen, *fliehen vor der eigenen militärischen Gewalt* – die wir mit unseren Waffen ermöglichen. So wird die eigene Bevölkerung den Kriegsgöttern geopfert.

„Es wird enorm blutig werden", mahnte Richard David Precht bereits am 13.07.2022 in einem kontroversen Gespräch mit Markus Lanz. Und es wurde und wird weiterhin enorm blutig: Ukrainische Truppen haben nach Untersuchungen von Amnesty International (04.08.2022) militärische Stützpunkte in Wohngebieten, Schulen und Krankenhäusern errichtet und von hier aus Angriffe durchgeführt. Bei den zu erwartenden russischen Vergeltungsschlägen werden Zivilisten getötet. Die eigene Bevölkerung wird als menschliche Schutzschilde benutzt, dem Kriegsgott geopfert.

Bis zum 5. September 2022 hat der Russland-Ukraine-Krieg nach Zählungen des UN-Hochkommissariats für Menschenrechte mindestens 5.718 zivile Todesopfer gefordert und mindestens 8.199 verletzte ZivilistInnen, darunter 635 verletzte und 372 getötete Kinder. (statista, 05.Sept. 2022)

Im März 2023, nach über einem Jahr Krieg, schreibt eine Frau auf der Petitionsseite von Sahra Wagenknecht und Alice Schwarzer:

> „Ich lese gerade in der FAZ, dass die Wahrscheinlichkeit für Ukrainer, in Bachmut getötet zu werden, nach eigenen Angaben 70% beträgt. Dass Menschen nach zweiwöchiger Ausbildung an der Waffe dorthin geschickt werden.

K. Kollwitz: Gefallen!, Kreidelithographie, 1921

> Was noch mal unterscheidet Putin von Selenskyj? Jedenfalls nicht der Umgang mit dem Wertvollsten, das ein Mensch besitzt: das eigene Leben. Natürlich nicht das der Eliten, nur das der Kämpfer. – Frieden JETZT!“
>
> (G.K., März 2023)

> „Kämpfe um Bachmut: »Die Überlebenschancen sind 30/70.« Die Regierung in Kiew will Bachmut dennoch nicht aufgeben.“
>
> (faz.net. 06.03.2023)

All die vielen geflüchteten ukrainischen Frauen mit ihren Kindern, die inzwischen hier bei uns angekommen sind, sie mussten ihre Männer in der Ukraine als Kämpfer und Opfer für die Kriegsgötter zurücklassen. Wie sie sich wohl fühlen mögen mit dieser dreißigprozentigen Aussicht, ihre Männer wiederzusehen? Dabei können sie es nicht einmal wagen, ganz offen zu sprechen, bei so viel deutscher waffenfreudiger Unterstützung für einen Sieg der Ukraine. Und so gehen die täglichen Opferungen weiter …

Seit sich die Menschheit aus dem Einheits-Bewusstsein löste und nun das Andere, das Fremde als bedrohlich erlebte, seitdem brachten Menschen den Göttern Opfer dar. Die Götter mussten gnädig gestimmt werden, um die menschliche Angst zu besänftigen. Die frühesten Opfer waren Rauch- und Fruchtopfer; als hiermit die menschliche Lebensangst nicht zu bewältigen war, kamen in späterer Zeit auch Menschenopfer hinzu.

Das bequemste Opfer war und ist immer das *Ersatz-Opfer*, das Stellvertreter-Opfer: Der Andere soll für mich, meine Freiheit, meinen Frieden, meinen Gewinn oder meine Schuld sterben. Das gilt auch für die „Stellvertreter-Kriege“ der USA überall in der Welt.

Seit mehr als zweitausend Jahren leben wir in einer religiösen Tradition, die sich über das mythologische *Ersatzopfer* definiert: „Christus du Lamm Gottes, der du trägst die Schuld der Welt, erbarm dich unser.“ Dieses „Lamm Gottes“ opfert sich am Karfreitag, freiwillig, für die Erlösung der Menschenwelt, entsprechend der uralten vorchristlichen Mythen.

Nur – das sollten wir im Laufe der zwei Jahrtausende allmählich erkannt haben –, dieses christliche Ersatzopfer hat die Menschheit keineswegs erlöst. Das Gegenteil ist der Fall, die Menschheit hat sich selbst an den Rand des Abgrundes gebracht, das gilt für alle Stellvertreter-Opfer und auch für alle Stellvertreter-Kriege. Denn alles ist mit allem verbunden; wir sind nicht getrennt:

> Der Schmerz der anderen ist auch unser Schmerz.
> Das Leid der anderen ist auch unser Leid.
> Der Tod der anderen ist auch unser Tod

> „Eine solche Schlacht ist fürchterlich, wenn man sich sagen muss: Sie wird für dich geschlagen! Jeder Schuss trifft dich ins Herz, du fällst mit jedem Toten, und windest dich mit jedem Sterbenden!"
>
> (Friedrich Hebbel, 1813-1863, Dramatiker)

Tod den Verrätern

> „Wer anderen die Freiheit verweigert,
> verdient sie nicht für sich selbst."
>
> (Abraham Lincoln, 1809-1865, Sklavereigegner
> und Präsident der USA)

„Wie Putin seine eigenen Soldaten verheizt", – so lautet der Titel eines zdf-Beitrages (11.2022). Ja, die Mobilmachung und Einberufung unbedarfter junger russischer Männer, die ohne militärische Ausbildung, ohne genügende militärische Ausrüstung und ohne angemessene medizinische und lebensnotwendige Versorgung in einen chaotischen Kampfeinsatz geschickt werden, ist menschenverachtend, ist verbrecherisch. Ja, dem stimmen wir zu, täglich zeigen uns die Leitmedien, wie grausam der Feind ist.

Nur, dass die ukrainische Regierung in ihrem Rückeroberungs-Krieg ebenfalls die eigenen Soldaten verheizt, das wird uns lieber verschwiegen; da müssen wir schon nach ergänzenden Informationen suchen. Es ist keineswegs so, dass die Mehrheit der ukrainischen Männer kämpfen will bis zum letzten Atemzug, dass sie scharf darauf sind, Russland zu vernichten:

> „Seit Kriegsbeginn seien ca. 150.000 Männer im wehrfähigen Alter von 18 bis 60 Jahren aus Russland nach Westeuropa geflohen, schätzt Rudi Friedrich, Geschäftsführer von »Connection«. Rund 145.000 seien es aus der Ukraine." (evangelisch.de, 16.01.2023)
> „Ein ukrainischer Kriegsdienstverweigerer sagte, er verweigere, weil er es ethisch nicht vertreten kann, für die geopolitische Verschiebung von Grenzen irgendein Menschenleben zu opfern." (S.J., Februar 2023)

Sowohl russische als auch ukrainische Kriegsgegner werden gleichermaßen als „Verräter" gebrandmarkt, verfolgt und hart bestraft. Viele ukrainische Männer versuchen mit großem Einsatz, ihr eigenes kostbares Leben zu retten. Ist das nicht auch ihr gutes Menschenrecht auf Selbstverteidigung? Warum sollte dieses Recht für eine Nation Gültigkeit besitzen, wenn einem Einzelnen das Recht auf Selbstverteidigung und Bewahrung seines Lebens verweigert werden soll?

> „Tausende Ukrainer versuchen, dem Wehrdienst zu entgehen – Seit Ausbruch des russischen Angriffskriegs und seit Ausrufung des Kriegszustands in der Ukraine haben mehrere Tausend junge Ukrainer versucht, sich dem Wehrdienst zu entziehen. Wie die ukrainischen Grenztruppen am Freitag mitteilten, wurden knapp 12.000 Männer bei dem Versuch gefasst, die Grenze illegal in Richtung westliches Ausland zu überqueren." (zdf.de, 30.12.2022)

Das ukrainische Militär macht systematisch Jagd auf Deserteure und sogenannte „Kollaborateure". Zu diesem Zweck wurde in der Hafenstadt Mykolajiw über das Wochenende eine Ausgangssperre verhängt. „Man arbeite daran, Kollaborateure zu finden." Für Hinweise auf Verdächtige wurde „eine Prämie von umgerechnet knapp hundert Euro ausgelobt." (spiegel.de, 05.08.2022)

Bereits im Frühjahr 2022 erarbeitete das ukrainische Parlament ein Gesetz, nach dem Wehrpflichtige, die durch Flucht ins Ausland dem Tod entgehen wollen, mit zehn Jahren Gefängnis bestraft werden. Erschütternde Bilder waren (in Fernsehberichten) zu sehen, Szenen, in denen Ehemänner, Väter, Söhne ihren Müttern, Frauen und Kindern entrissen und gewaltsam an der Flucht gehindert wurden. Die „staatliche Beschlagnahme der gesamten männlichen Bevölkerung zwischen 18 und 60 Jahren als Kriegsmaterial" war beschlossen. (vgl. Junge Welt.de)

Der ukrainische Grenzschutz hat „bereits im April nach eigenen Angaben mehr als 2.200 Männer im wehrpflichtigen Alter an der Flucht gehindert. An den Ufern grenznaher Gewässer wurden zudem die Leichen mehrerer Männer gefunden." (Spiegel-online, 10.04.2022)

Eine erstaunlich ehrliche ARD-Reportage: „Wo Männer aus der Ukraine fliehen" (11.09.2022) berichtet von der riskanten Flucht ukrainischer Deserteure: Seit der Rückeroberungs-Offensive der ukrainischen Armee wagen immer mehr Männer im wehrfähigen Alter die Flucht aus der Ukraine über die „grüne Grenze" nach Rumänien. „Dabei müssen sie den Grenzfluss Theiß überwinden – einige ertrinken, andere schaffen es mit schweren Verletzungen auf die rumänische Seite, so berichten Anwohner und Grenzbeamte in der Region."

> „Wenn das Militär Männer auf der Straße findet, werden sie eingesammelt und in den Krieg geschickt. (…) Sie nehmen dich einfach mit und bringen dich in den Krieg, wo die Schlachten sind", sagt ein junger Mann mit leiser Stimme."

Die Armen werden eingefangen, die Wohlhabenden aber können sich freikaufen, so wird berichtet. Und die Söhne der politischen Elite müssen sich nicht einmal freikaufen, sie studieren schon lange an westlichen Universitäten:

> Aus Gesprächen mit Ukrainern habe sich ergeben, dass „sich reiche ukrainische Männer vom Krieg freikaufen könnten.

10.000 Euro würde es heute kosten, wenn man nicht eingezogen werden möchte, erzählt ein Taxifahrer (in Polen). Die Armen in der Ukraine, sie tragen das Leid auf ihren Schultern, sagte er. Sie hätten keine Wahl und müssten kämpfen." (berliner-zeitung.de, 12.03.2023)

Und immer noch proklamieren die neuen Kriegsgötter den „Sieg". Der ukrainische Außenminister verkündete am 7. September 2022: „Wir werden diesen Krieg gewinnen!" Und der ukrainische Präsident tönte am 08.02.2023 (zdf.de) in London: „Dieser Sieg wird die Welt verändern!"

Und unsere gläubigen PolitikerInnen gehen vor diesen Kriegsgöttern auf die Knie, sind ihnen zu Diensten und garantieren weiterhin die Lieferung von schweren Waffen, mit denen weiterhin zahllose junge ukrainische und russische Männer geopfert werden.

Es gibt mir ein wenig Hoffnung und Zuversicht, dass es sie gibt, diese kriegs-unwilligen ukrainischen und auch russischen Männer; Männer, die nicht mit „Hurra" in den Krieg ziehen, die nicht ihr eigenes und nicht das Leben ihrer „Brüder" opfern wollen. Ihnen sollte unser Mitgefühl gelten, unsere Hilfsbereitschaft und unsere aktive Unterstützung.

„Die jungen Männer, auf die sie (die von uns gelieferten Waffen) abgefeuert werden sollen, ziehen ja nicht mit Hurra in den Krieg – sie werden dazu gezwungen. Und auch sie haben Mütter und Väter, die um sie weinen. Und wir werden an ihnen schuldig.

Und die jungen Männer auf der anderen Seite, die diese Waffen abfeuern sollen, ziehen ja ebenfalls nicht mit Hurra in den Krieg – auch sie werden dazu gezwungen. Sie dürfen ihr Land nicht zusammen mit ihren Frauen und Kindern verlassen. Deutsche Universitäten erhalten derzeit erschütternde, herzzerreißende Bewerbungsbriefe dieser jungen Männer um einen Studienplatz bei uns – ihre einzige Chance, ihr Land zu verlassen und dem Krieg zu entrinnen. Unsere Waffen verlängern ihren Krieg. Auch an ihnen werden wir schuldig …"

(W.J., 10.09.2022)

Und auch bei uns in Deutschland regt sich gerade etwas: Junge deutsche Männer wollen nicht in den Krieg ziehen, sie wollen sich nicht opfern, sie verzichten auf einen gut bezahlten Job und auf einen möglicherweise glorreichen Heldentod für „Ruhm und Ehre" ihres Vaterlandes:

> „Deutschland 2022 – Immer mehr Kriegsdienstverweigerer:
> 2022 hat sich die Zahl der Kriegsdienstverweigerer in Deutschland fast verfünffacht. (…) Das habe vor allem mit dem Ukraine-Krieg zu tun. (…)
> Im Jahr 2021 sind im Bundesamt für Familie und zivilgesellschaftliche Aufgaben 201 Anträge auf Kriegsdienstverweigerung eingegangen, im Jahr 2022 waren es insgesamt 951 Anträge." (zdf.de, 06.01.2023)

Als Kriegsdienstverweigerer zählen hier aktive Soldaten und Soldatinnen, Reservisten und Ungediente. Sie alle wollen nicht kämpfen, wollen nicht töten und getötet werden. Ja, wie schön wäre das: „Es ist Krieg und keiner geht hin!"

> Der Autor eines Beitrages (taz.de, 24.12.2022) tritt ein für die Idee, „dass, wenn man den Krieg schon nicht verhindern kann, es immer noch wichtig ist, sich für diejenigen einzusetzen, die sich nicht daran beteiligen wollen. Die vor der Gewalt flüchten, um keine Opfer zu werden. Aber auch keine Täter an der Front. Egal ob Frau, ob Kind, ob Mann. Egal ob Russe oder Ukrainer. Stell dir vor, es ist Krieg und jemand läuft weg, warum auch immer. Dann sollten ihm alle Türen offen stehen. Es ist nicht viel. Es ist nur ein letzter Rest von pazifistisch motivierter Humanität, den man in Zeiten des Krieges einfordern kann. Nein, muss."

Nun aber, Ende 2023, fehlen der ukrainischen Armee bis zu 500.000 weitere Soldaten. „Die Verluste sind hoch, viele Kämpfer erschöpft. (…) Bei der Suche nach weiteren Wehrdienstleistenden überlegt der neue Verteidigungsminister Rustem Umjerow, auch im Ausland lebende ukrainische Männer einzuziehen. Ukrainer im wehrfähigen Alter von 25 bis 60 Jahren in Deutschland und anderen Ländern sollten aufgefordert werden, sich in den

Rekrutierungszentren der Streitkräfte zu melden. Das kündigte Umjerow in einem Interview mit Bild, Welt TV und Politico an …“ (tageschau.de, 21.12.2023)

> „(…) »Wir schicken ihnen eine Einladung und es ist dann ihr Recht, zu uns zu kommen und zu dienen«, sagte der Minister weiter. Er machte zugleich klar, dass es Strafen für diejenigen geben werde, die der Aufforderung nicht Folge leisten. »Wir besprechen noch, was passieren soll, wenn sie nicht freiwillig kommen.« Es sei »ja keine Strafe, für das eigene Land einzutreten und dem Land zu dienen. Es ist eine Ehre.«“ (spiegel.de, 21.12.2023)

Mehr an verrückt-machender pathologischer „Doppelbindung“ in so wenigen Sätzen ist kaum noch möglich. Folgerichtig schreibt der Leser H.M. (12.2023) hierzu: „Diese Formulierung schwebt irgendwo zwischen geisteskrank und makaber.“ Dem ungeachtet aber fordert CDU-Politiker Roderich Kiesewetter von der Bundesregierung die „Unterstützung bei der Rekrutierung von Geflüchteten“. Und er schließt nicht aus, den etwa 200.000 nach Deutschland geflüchteten Ukrainern im wehrfähigen Alter „das Bürgergeld zu kürzen“. (vgl. Deutschlandfunk, 22.12.2023)

„Nein, meine Söhne geb’ ich nicht“

(Reinhard Mey, 1986)

„Ich denk’, ich schreib’ euch besser schon beizeiten
Und sag’ euch heute schon endgültig ab
Ihr braucht nicht lange Listen auszubreiten
Um zu sehen, dass ich auch zwei Söhne hab’
Ich lieb’ die beiden, das will ich euch sagen
Mehr als mein Leben, als mein Augenlicht
Und die, die werden keine Waffen tragen
Nein, meine Söhne geb’ ich nicht.
Nein, meine Söhne geb’ ich nicht!

Ich habe sie, die Achtung vor dem Leben
Vor jeder Kreatur als höchsten Wert
Ich habe sie, Erbarmen und Vergeben
Und wo immer es ging, lieben gelehrt
Nun werdet ihr sie nicht mit Hass verderben
Kein Ziel und keine Ehre, keine Pflicht
Sind's wert, dafür zu töten und zu sterben
Nein, meine Söhne geb' ich nicht
Nein, meine Söhne geb' ich nicht!

Ganz sicher nicht für euch hat ihre Mutter
Sie unter Schmerzen auf die Welt gebracht
Nicht für euch und nicht als Kanonenfutter
Nicht für euch hab' ich manche Fiebernacht
Verzweifelt an dem kleinen Bett gestanden
Und kühlt' ein kleines glühendes Gesicht
Bis wir in der Erschöpfung Ruhe fanden
Nein, meine Söhne geb' ich nicht
Nein, meine Söhne geb' ich nicht!

Sie werden nicht in Reih' und Glied marschieren
Nicht durchhalten, nicht kämpfen bis zuletzt
Auf einem gottverlass'nen Feld erfrieren
Während ihr euch in weiche Kissen setzt
Die Kinder schützen vor allen Gefahren
Ist doch meine verdammte Vaterpflicht
Und das heißt auch, sie vor euch zu bewahren
Nein, meine Söhne geb' ich nicht
Nein, meine Söhne geb' ich nicht!

Ich werde sie den Ungehorsam lehren
Den Widerstand und die Unbeugsamkeit
Gegen jeden Befehl aufzubegehren
Und nicht zu buckeln vor der Obrigkeit
Ich werd' sie lehren, den eig'nen Weg zu gehen

Vor keinem Popanz, keinem Weltgericht
Vor keinem als sich selber g'radzustehen
Nein, meine Söhne geb' ich nicht
Nein, meine Söhne geb' ich nicht!

Und eher werde ich mit ihnen fliehen
Als dass ihr sie zu euren Knechten macht
Eher mit ihnen in die Ferne ziehen
In Armut und wie Diebe in der Nacht
Wir haben nur dies eine kurze Leben
Ich schwör's und sag's euch g'rade ins Gesicht
Sie werden es für euren Wahn nicht geben
Nein, meine Söhne geb' ich nicht
Nein, meine Söhne geb' ich nicht!"

Theophile Alexandre Steinlen: Die Flüchtlinge, 1915

8. Moral, Gerechtigkeit und Rache

„Im Namen des Guten
einen Kreuzzug gegen das Böse zu führen,
bedeutet sich selbst zu erhöhen …"

(Michael Lüders, Publizist, 10.2022)

Warum diese fanatische Parteinahme für die Ukraine? Was ist das Motiv, das Anliegen, was das Ziel? Die übliche Antwort: „In der Ukraine wird auch unsere Demokratie verteidigt." – „Die Ukraine kämpft auch für unsere Freiheit, für unsere Demokratie und für unsere westlichen Werte."

Stimmt das?

Freiheit und Gerechtigkeit?

„Wenn Waffen wichtiger sind als Verhandlungen
Wenn die Leitmedien gleichgeschaltet sind
Wenn Rassismus gegen Russen propagiert wird
Wenn gegen Andersdenkende lautstark und beleidigend gehetzt wird
Wenn das Volk mit Desinformation manipuliert wird
Wenn die (grüne!) Außenministerin zur Kriegsministerin mutiert
Wenn Nationalisten eine (laute!) Stimme haben, das eigene Volk aber nicht
Ist das die »Demokratie«, für die angeblich gekämpft wird?!"

(G.B., 15.02.2023)

Ideale wie Freiheit, Demokratie und westliche Werte dienen als Rechtfertigung für die Fortsetzung des Krieges, als Rechtfertigung für Siegen um jeden Preis, als Rechtfertigung für Massenmord und die Zerstörung der Lebensgrundlagen. Nicht um *Frieden* in der Ukraine geht es den Verantwortlichen, sondern um eine *Idee* von Freiheit. So verkündete Wladimir Klitschko, der ehemalige Boxer und jetzige Bürgermeister von

Kiew (05.2022): „Das absolut Gute ist nicht der Frieden, sondern die Freiheit und Gerechtigkeit."

> „Selenskyj verspricht den Menschen in seinem Land zu Weihnachten, dass alle Ukrainer in Freiheit leben werden. Trotz der Härten des Krieges sollen sie kämpferisch bleiben."
> (zdf.de, 25.12.2022)

Er verspricht keinen Frieden, er verspricht Freiheit – wenn sie die Härten des Krieges weiter erdulden, weiter ihr Leben und das ihrer Männer, Frauen und Kinder bereitwillig opfern.

Was aber bedeutet „Freiheit"? Abraham Lincoln (1809-1865), Präsident der Vereinigten Staaten von Amerika und erfolgreicher Sklavereigegner, sagte zum Begriff „Freiheit": „Die Welt hat nie eine gute Definition für das Wort Freiheit gefunden." Die Theologin und Friedensaktivistin Dorothee Sölle aber hat eine Antwort[(1)]:

> „Frei werden wir erst,
> wenn wir uns mit dem Leben verbünden,
> gegen die Todesproduktion
> und die permanente Tötungsvorbereitung."

Als Freiheit gilt ganz allgemein ein Zustand, in dem wir frei sind von persönlichen und gesellschaftlichen Zwängen und somit frei in unseren Entscheidungen. Nun sind die persönlichen und gesellschaftlichen Zwänge je nach Lebensrealität recht unterschiedlich, und somit hat jeder Mensch eine andere Erfahrung, Vorstellung oder Vision von Freiheit: Ein Gefangener fühlt sich in Freiheit, wenn er aus der Gefangenschaft entlassen ist; eine Frau in einer gewaltvollen Beziehung fühlt sich in Freiheit, wenn sie den Mut hat, sich zu trennen; ein Jugendlicher in einer beengenden Familiensituation genießt die Freiheit des eigenständigen Lebens –, aber niemand wird dauerhaft in Freiheit sein. Denn die Unfreiheit, als die polare Entsprechung der Freiheit, gehört zur Realität der menschlichen Existenz.

Wirkliche Freiheit kann es nur im *Inneren* geben, im Raum der Seele, da, wo wir befreit sind von der Mühsal und Bedrängnis des irdischen

Lebens. Und um diese Freiheit – als ein innerer Bewusstseinszustand – müssen wir mit uns selbst ringen, jeden Tag aufs Neue, ein ganzes langes Leben lang.

Freiheit und Gerechtigkeit in der Ukraine? Nach einem halben Jahr Ukraine-Krieg dürfte allen sichtbar geworden sein, wie sehr es der Ukraine an innerer Freiheit und Gerechtigkeit mangelt – und das nicht erst seit dem russischen Überfall: Korruption, Oligarchie, Unterdrückung der russischstämmigen Bevölkerung, große Armut weiter Teile der Bevölkerung und die daraus resultierende Leihmutterschaft, illegale Prostitution, Kriminalität. Die Ukraine ist eines der korruptesten Länder Europas: Nach dem Korruptionsindex von Transparency International von 2021 belegt sie Rang 122 von 180, nur knapp vor Russland, das auf Rang 136 rangiert – Deutschland ist hiernach auf Rang 10.

Freiheit und Gerechtigkeit in der Ukraine? „Noch sind der Ukraine Ruhm und Freiheit nicht gestorben", so lautet der erste Satz der ukrainischen Nationalhymne. Das hoffen wir sehr, sowohl was das Ende des Krieges betrifft als auch die innere Freiheit der Ukraine und aller UkrainerInnen.

Robert Habeck rechtfertigte die Lieferung schwerer Waffen mit folgender Begründung (zdf-Interview, 24.04.2022):

> „Die Ukraine verteidigt nicht nur ihr Territorium,
> sondern auch die westlichen, europäischen Werte."

Diese absurde Behauptung: „In der Ukraine werden auch unsere Freiheit und unsere europäischen demokratischen Werte verteidigt", erlebt gerade eine inflationäre Verbreitung. Sie wird von MilitaristInnen und Waffenlieferungs-BefürworterInnen stereotyp und über Monate wiederholt, wird automatisch nachgeplappert, weil sie uns täglich über die Medien suggeriert wird.

Wie aber sollte eine Nation und insbesondere deren politische Elite, der es so deutlich an *ethischen Werten* mangelt, diese verteidigen können? Man beachte nur die rüden sprachlichen Ausrutscher des ehemaligen ukrainischen Botschafters in Deutschland („Arschloch", „Fuck off"), der nun mit der Position eines Vizeaußenministers belohnt wurde. Man beachte das Verbot aller Oppositionsparteien in der Ukraine, deren Repräsentanten teilweise inhaftiert wurden.

Wie kann eine Regierung europäische und „demokratische Werte" vertreten, die tatsächlich – Anfang Februar 2023 – *Streumunition und Brandbomben* geliefert haben will? (vgl. stern.de, faz.net u.a.) Und kein politischer und medialer Aufschrei hierzu; Deutschlands PolitikerInnen und die Leitmedien gehen verschämt und fast wortlos über dieses verbrecherische Ansinnen der Ukraine hinweg. Das zunächst Unbegreifliche aber wird verständlich, wenn wir realisieren, dass neben Russland – was nicht erstaunlich ist – auch die Ukraine und die USA die Internationale Konvention zum Verbot von Streubomben *nicht* unterzeichnet haben.

Was wissen wir über „das unaufgeklärte Massaker" am 2. Mai 2014 in Odessa, bei dem 42 pro-russische Aktivisten in einem Gewerkschaftshaus verbrannten? Haben wir je davon gehört? Die ukrainischen Behörden zeigen kein Interesse an der Aufklärung dieser Tragödie, dem gewaltsamen Tod von 42 Regierungsgegnern. (lto.de, 02.05.2020) „Der damalige Gouverneur von Odessa rechtfertigte die Brandstiftung sogar: Um bewaffnete »Terroristen zu neutralisieren«, sei das Vorgehen »legal« gewesen." (spiegel.de, 04.11.2015)

Und wie kann eine Regierung, die „Schwarze Listen" führt, Demokratie und Freiheit verteidigen?:

Auf einer schwarzen Liste der Ukraine werden KritikerInnen der ukrainischen Kriegsstrategie geführt: Friedliebende Menschen aus der ganzen Welt, auch deutsche BürgerInnen, PolitikerInnen und Intellektuelle, die sich für Waffenstillstand und für Verhandlung mit Russland einsetzen – so die Publizistin Alice Schwarzer, der SPD-Fraktionsvorsitzende Rolf Mützenich, Jay Naidoo, der ehemalige Minister im Kabinett von Nelson Mandela, der Schriftsteller und Publizist Wolfgang Bittner, der Brigadegeneral der Bundeswehr a.D. Erich Vad, der Politologe Johannes Varwick, der ehemalige US-Außenminister Henry Kissinger und andere. Die Existenz einer solchen Liste aber wurde von Seiten der Ukraine verneint und ist seitdem im Internet nicht mehr abrufbar.[(2)]

Diese Liste wurde vom ukrainischen „Zentrum für die Bekämpfung von Desinformation" geführt, einer Behörde, welche der Regierung von Präsident Selenskyj direkt unterstellt ist. „Der Chef der Behörde, Andriy Shapovalov, bezeichnet derart markierte Personen als »Informationsterroristen«. Die könne man als »Kriegsverbrecher« auch vor Gericht stellen." (der freitag.de, 08.11.2022)

Die Kriegsverbrechen der Diskreditierten sind folgende: Sie hatten sich für Friedensverhandlungen mit Russland öffentlich eingesetzt, nicht mehr und nicht weniger. Die deutsche Regierung und die Leitmedien reagierten auf diesen Skandal mit Vertuschen und Verschweigen, die Sache gilt als „vertraulich".

Klaus Staeck, ehemaliger Präsident der Berliner Akademie der Künste, schreibt am 24.08.2022 in einer Kolumne der Frankfurter Rundschau unter dem Titel „Schwarze Liste: Freund und Feind":

> „Das war unerhört: Am 14. Juli veröffentlichte eine ukrainische Regierungsbehörde, die sich dem Kampf gegen Desinformation widmet, auf ihren Internetseiten eine schwarze Liste von 75 »Informationsterroristen«, auf der Rolf Mützenich mit Name und Passbild erschien. (…)
> »Informationsterroristen müssen wissen, dass sie sich als Kriegsverbrecher vor dem Gesetz verantworten müssen«, wird Andrij Shapovalov als Leiter des Zentrums und damit offizieller Regierungsvertreter, in einer Pressemeldung zitiert …"

Rolf Mützenich, Vorsitzender der SPD-Bundestagsfraktion, „der zu den integersten Politikern der Bundesrepublik zählt", wird von einer ukrainischen Behörde als „Informationsterrorist" und „Kriegsverbrecher" bezeichnet. Das ist ein „Skandal", schreibt der Journalist Wolfgang Michal zu dem Artikel von Klaus Staeck:

> „Der Fraktionsvorsitzende der größten deutschen Regierungspartei wird von einer staatlichen Behörde der Ukraine als Feind markiert, während seine Regierung eben dieser Ukraine Ausrüstung, Geld und Waffen liefert und eine Million ukrainische Flüchtlinge in Deutschland versorgt. (…)

> Auch niemand im politischen Berlin protestiert gegen diese Ungeheuerlichkeit. Stattdessen peinliches Schweigen. (…) Kein Bundeskanzler, kein Bundespräsident, keine Parteiengröße stellt sich vor Mützenich, sogar die eigene Parteiführung lässt ihn im Regen stehen. (…) Ist ja auch schwierig, da inzwischen bekannt ist, dass ausgerechnet der Verbündete USA jene ukrainische Behörde mitfinanziert, die Rolf Mützenich offen verleumdet. Also wird das Ganze heruntergespielt, relativiert und beschönigt." (der freitag.de, 08.11.2022)

Ebenfalls ist kein öffentlicher Protest der Bundesregierung zu der ungeheuerlichen Gewaltandrohung von Vizeaußenminister Melnyk gegen unliebsame deutsche Politiker hörbar: „Oskar Lafontaine und seine Frau Sahra Wagenknecht sind beide die schlimmsten Komplizen vom Kriegsverbrecher Putin, die als solche noch zur Rechenschaft gezogen werden. Und zwar bald." (berliner-zeitung.de, 30.04.2023)

Ist dieser unserer Regierung noch zu vertrauen? Entspricht das den „europäischen Werten", von denen Habeck spricht? Den universellen Werten von Frieden, Freiheit und Gerechtigkeit jedenfalls nicht, oder nicht mehr.

> „Verkappter Heldenmythos: Verteidigt die Ukraine im Krieg gegen Russland westliche Werte? Nein, im Gegenteil! Wir zertrümmern mit der Ukraine-Politik unsere Werte gleich selber." (H. Mooser, Die Weltwoche, 11.07.2022)

„Wir sind die Guten"

> „Es würde sehr viel weniger Böses auf Erden getan werden, wenn das Böse niemals im Namen des Guten getan werden könnte."
>
> (Marie v. Ebner-Eschenbach, 1830-1916, Schriftstellerin)

„Frieden, Gerechtigkeit, Freiheit", großartige Worte, bedeutende Werte, wichtige Werte. Nur, im Namen dieser Werte, im Namen dieses Guten wird Böses getan: Mord, Vernichtung, Aufrüstung … und sogar die Gefahr eines Nuklearkrieges wird riskiert. Abstrakt bleibende Werte werden über das Leben der Menschen gestellt.

Es wird tatsächlich ein langer Krieg, in dem unzählige Männer, Frauen, Kinder, Tiere und weitere Lebewesen sterben, für nichts als eine *Idee* von Freiheit, eine *Idee* von Gerechtigkeit, eine *Idee* von Frieden und vor allem für ganz reale wirtschaftliche Interessen. Inzwischen (Juli 2023) ist der Ukraine-Krieg tatsächlich ein „Abnutzungs-Krieg" geworden, ein Krieg, in dem Leben benutzt und abgenutzt wird für ein phrasenhaft missbrauchtes Ideal von Freiheit und Gerechtigkeit

Wollen wir das? Entspricht das unseren demokratischen Werten?

Werte beruhen auf religiösen und politischen Vorstellungen, sie sind epochal, regional, national und individuell unterschiedlich, basieren auf Weltanschauungen und unterliegen daher einem stetigen Wandel. „Die Werte der westlichen Minderheit sollen der Maßstab für die Mehrheit der Welt sein", kritisierte der Südafrikanische Präsident Ramaphosa im Juni 2023.

Einzig und allein die Heiligkeit unserer Mutter Erde, als der Urgrund allen Lebens, und damit die Heiligkeit der Materie ist essentiell wert-voll, universell, ewig und unwandelbar.

Es schockiert noch immer, dass gerade „Die Grünen" – die für mich mehr waren als nur eine Partei – mehrheitlich so lautstark für Waffenlieferungen eintreten und trotz aller Kassandra-Rufe diesen mörderischen, umwelt- und menschen-vernichtenden Krieg weiter unterstützen. Grundwerte grüner Politik waren einst: Liebe für die Umwelt, Gewaltlosigkeit, soziale Gerechtigkeit und konsequente Demokratie. Die derzeitige Außenministerin Annalena Baerbock verkündete noch am 19.09.2021 in ihrer Rede zum Wahlparteitag:

> „Wir sind ein lernender Staat,
> eine Regierung der Demut, …
> eine Regierung auf der Höhe der Zeit,
> eine Regierung, die den Menschen zuhört und ihnen was zutraut
> und eine Regierung, die endlich Zukunft schafft."

Wo ist das alles geblieben, die Bereitschaft zum Lernen, zum Zuhören und vor allem zur Demut? Die aktuelle Haltung der grünen PolitikerInnen bezeugt vielmehr Hochmut und Überheblichkeit: Diese Regierung ist gerade nicht „auf der Höhe der Zeit", sondern auf der Ebene eines frühzeitlichen „Auge um Auge". Die elementaren mehrheitlichen Bedürfnisse der deutschen BürgerInnen nach Schutz und Sicherheit werden überhört, und die Zukunft erscheint so düster wie schon lange nicht mehr.

Die Haltung der „Grünen" spricht nicht von wirklicher politischer Größe und tatsächlicher menschlicher Führungskraft – sondern von narzisstischem Größenwahn – wie die jetzige grüne Außenministerin Baerbock, im Welt-Interview am 19.09.2021, eine Woche vor den Wahlen, in grandioser Selbstüberschätzung preisgegeben hat: „Ich will die Krisen dieser Welt lösen."

Die Krisen dieser Welt werden nicht mit Waffengewalt gelöst, sondern nur mit mühsamen Verhandlungen und schmerzlichen Kompromissen:

> „Die Demokratie lebt von Kompromissen.
> Wer keine Kompromisse machen kann,
> ist für die Demokratie nicht zu gebrauchen."
>
> (Helmut Schmidt, ehem. Bundeskanzler)

Die „gesetzliche Begrenzung der Rüstungsimporte" gehörte einstmals zu den Wahlversprechen der Grünen. Hierzu gab es ein Wahlplakat von 2021, Bündnis 90/Die Grünen:

> „Wir setzen uns für ein Exportverbot von Waffen und Rüstungsgütern an Diktaturen, menschenrechtsverachtende Regime und in Kriegsgebiete ein. Für Deutschland werden wir ein Rüstungsexportkontrollgesetz vorlegen. Das willst du auch? Dann wähl GRÜN am 26. September!"

Ja, das wollte ich auch und ich will es noch immer! Deshalb wurden die Grünen von mir und von vielen friedliebenden Menschen gewählt. Dieser plötzliche und dramatische Umschwung von einer Friedenspartei zu einer kriegstreibenden Partei ist mehr als enttäuschend, es ist Betrug an den WählerInnen:

„Tod für die Welt: Habeck will Rüstungsexporte
in Kriegs- und Krisengebiete zulassen.“ (jungewelt,17.09.2022)

Wer die aktuellen Entscheidungen der „Grünen“ nicht begreifen und nicht fassen kann, dem oder der kann der Vortrag von Michael Lüders, Publizist und Schriftsteller, eine plausible Erklärung liefern:

„Wir sind die Guten. Über Macht und Moral am Beispiel der Grünen“ ist eine scharfsinnige Analyse zum Verständnis aktueller ‚grüner‘ Politik. Lüders Vortrag ist inhaltlich sehr dicht und sprachlich recht abstrakt. Dennoch versuche ich hier, anhand von einigen Kernsätzen, zusammenfassend einen verkürzten Eindruck zu vermitteln:(3)

> „Wir sind die Guten, das ist das Credo ‚grüner‘ Identität, wir retten die Welt“
> Als „politische Gutmenschen“ sind die Grünen „zutiefst davon überzeugt im Dienst einer, bis in die Haarspitzen verinnerlichten, Moral zu stehen“ (…) „Als Gute sind sie gegen das Böse“. Die Welt aber „in klassischer Manier in Gut und Böse zu unterteilen, war in der Geschichte meist gleichbedeutend mit Unheil.“
> „Dass Moral und Werte gerne als Alibi dienen für Macht- und Herrschafts-Ansprüche“, ist bekannt. Lüders zitiert in diesem Zusammenhang Egon Bahr, (1922-2015) den ehemaligen SPD-Bundesminister: „Wenn ein Politiker anfängt, über Werte zu schwadronieren, anstatt seine Interessen zu benennen, wird es höchste Zeit, den Raum zu verlassen.“
> „Die Moralisierung der Politik“ kann verhängnisvoll sein, sagt Lüders:
> „Deutschland kultiviert eine Moralfalle, die uns zum Verhängnis zu werden droht.“ Denn „warum sollten sich diejenigen, die sich im Besitz einer höheren Wahrheit wähnen, auf Argumente einlassen oder ihr eigenes Tun hinterfragen?“
> „Frieden, nein danke, stattdessen ein Hauch von heiligem Krieg. Keine andere Partei hat sich so sehr für Waffenlieferungen an die Ukraine eingesetzt, ohne Wenn und Aber, wie die Grünen.“ (…)
> „Wer sich im Besitz einer höheren Wahrheit wähnt, wird jedem,

> der seine Meinung nicht teilt, eher abweisend als zugewandt begegnen oder gleich auf Angriff schalten. Vor allem ist der notorische Gutmensch kaum in der Lage, sich in die Perspektive seines Gegenübers oder gar Widersachers zu versetzen. Das allerdings ist die Voraussetzung jeder Friedensethik. Putin mag ein Verbrecher sein, ich muss trotzdem in der Lage sein, die Motive seines Handelns zu verstehen, auch wenn ich sie verurteile oder sie mir verwerflich erscheinen. Andernfalls besteht die Gefahr endloser Gewalt und Gegengewalt.
> Im Namen des Guten einen Kreuzzug gegen das Böse zu führen, bedeutet sich selbst zu erhöhen. (…) Am Ende steht die Selbsttäuschung, der Größenwahn, der Übermensch, der nötigenfalls auch den Atomkrieg nicht scheut, als Teil jener Kraft, die stets das Gute will und das Böse schafft …"

Der Vortrag von Michael Lüders löst Betroffenheit aus, macht sehr nachdenklich. Vermutlich hat man uns allen beigebracht, „gut" zu sein, „lieb und nett": „Sei ein liebes Kind", dann wirst du geliebt, dann kommst du gut an, dann bist du erfolgreich, dann bist du *wer*.

Wer bin ich dann? Wer will ich sein? Es braucht Mut, *nicht* lieb und nett zu sein, sondern eigen-ständig und eigen-sinnig zu denken, zu sprechen und zu handeln. Wir alle haben uns beständig, immer wieder, tagtäglich, zu fragen: „Wem diene ich mit meinen Entscheidungen, mit meinem Tun? Diene ich dem Leben oder meinem narzisstischen Ego?

Hier die Worte der Betroffenheit einer Kommentatorin zu Lüders Vortrag „Wir sind die Guten":

> „Nein, Herr Habeck, das sind Sie nicht, Sie und Ihre vermeintlichen politischen „Freunde" haben nur eins gemeinsam, sie gieren nach Macht und Rechthaben um jeden Preis! Was sagen sie später (falls es das noch gibt) Ihren Kindern?
> Papa hat nicht auf die Mehrheit des Volkes gehört. Er hat das Volk für seine Interessen geopfert.
> Ich bin auch nicht quer oder rückwärts denkend. Habe drei Kinder und vier Enkel, eine Mutter, viele Schwestern mit Familien …

Alle haben sich stets eingebracht, mit ihrer Hände Arbeit und ihrem Wissen. Wir wollen unser Leben einfach nur leben. Ihre blutigen »Spiele« können Sie alleine spielen!
Bringen Sie uns nicht alle ans Ende …
Es gibt keine Sieger! Jetzt ist der Zeitpunkt der Diplomatie! Einfach Schluss mit dem irrsinnigen Hufeschlagen, Speichellecken, Schlaumeiern und Falschreden!
Schluss mit den Sanktionen gegen Russland und andere Nationen dieser Welt!
Die Menschen fürchten sich vor Ihren derzeitigen Entscheidungen und deren Folgen, die Sie offensichtlich nicht überblicken (…)
Auch Altkanzlerin Merkel hat kein Verständnis für Ihr Verhalten!
Es gibt keinen Weltfrieden ohne Russland!"

(H.S., Oktober 2022)

Der russische Schurke?

Der britisch-indische Schriftsteller Pakayj Mishra am 03.05.2022 im Gespräch mit Spiegel International:

„Sie werden sich an eine Zeit erinnern, als sowohl Russland als auch China, ihre Bevölkerung und ihre Führer verzweifelt Teil der westlichen Moderne sein wollten. Putin begann als Westler, seine Verwandlung in einen Kalten Krieger kam später. (…) Schauen Sie sich all seine Besuche in Amerika an, seine Besuche in Großbritannien, wo er von George W. Bush und Tony Blair mit großem Tamtam empfangen wurde. Putin umarmte den Westen und der Westen umarmte ihn – und seine Oligarchen. (…)
Es ist gefährlich, einfach nur auf die Gegenwart zu schauen und eine hochmoralische Position einzunehmen. Alle großen und kleinen Mächte von heute (…) haben sich entsetzlicher Verbrechen schuldig gemacht; von Sklaverei, Imperialismus und Völkermord

bis hin zu Angriffskriegen. Lassen Sie uns in diesem späten und entscheidenden Stadium der Geschichte der modernen Welt nicht anfangen unschuldig zu sein."(4)

Putin am 25.12.2022: „Wir sind bereit, mit allen Beteiligten über akzeptable Lösungen zu verhandeln, aber das liegt an ihnen – nicht wir sind diejenigen, die sich weigern zu verhandeln, sondern sie." (zdf.de)

„Trotz mehrfach angedeuteter Gesprächsbereitschaft des russischen Präsidenten Wladimir Putin im Ukraine-Krieg hält Kiew nichts von den Worten des Kremlchefs. –

»Russland will keine Verhandlungen und versucht, sich der Verantwortung (für den Krieg) zu entziehen«, twitterte der Berater des ukrainischen Präsidenten.

»Daher ist es offensichtlich, dass wir uns zu einem Tribunal bewegen.« Nach den Vorstellungen Kiews soll sich die politische und militärische Führung Russlands wegen des Angriffskrieges vor einem Internationalen Gerichtshof nach dem Vorbild des Nürnberger Tribunals verantworten." (zdf.de. 25.12.2022)

Kiew und „die Guten" in unserer Regierung rufen nach Rache, die Bösen sollen bestraft werden. Ein Sondertribunal gegen russische Kriegsverbrechen aber wirft unweigerlich die Frage auf, warum die Kriegsverbrechen der USA in Vietnam, Irak, Afghanistan und anderswo nicht auch vor einem solchen Tribunal verhandelt werden.

Den „Informationskrieg" hat die Ukraine mit Hilfe der Medien gewonnen: Während Verlautbarungen aus Russland generell angezweifelt werden, Angebote zu Diplomatie und Gesprächsbereitschaft schon im Vorfeld als Täuschung und Lüge abgetan werden, anstatt Putin beim Wort zu nehmen, wird den ukrainischen Versionen und Behauptungen leichtfertig und oft unüberprüft geglaubt. Hierzu ein Beispiel:

Die ukrainische Ex-Menschenrechtsbeauftragte Denissowa hat zugegeben, dass sie Menschenrechtsverletzungen „übertrieben" und „ausgeschmückt" habe. „Aber ich habe versucht, das Ziel zu errei-

> chen, die Welt davon zu überzeugen, Waffen zu liefern und damit Druck auf Russland auszuüben." (tagesschau.de, 15.06.2022)

Menschenrechtsverletzungen, Vergewaltigungen, Ermordung von Kriegsgefangenen und Zivilisten gehören zum Wesen eines jeden Krieges; nicht nur eine, nein, jede Kriegspartei macht sich solcher Verbrechen schuldig. Daher ist *jede* kriegerische Auseinandersetzung eine eklatante Verletzung des menschlichen Rechts auf Leben.

Die UNO-Menschenrechtskommission äußert sich „zutiefst besorgt" über die Hinrichtungen von Kriegsgefangenen im Ukrainekrieg, „bei denen bis zu 25 russische und 15 ukrainische Kriegsgefangene ermordet wurden." (deutschlandfunk.de, 25.03.2023)

Kriegspropagandisten überbieten sich gegenseitig mit unbelegten Behauptungen, Täuschungen und Lügen, immer mit der Absicht, Putin zu dämonisieren und noch mehr Waffen zu fordern. So schrieb die FDP-Politikerin Agnes Strack-Zimmermann am 15. November 2022, kurz nach dem Einschlag einer Rakete im polnischen Grenzgebiet, auf Twitter:

> „Nicht nur haben russische Raketen offenbar Polen und damit Nato-Gebiet getroffen, sondern auch zu Toten geführt. Das ist das Russland, mit dem hier einige offenkundig und absurderweise immer noch »verhandeln« wollen."

Allerdings: „Die in Polen eingeschlagene Rakete kam nach vorläufigen US-Erkenntnissen aus der Ukraine" (tagesschau.de, 16.11.2022) und nicht aus Russland

Kriegspropaganda, Täuschung und Lüge, von beiden Seiten: Während die russische Seite eher eiskalt, knallhart und verschwiegen daherkommt, inszeniert sich die ukrainische Seite gewaltig gefühlsbetont: mit Bildern von zerbombten Häusern, Familien auf der Flucht und mit weinenden Kindern. Das menschliche Elend wird instrumentalisiert, wird manipulativ benutzt, um immer noch mehr Mordwerkzeuge zu erpressen. Und die dramatische Hand-aufs-Herz-Geste des ukrainischen Präsidenten darf bei keinem öffentlichen Auftritt fehlen. Das greift bei schlichten Gemütern und erzeugt vordergründiges Mitgefühl.

Gewiss, es gibt genügend Gründe, Wladimir Putin und seiner Duma zu misstrauen. Aber es gibt auch genügend Gründe für Putin, dem Westen, der Nato und den USA nicht zu trauen. Und es gibt auch für uns BürgerInnen gute Gründe, der politischen Kriegspropaganda unserer Regierung nicht zu trauen.

Wir alle haben die Einseitigkeit unserer Sichtweise aufzugeben, unseren Blickwinkel zu erweitern und die Situation auch aus dem Erleben des ‚Feindes' zu betrachten. Nur so kann wechselseitiges Vertrauen entstehen, und nur dann können Dialoge fruchtbar sein, für beide Seiten.

> „Mit einer geballten Faust
> kann man keinen Händedruck wechseln."
>
> (Indira Gandhi)

Zur Einseitigkeit westlicher Sichtweisen auf den Ukraine-Krieg und der einseitigen Dämonisierung Russlands spricht Noam Chomsky mit dem Politikwissenschaftler C.J. Polychroniou. Noam Chomsky (geb.1928) ist ein amerikanischer, emeritierter Professor für Linguistik und Philosophie an der Universität von Arizona sowie Leiter eines Programms für Umwelt- und soziale Gerechtigkeit. „Seit seiner Kritik am Vietnamkrieg trat er immer wieder als scharfer Kritiker der US-amerikanischen Außen- und Wirtschaftspolitik in Erscheinung und wurde als Kapitalismus- und Globalisierungskritiker weltweit bekannt." (wikipedia.org) Hier nur einige zentralen Aussagen aus dem sehr umfassenden Beitrag:[(5)]

> „Es wird immer offensichtlicher, dass es sich hier um einen Krieg zwischen den USA und der Nato auf der einen Seite und Russland auf der anderen handelt, argumentiert Noam Chomsky im folgenden Interview, in dem er die Idee entschieden zurückweist, dass es angesichts des russischen Einmarsches in die Ukraine keine Verhandlungslösung für den Konflikt geben könne." (…)
>
> „Es hat sich schon oft gezeigt, »dass Friedensgespräche möglich sind, wenn der politische Wille vorhanden ist, sich darauf einzulassen«, so die Einschätzung zweier finnischer Analysten. (…) Bislang sind jedoch Verunglimpfung und Dämonisierung die

> bevorzugte Methode, um davon abzulenken, wie sich die politisch Verantwortlichen einem Kurs Richtung dem »viel Schlimmeren« verpflichtet haben.“ (…) „Mit Dämonisierung wird vom Wahnsinns-Kurs abgelenkt.“

Russland hat die Ukraine überfallen und ist damit – vordergründig – der Schuldige. Und der Schuldige, der Böse muss bestraft werden, das entspricht unserer Idee von Moral, Recht und Gerechtigkeit. Nur, wie viel unmoralischer Rache-Impuls ist in diesem „Guten“, dem Gerechtigkeits-Ideal verborgen?

Um Putin zu bestrafen, müssen täglich hunderte junge russische Männer sterben; um dieser Vorstellung von Gerechtigkeit zu entsprechen, müssen jede Woche etwa 1500 ukrainische Männer ihr Leben verlieren. (Stand August 2022) Ukrainische und russische Männer – Männer der beiden „Brudervölker“ – werden gezwungen, gegeneinander zu kämpfen:

> „Ich will nicht, dass noch mehr Leute sterben. Jeder Tag des Krieges vermehrt die Opfer und führt zu neuer Mobilisation. Mein Bruder als Russe und mein Cousin als Ukrainer sollen sich auf dem Schlachtfeld umbringen, während die Politiker in Sicherheit in ihren Palästen sitzen und Fotoshootings machen?“
>
> (I.E., Dezember 2022)

Die Ukraine opfert ihr eigenes Volk, um die Schuld dieses Angriffskrieges zu rächen. Ist Rache wirklich so „süß“? Entspricht Rache wirklich unserem Ideal von Gerechtigkeit? Entspricht Rachsüchtigkeit unseren „westlichen Werten“?

Es scheint allgemein ausgemacht: Putin ist der Böse, der Schurke. „Putin ist der Aggressor, aber die Möglichkeit, das zu verhindern, liegt im Westen“, sagte Klaus von Dohnanyi, ehemaliger Minister für Bildung und Wissenschaft und Bürgermeister von Hamburg, im Mai 2022 in einem Gespräch mit Sandra Maischberger. Nach Ansicht von Dohnanyi wollte Putin noch im Dezember 2021 über die für Russland zentrale Frage „der Zugehörigkeit der Ukraine zur Nato“ verhandeln. „Putin hat darum gebeten", Biden aber habe abgelehnt, darüber zu sprechen. (ardmediathek, 11.05.2022)

> „Der Westen, so der frühere Hamburger Bürgermeister Klaus von Dohnanyi, trage eine Mitschuld am Krieg in der Ukraine. Mit dem russischen Präsidenten Putin müsse nun verhandelt werden – der internationale Haftbefehl gegen ihn sei deshalb unklug. (…) Der Klimawandel sei die wahre Bedrohung, »nicht Putin«, sagte Dohnanyi (…). »Die Priorität müsste sein, uns vor den Folgen des Klimawandels zu schützen (…). Stattdessen kaufen wir Panzer für die Ukraine, weil wir nicht geholfen haben, einen Krieg zu verhindern, der verhinderbar war.«" (Interview, DPA, 23.06.2023)

Hierzu ist auch die ausgewogene Sichtweise von Prof. Christian Hacke im Interview mit Harald Neuber (06.09.2022) erhellend. Hacke, geb.1943, ist ein deutscher Politikwissenschaftler und ehemalige Professor an der Universität der Bundeswehr Hamburg und der Rheinischen Friedrich-Wilhelm-Universität Bonn. Er gehört zu den renommierten deutschen Politikwissenschaftlern. „Politischer Realismus" ist einer seiner Forschungsschwerpunkte. Hackes aktuelle Botschaft lautet: „Europäische Sicherheit geht nur mit Russland."

> *Neuber:* „Vor gut zwei Jahrzehnten hat Putin dem Westen auf Deutsch Kooperation angeboten, auch später noch war er in Berlin zu Gast. Woher der Wandel?"
> *Christian Hacke:* „Der Krieg begann am 24. Februar, aber wir dürfen die Vorgeschichte nicht vergessen: Die Erweiterung der Nato um 1.300 Kilometer und die der EU haben Putin erzürnt. Putin entwickelte eine unbändige Wut gegenüber der Arroganz des Westens. Also, wer Russlands Sicherheitsinteressen derart herausfordert, muss mit allem rechnen und sich rechtzeitig warm anziehen. Sonst wird er kalt erwischt. Das passierte am 24. Februar. (…)
> Wenn man die Gegenseite, also Putin, dämonisiert und den Konflikt emotionalisiert, dann hat man damit die Entschuldigung, nichts zu tun. Man kann einfach sagen: Mit so einem Mann

können wir nicht reden. Und das ist das Allerschlimmste. Denn was ist das Gebot der Stunde? Man muss mit dem Teufel Tango tanzen, wenn man zu einem Ergebnis kommen will. Das ist bitter …“[(6)]

Hacke ist durchaus kein Putin-Freund; so vertritt er die Meinung, die Rhetorik von Putin führe „in die Irre. Er verschleiert, er lügt …“ Dennoch wird Hacke auf der Schwarzen Liste der Ukraine geführt und wird dort als „Informationsterrorist“ bezeichnet.

Ja, Putin verschleiert, und mit dem kriegerischen Überfall auf die Ukraine und den damit einhergehenden russischen Kriegsverbrechen ist Putin der Aggressor. Warum aber wird er zum „Sündenbock“, zum weltschlimmsten Bösewicht?

Aus der *Systemtherapie* wissen wir: Kranke Systeme brauchen einen Sündenbock, einen sogenannten „Symptomträger“; dieser wird verantwortlich gemacht für alle Störungen und alles Elend. So braucht auch unser krankes Gesellschaftssystem dringend einen, der schuld ist an der kollektiven Misere. Und wie immer muss der Schuldige bestraft werden. Da fühlt sich die deutsche Außenministerin ganz im Recht, wenn sie öffentlich verkündet: „Russland muss ruiniert werden.“

Nur, was sollte ein solcher Racheakt bewirken? Abgesehen davon, dass die atomare Großmacht Russland wohl kaum zu ruinieren ist; vorher haben wir uns vermutlich selbst ruiniert. In einem friedensökologischen Appell an die Bundesregierung heißt es:

> „Ihr Bestreben, Russland zu ruinieren – so die Bundesaußenministerin Baerbock nach Kriegsausbruch –, führt zu sozialen Verwerfungen in Europa und weltweit, die der Bevölkerung zusetzen. Die Militarisierung der Politik geht zu Lasten der Sozialpolitik, des Umweltschutzes und generell der Daseinsvorsorge.“ (frieden-links.de., August 2022)

Mit Blumen gegen die Dämonisierung des Feindes: Zum ersten Jahrestag des Kriegsbeginns am 24.02.2022 wurde ein russischer ausgebrannter Panzer – in dem vermutlich russische Soldaten starben – vor der russischen

Botschaft in Berlin abgestellt, das Kanonenrohr direkt auf die Botschaft gerichtet. Der Schuss ging allerdings nach hinten los: Friedens-AktivistInnen – und vielleicht auch Putinfreunde – schmückten den Panzer mit Blumen. Eine in Deutschland lebende Russin schreibt in einem Petitions-Kommentar zum „Manifest für Frieden“:

> „Ich bin Russin (…). Bin stolz solche Frauen wie Sahra und Alice zu unterstützen. Würde sie gerne persönlich kennen lernen und viel mehr persönlich erzählen, warum es ist so wichtig, diese Waffenwahnsinn zu beenden. »Lieber 100 Stunden verhandeln, statt 1 Stunde zu schießen.«“
>
> (W.O., 25.03.2023)

Und noch einmal zur „Dämonisierung Putins“ eine Botschaft aus Dohnanyis Buch „Nationale Interessen“, welche er im Gespräch mit Sandra Maischberger im Mai 2022 zitierte:

> „Könnten wir nicht statt der ständigen Dämonisierung Putins einfach mit einer normalen menschlichen Erfahrung beginnen: Nur im Dialog kann man erkennen, was der andere will und wo gemeinsame Fortschritte möglich sind.“

Russland und die „Kultur des Bösen“

> Joe Biden: „Ich wusste, dass Russland brutal ist.
> Aber ich habe nicht erwartet, dass sie so brutal sein würden.“
> (zdf.de, 01.12.2022)

Von der „bösen russischen Welt“ spricht ein ukrainischer Politiker, und der Sekretär des ukrainischen Nationalen Sicherheitsrates forderte im Fernsehen von der ukrainisch-orthodoxen Kirche, Putin „zum Teufel“ zu erklären: „Sagt, dass Putin der Satan ist.“ (zdf.de, 27.12.2022)

Und der russische Politologe Sergej Medwedew schreibt (19.06.2022, Neue Züricher Zeitung):

> „Die Gewaltverbrechen der russischen Armee in der Ukraine sind der Spiegel einer archaischen Kultur des Bösen, die das Land bis heute nicht aus den Klauen gelassen hat." (...) „Es (Russland) hat der ganzen Welt die sinnlose russische Wut, die finstere Barbarei, seine Verbrechermentalität, Grausamkeit, Gewalt und die Verachtung gegenüber der menschlichen Würde und dem menschlichen Leben präsentiert, sowohl dem der Ukrainer als auch dem der eigenen Soldaten.
> (...) In der Ukraine kämpfen heute Soldaten, die aus den depressivsten und kriminellsten russischen Regionen kommen, wo die Gefängnissubkultur die männliche Bevölkerung maßgeblich prägt."

„Warum sind russische Soldaten so brutal?" Das fragt die russische Autorin Irina Rastorgueva und beleuchtet zum Verständnis die sozialen Hintergründe des russischen Elends, das Gewalt erzeugt. Sie hat 33 Jahre auf der Insel Sachalin im äußersten Osten von Russland gelebt und lebt nun in Berlin. Ihre Antwort:

> „Viele junge Männer kommen aus einer Gesellschaft, in der Gewalt die Norm ist." Armut, Sozialneid, Alkohol und Drogenkonsum, Mord und Selbstmord, Vergewaltigungen gehören in den Neunzigerjahren zum Alltag der Menschen auf Sachalin.
> „Ein Teil der Inselbevölkerung brachte sich gegenseitig um, teilte die Einflusssphären in dem neu entstandenen Business auf, denn auf Sachalin gab es viel aufzuteilen: Kohle, Gas, Öl, Fisch. Andere brachten einander um, weil sie seit Jahren keinen Lohn mehr bekommen hatten, manche töteten sich zum Spaß, aus Liebe zur Gewalt. Die Industrie auf der Insel brach zusammen, die Menschen tranken. Sie tranken auf jeden Fall mehr, als sie zu essen hatten. (...)
> Es ist unmöglich, Regionen wie die im Fernen Osten zu verlassen. Um von dort wegzukommen, braucht man Geld, und das lässt sich nirgendwo verdienen; auch zu bleiben ist unmöglich, denn es gibt keine Arbeit. Da kann, in den Krieg zu ziehen, als der beste Ausweg erscheinen, der Krieg bietet ja die Chance, etwas zu ver-

dienen. Und viele wussten schon vor dem Krieg, wie man raubt, tötet, vergewaltigt. Es gab nichts anderes zu lernen …"
Um hier zu leben, so wird gesagt, „muss man entweder betrunken oder verrückt sein."(7)

Seit Ende des letzten Jahrhunderts sind die auf der Insel befindlichen Ölquellen – nach der Förderung von 25 Millionen Tonnen Öl – dabei zu versiegen. Die Natur, die bisherige Lebensgrundlage der Menschen, die einst von Fischfang und der Rentierzucht lebten, ist nachhaltig zerstört. Vor der Küste Sacharins aber lagern die größten Erdöl- und Erdgasvorkommen der Welt. Internationale Konzerne wie Chevron-Texaco, Exxon-Mobil, BP und Shell investieren hier in groß angelegte Förderprojekte. (vgl. Gesellschaft für bedrohte Völker, 22.06.2005)

Juschno-Sachalinsk, die Hauptstadt der Insel, hat die höchste Jugendkriminalität von ganz Russland. Die Insel Sachalin, Ende des neunzehnten Jahrhunderts die größte Strafkolonie Russlands, wurde von dem russischen Schriftsteller Anton Tschechow (1860-1904) als „Russlands Schreckensinsel" bezeichnet.

Ist es angemessen, hier von einer „russischen Kultur des Bösen" zu sprechen? Oder ist das Böse nicht eher in der maßlosen Ausbeutung der Natur Russlands zu sehen, der kommunistischen und der kapitalistischen Ausbeutung? Und in den exzessiven imperialistischen Bestrebungen von Ost und West, welche die Lebensräume für Menschen und Tiere zerstören und somit Mangel, Armut und Gewalt erschaffen?

Nicht Russland allein, das nach dem Zusammenbruch der Sowjetunion 1991 auch einen wirtschaftlichen Zusammenbruch erlebte, ist verantwortlich für das Elend der Menschen in den Grenzregionen zu China und Japan, der Republik Tuwa, in Sibirien und dem Kaukasus.

„Der Veränderungsprozess nach dem Zusammenbruch des Sozialismus in Russland hat viele Menschen ins soziale Abseits gedrängt. Knapp ein Viertel der Gesellschaft lebt unterhalb der Armutsgrenze." (caritas international)

Als „Putins Armee der Armen" wird die russische Streitmacht auch bezeichnet. Aus den ärmsten Gebieten Russlands kommen viele der russischen Soldaten, aus den Grenzregionen im Norden und Osten und den muslimischen Landesteilen. Im Vielvölkerstaat Russland leben etwa 160 verschiedene Ethnien und Subethnien. Vor allem für die Ärmsten der Armen, die ethnischen Minderheiten, war die Teilmobilmachung im September 2022 zunächst ein großer finanzieller Anreiz, ein Lichtblick. Es war die Hoffnung, dem Elend zu entkommen, die Hoffnung auf ein besseres Leben …

Und so endet für viele der Traum vom besseren Leben in noch größerem Elend und im Tod: Bisher wurden mehr als 100.000 russische Soldaten getötet. Allein in der Silvesternacht wurden in der Ostukraine durch zwei ukrainische Angriffe „Hunderte" russischer Soldaten getötet: „Die Verluste des Gegners belaufen sich auf 500 Tote und Verletzte." (berliner-zeitung.de, 03.01.2023) – Auch mit unseren Waffen …

„Russland muss ruiniert werden": Ein aggressiver Racheimpuls gegen Russland geistert durch die politische und mediale Landschaft. Selenskyjs Botschaft an Russland lautet: „Wir geben ihnen auf die Fresse." (zlive-news, 24.08.2022)

Die norwegische Diplomatin Elisabeth Ellingsen schäumte in einem russischen Hotel geradezu über vor Russenhass: „Ich hasse Russen", tönte sie und ergänzte dann: „Ich finde, ihr Menschen seid ekelhaft und ganz allgemein nur eine Schande." Dieser Vorfall war von einer Überwachungskamera festgehalten worden; die Diplomatin wurde ausgewiesen. (ntv politik, 04.08.2022)

Mitte Juni hatte das ukrainische Parlament russische Bücher und russische Musik verboten. In Kiew wurden 95 Straßen und Plätze mit russischen Namen umbenannt und bekamen Bezeichnungen ukrainischer Personen und Städte. Auch die Namen so weltbekannter russischer Schriftsteller wie Lew Tolstoi, Alexander Puschkin, Anton Tschechow und andere verschwanden aus dem Stadtbild. Nun gibt es stattdessen eine Straße mit dem Namen „Straße der Helden des Regiments Asow".

Ein deutlicher Antirussismus verbreitet sich in Europa; so sollen russische Bürger in einigen europäischen Ländern kein Einreisevisum mehr erhalten, was heißt: „Euch wollen wir hier nicht haben."

Aber, Russland ist unser Nachbar! Wenn ich mir vorstelle, ich wollte meinen direkten Nachbarn Fritz ruinieren, keine Minute meines Lebens könnte ich mich noch sicher fühlen. Gute nachbarschaftliche Beziehungen sind lebenswichtig, sie erfordern Gespräche, Kompromisse und Einsicht in die Bedürfnisse des anderen. Ansonsten ruinieren wir uns selbst – und sagen unseren Kindern und Enkeln später, falls wir dann noch leben: „Putin war schuld!"

Russland muss „ruiniert werden", sagen die Einen. Es gibt jedoch auch andere, vernünftige Stimmen, Einsichten wie diese von Claudia Major, der sicherheitspolitischen Expertin der Stiftung Wissenschaft und Politik – einer sich ansonsten militant äußernden Waffenlieferungs-Befürworterin:

> „»Jegliche Schwächung von Russland und das mögliche Auseinanderbrechen dieses Vielvölkerstaates hat eine enorme destabilisierende Wirkung auf Europa und darüber hinaus«, sagte sie dem Redaktionsnetzwerk Deutschland." (zdf.de.30.12.2022)

Was wir nicht vergessen sollten: Am 22 Juni 1941 hat Deutschland mit 3 Millionen Soldaten der deutschen Wehrmacht die Sowjetunion überfallen. Das sogenannte „Unternehmen Barbarossa" war geplant als ein Vernichtungskrieg, „mit dem Hitler die »Lebenskraft Russlands« zerstören und »Lebensraum im Osten« gewinnen will." (mdr.de, 22.06.2021) „Rund zehn Millionen Soldaten der Roten Armee wurden getötet oder starben in Kriegsgefangenschaft. Insgesamt verloren mindestens 24 Millionen sowjetische Bürger ihr Leben" – in einem Krieg, den Deutschland zu verantworten hat. (statista.com) „Russland muss ruiniert werden." Wie klingt das, angesichts dieser riesigen deutschen Schuldenlast?

> „Ihr führt Krieg?
> Ihr fürchtet euch vor eurem Nachbarn?
> So nehmt doch die Grenzsteine weg, –
> so habt ihr keinen Nachbarn mehr."
>
> (Friedrich Nietzsche, 1844-1900, Philosoph)

Deutschland und der US-Drohnenkrieg

Verstärkt wird diese Russophobie durch die einseitige und auch tendenziöse Berichterstattung der öffentlich-rechtlichen Medien. Bezüglich des Ukrainekrieges existiert ein öffentliches Meinungsverbot, ein Verfall vielschichtiger Wahrheit, dessen Überschreitung für den Einzelnen durchaus auch gefährlich werden kann. Der Titel eines Buches von Amy und David Goodman lautet „Keine Widerrede: Warum die Medien schmierige Politiker und Kriegstreiber lieben". Ja, warum nur? Als „Strategische Kommunikation" bezeichnet der Fernsehjournalist Ekkehard Sieker die mediale Kriegspropaganda:

> „Die Hoheit über die Verbreitung von Informationen zu erlangen und zu behalten, ist als Kriegsziel heute mindestens so wichtig wie die Lufthoheit über feindlichem Gebiet. Als erlaubt gilt, was dem eigenen Ziel nützt." (Ekkehard Sieker, freier Fernseh- und Wissenschaftsjournalist, Juni 2023)

Zum Thema der medialen Kriegspropaganda, auch aus den eigenen Reihen, äußert sich der Linken-Politiker Fabio De Masi:

> „Es graust mir, wie leicht es in einer demokratisch verfassten Gesellschaft fällt, in Zeiten des Krieges in der öffentlichen Debatte einen hysterischen Meinungskorridor zu etablieren, der keinen Widerspruch duldet und tatsächlich an die Kriegsbesoffenheit des ersten Weltkrieges erinnert." (Berliner Zeitung, 24.02.2023):

Über die Menschenrechts-Verbrechen der Russen sind wir seit Jahrzehnten gründlich informiert, die der Amerikaner aber werden eher verschwiegen oder beschönigt. Eine ganzheitliche und gerechte Beurteilung ist damit unmöglich, weil

> „… die vielen Völkerrechts-Verletzungen der Supermacht Amerika im Raum stehen, ohne bearbeitet und verziehen worden zu sein. Denn der Vorwurf der Doppelmoral ist die eigentliche semantische Waffe in diesem Krieg." (Matthias Horx, Publizist und Zukunftsforscher, April 2022)

Kriegsverbrechen wie Hinrichtungen von Kriegsgefangenen, gezielte Tötungen von Zivilisten, Vergewaltigungen von Frauen und Kindern – scheinbar sind es immer nur Russen, die solche Gräueltaten begehen. Kriegsverbrechen begeht immer nur der jeweilige Feind, so lautet ein wesentliches Element allgemeiner Kriegspropaganda. Berichte über Kriegsverbrechen von Ukrainern erscheinen in den Medien kaum oder nur als Randnotiz.

„Die extreme Form von Kriminalität, die im Krieg an der Tagesordnung ist, wird zum Kennzeichen allein der feindlichen Armee, die, so die Propaganda, hauptsächlich aus gewissen- und gesetzlosen Bestien bestehe", schreibt Anne Morelli in ihrem Buch „Die Prinzipien der Kriegspropaganda".[8] Was aber wissen wir über die unzähligen Verbrechen der Amerikaner in Afghanistan, Irak, Jemen, Libyen und anderswo?

> „Im Iran-Irak-Krieg von 1980-1988 verschwanden 50.000 bis 70.000 Männer und Jungen, von denen nach der Hoffnung von Angehörigen immer noch einige in iranischen Lagern leben könnten. Nach dem Sturz Husseins wurden laut dem Bericht zeitweise 96.000 Iraker in Gefängnissen unter US-amerikanischer und britischer Leitung inhaftiert, vielfach ohne dass ihre Familien Nachricht erhielten." (tagesschau.de, 04.04.2023)

Was wissen wir über die weltweiten Drohnen-Morde der Amerikaner? Eine Panorama-Dokumentation „Hinrichtung aus der Luft: Deutschland und der US-Drohnenkrieg"[9] enthüllt erschütternde Details:

> „Ahmadi arbeitet bei einer US-amerikanischen Hilfsorganisation in Kabul, die Lebensmittel im Land verteilt. Kurz vor Feierabend füllt er noch einige Kanister mit Wasser auf, bevor er sich dann in seinem weißen Toyota Corolla auf den Heimweg macht. (…) Seine Kinder und die seines Bruders laufen in der Einfahrt auf sein Auto zu, um ihn zu grüßen." Sie begeistern sich für das Auto und setzen sich zu ihm hinein. Ein Knall und das Auto geht in Flammen auf. Ahmadis Schwager Nasratullah berichtet: „Das waren zwei-, dreijährige Kleinkinder. Die waren in Stücke zerfetzt.

> Die haben wir auf der Straße aufgesammelt. Hier im Hof war alles voller Blut und Leichenteile."

Mit einer „Hellfire"-Rakete – abgefeuert von einer US-Drohne, gelenkt über Ramstein – werden sieben Kinder im Alter zwischen zwei und zwölf Jahren sowie Ahmadi und zwei seiner Brüder getötet. „Sie alle sind unschuldig." Die Schützen hielten Ahmadi für einen Terroristen.

> „Deutschland spielt beim US-Drohnenkrieg eine entscheidende Rolle. Eine US-Militäreinheit in Stuttgart entscheidet über gezielte Tötungen in Afrika, und auf dem Militärstützpunkt Ramstein (Rheinland-Pfalz) stehen wichtige Satellitenanlagen, ohne die US-Drohnen in Afrika oder im mittleren Osten nicht eingesetzt werden könnten." (tagesschau.de, 11.08.2022)

Politiker der Grünen hatten die deutsche Beteiligung an den „völkerrechtswidrigen Tötungen" der USA jahrelang verurteilt. Noch 2019 forderten sie in einem Bundestags-Antrag mit dem Titel „Keine Nutzung der Ramstein Air Base für völkerrechtswidrige Tötungen" die damalige Bundesregierung und das Auswärtige Amt dazu auf, „unverzüglich den verfassungs- und völkerrechtlichen Pflichten nachzukommen und amtliche Ermittlungen zum Tod von ZivilistInnen zu veranlassen." Ferner sollten sie gegenüber der US Regierung klarstellen, „dass völkerrechtswidrige Tötungen über die Satelliten-Relaisstation auf der Ramstein Airbase den Fortbestand der Relaisstation in Frage stellen."

Doch, nun selbst an der Macht, verweigerte die grüne Außenministerin Frau Baerbock sowie andere grüne MinisterInnen auf Anfrage von Panorama ein Interview. Nur Merle Spellerberg, Grünen-Vertreterin im Verteidigungsausschuss, war zu einem Interview bereit. „Auf die Frage, ob die Grünen, nun in der Regierung, ihre eigenen Forderungen umsetzen könnten, erklärte sie:

> „»Die Frage ist nicht, ob wir das könnten, sondern ob wir die Folgen, die damit einhergehen, in Kauf nehmen würden.« Gemeint ist damit wohl, dass man als Regierungspartei diplomatischen

> Spannungen mit den USA lieber aus dem Weg gehen möchte."
> (Panorama, Hinrichtung aus der Luft: Deutschland und der US-Drohnenkrieg, 11.08.2022)

So bleibt es dabei: Nur Russland handelt völkerrechtswidrig, wie uns immer wieder versichert wird, es wird zur Verkörperung des Bösen. Das Feindbild Russland ist im Kollektivbewusstsein zahlreicher Westdeutschen verankert und wird durch politische Propaganda täglich weiter gefüttert: „Die Russen sind roh und grausam" und „der Russ' will alles, er will ganz Europa."

Wenn das Böse sichtbar wird als das, was es ist, dann kann es auch offen verurteilt werden, man kann ihm mit offener Ablehnung begegnen. Wenn das Böse aber in Verkleidung daherkommt, im Gewand des Guten, wenn es sich als demokratisch, freiheitlich, gerecht und menschenfreundlich präsentiert, dann ist das Böse wirklich gefährlich.

9. Leugnung und kollektive Katastrophen-Blindheit

„Der Sommer 2022 fühlt sich ein bisschen an wie die letzten Momente auf der »Titanic«: Die bevorstehende Katastrophe ist absehbar, doch an Deck spielt die Musikkapelle. Was damals der Eisberg war, ist heute das Gebirge aus Großkrisen: Inflation, Energieknappheit und militärische Bedrohung infolge des russischen Angriffs auf die Ukraine. Extremwetter, Dürren, Hungersnöte und Flüchtlinge aufgrund der Erderhitzung. Steigende Corona-Zahlen und die Sorge vor dem Ausbruch weiterer Epidemien. Das Ringen um Ressourcen, Raum und Reichtum durch die Überbevölkerung des Planeten. Der zusehends unversöhnlich geführte Kulturkampf zwischen Linken und Rechten, Progressiven und Konservativen, Liberalen und Identitären in den westlichen Demokratien.“[(1)]

(Florian Harms, Tagesanbruch auf t-online, 04.07.2022)

Leugnung als Angst-Abwehr

„Es ist ungeheuerlich. Wir sind Zuschauer dabei, wie ein SPD-Bundeskanzler und seine Schergen Deutschland auf geradem Weg in den Abgrund führen. Und in Deutschland ist es totenstill. Die Menschen wehren sich nicht. Die Medien sind auf Linie gebracht …“

(C.K., 01.07.2022)

„Als die Nazis die Kommunisten holten, habe ich geschwiegen;
ich war ja kein Kommunist.
Als sie die Sozialdemokraten einsperrten, habe ich geschwiegen;
ich war ja kein Sozialdemokrat.
Als sie die Gewerkschafter holten, habe ich geschwiegen;

ich war ja kein Gewerkschafter.
Als sie mich holten, gab es keinen mehr, der protestieren konnte."

(Martin Niemöller, 1892-1984, evang. Pfarrer und ehem. Kirchenpräsident von Hessen-Nassau, 1937-1945 KZ-Häftling in Dachau)

Warum bleiben wir Zuschauer, warum schweigen wir in einer so bedrohlichen Situation? Wir haben Angst und nutzen die psychischen Muster der Angst-Abwehr. In einer *ausweglosen existentiellen Notsituation* folgt die normale menschliche Reaktion einem bestimmten emotionalen Reaktionsmuster:

1. Leugnung: Nicht-wahrhaben-wollen
2. Protest: Ohnmächtiger Zorn
3. Trauer: Weinen und Klagen
4 Resignation: Aufgeben und Anpassung

Dieser psychische Angst-Abwehr-Prozess dient *der Bewältigung* und allmählichen Akzeptanz einer *unabänderlichen* Situation. Ziel ist hier die beruhigende Anpassung an eine *ausweglose* Situation.

In den Äußerungen von BellizistInnen und PazifistInnen können wir diese vier Angst-Abwehr-Muster – Leugnung, Zorn, Klagen und Anpassung – erkennen; sie existieren häufig parallel und drücken sich aus in unterschiedlichen emotionalen Entladungen.

Wir alle nutzen diese emotionalen Abwehrformen, denn wir alle tragen Todesangst in uns, ob wir diese Angst fühlen oder nicht. Jede der beiden widersprüchlichen Positionen, die der MilitaristInnen und die der PazifistInnen, ist lediglich der polare Schatten der anderen Position, welcher allerdings gefährliche gesellschaftliche Spaltung und damit gesellschaftliche Konflikte erschafft:

WaffenbefürworterInnen leugnen die Gefahr weiterer Waffenlieferungen, fixiert in dem Irrglauben, mit noch mehr Waffen Frieden zu schaffen. Ihr mächtiger Zorn richtet sich gegen den Angreifer Russland und ihre Anklage betrifft die, welche für Diplomatie und Versöhnung eintreten.

Wir PazifistInnen versuchen, unsere Angst durch die Aufdeckung von Leugnung und Täuschung und eine möglichst ganzheitliche Betrachtung zu lindern. Unser ohnmächtiger Zorn richtet sich gegen alle KriegstreiberInnen, und unsere Trauer und Klage gilt dem Verlust unzähliger Leben.

Es sind gewaltige Emotionen, Emotionen mit großer Ladung, die in dieser aktuellen und existentiell bedrohlichen Situation freigesetzt werden – im privaten wie im öffentlichen Raum. Nicht selten sind sie grenzüberschreitend, entwürdigend, verletzend, verbal-gewalttätig und zuweilen auch ziemlich verrückt.

Nun aber befinden wir Deutschen uns *nicht* in einer unabänderlichen bedrohlichen Situation; der Krieg könnte sofort beendet werden, wenn beide Kriegsparteien zur Einsicht fähig wären und wenn die Mehrheit der Menschen in Europa deutlich und lautstark gegen die weitere Lieferung von Waffen an die Ukraine protestieren und Widerstand leisten würde – anstelle von leugnender Befürwortung oder angstvoll angepasstem Schweigen.

Zum Phänomen der *Leugnung*, der ersten emotionalen Reaktion auf eine drohende existentielle Gefahr, gehören Täuschung und Selbsttäuschung, Bagatellisieren, Beschönigen, Nicht-wahrhaben-wollen, Wegreden und Beschwichtigen. Wenn mir in einer kritischen Situation bagatellisierend gesagt wird „hab keine Angst“, dann weiß ich, jetzt wird es richtig gefährlich.

Im Prozess der Leugnung einer realen Gefahr kommt es häufig zu einer infantil-trotzigen Gegenreaktion: Jetzt erst recht! So hat ein kollektiver Hedonismus einen Teil der Menschen unserer westlichen Spaßgesellschaft fast suchtartig ergriffen: Feiern und Reisen, Essen und Trinken, Genießen wie im Taumel. Mehr als 200.000 TeilnehmerInnen der Loveparade feierten am 9. Juli 2022 ausgelassen auf den Straßen Berlins, und lediglich ca. 1.500 Menschen nahmen an der Friedens-Demonstration „Waffen nieder – Wir zahlen nicht für eure Kriege“ am 2. Juli 2022 in Berlin teil.

Der folgende Kommentar-Beitrag bringt die leugnende Haltung der Deutschen zu Waffenlieferung, Aufrüstung und Weltkriegs-Gefahr kurz und präzise-schnoddrig auf den Punkt:

„Deutschland »schläft«
Deutschland »krakeelt«
Deutschland »feiert«
und begibt sich auf den Weg
in den 3. Weltkrieg."

(S.S., 21.08.2022)

Exzessives Feiern kann als Abwehr der Angst vor einem drohenden Untergang verstanden werden, als Ablenkung und Leugnung einer drohenden Gefahr. Auch auf der sinkenden Titanic wurde gefeiert und getanzt, bis sie im Eismeer versank.

Leugnen, Schweigen, Nicht-wahrhaben-wollen sind als Symptome einer Angst-Störung zu verstehen. In hartnäckigen Fällen von *krankhafter Leugnung* einer bedrohlichen Realität arbeitet die Systemische Psychotherapie zuweilen auch mit einer „Paradoxen Intervention". Das Paradoxon wirkt hier als Verstärker des Absurden und als das erschütternde Echo einer verrückten Leugnungsstrategie. Hierdurch kann möglicherweise ein erschrecktes Aufwachen und in dessen Folge eine Umdenkens- und Verhaltens-Korrektur erwirkt werden. Hier meine „Paradoxe Intervention" an die Adresse der WaffenbefürworterInnen. Bitte laut nachsprechen:

Wir frieren gern
Wir hungern gern
Wir sterben gern
Wir opfern das Leben unserer Kinder
Wir opfern das Leben unserer Enkel
in demütiger Hingabe
für Euren heldenhaften Krieg.
Ruhm und Ehre den Helden!

Das Kassandra-Syndrom

Warnungen vor einem Krieg mit Russland gab und gibt es immer wieder. Wache und bewusste Menschen schweigen nicht, sie erheben ihre Stimme, sie mahnen vor einer drohenden Gefahr. Bereits 2014(!) warnten mehr als 60 Persönlichkeiten aus Politik, Wirtschaft, Kultur, Religion und Medien vor einem Krieg mit Russland, u.a. die frühere Bundestagsvizepräsidentin Antje Vollmer (Grüne), der Bundespräsident a.D. Roman Herzog sowie SPD- und CDU-PolitikerInnen. Ihre mahnenden und eindringlichen Worte sind heute, nach bald 10 Jahren, noch genauso bedeutsam und aktuell wie damals. Heute, mitten in der Gefahrenlage, vor der gewarnt wurde, klingen sie noch bedeutender, noch wahrer, noch dringlicher. In diesem Aufruf heißt es unter anderem:

> „Der Ukraine-Konflikt zeigt: Die Sucht nach Macht und Vorherrschaft ist nicht überwunden. (…) Bei Amerikanern, Europäern und Russen ist der Leitgedanke, Krieg aus ihrem Verhältnis dauerhaft zu verbannen, verloren gegangen. (…)
> In diesem Moment großer Gefahr für den Kontinent trägt Deutschland besondere Verantwortung für die Bewahrung des Friedens. (…)“

In ihrem Aufruf appellierten sie an die *Bundesregierung*, „ihrer Verantwortung für den Frieden in Europa gerecht zu werden (…). Das Sicherheitsbedürfnis der Russen ist so legitim und ausgeprägt wie das der Deutschen, der Polen, der Balten und der Ukrainer. Wir dürfen Russland nicht aus Europa hinausdrängen. Das wäre unhistorisch, unvernünftig und gefährlich für den Frieden. Seit dem Wiener Kongress 1814 gehört Russland zu den anerkannten Gestaltungsmächten Europas.“

Im Aufruf an die *Abgeordneten* heißt es: „Wir appellieren an die Abgeordneten des Deutschen Bundestages, als vom Volk beauftragte Politiker, dem Ernst der Situation gerecht zu werden und aufmerksam auch über die Friedenspflicht der Bundesregierung zu wachen. (…)“

> Im Aufruf an die *Medien* appellieren sie, der „Pflicht zur vorurteilsfreien Berichterstattung überzeugender nachzukommen als bisher. Leitartikler und Kommentatoren dämonisieren ganze Völker, ohne deren Geschichte ausreichend zu würdigen. Jeder außenpolitisch versierte Journalist wird die Furcht der Russen verstehen, seit Nato-Mitglieder 2008 Georgien und die Ukraine einluden, Mitglieder im Bündnis zu werden. Es geht nicht um Putin. Staatenlenker kommen und gehen. Es geht um Europa. Es geht darum, den Menschen wieder die Angst vor Krieg zu nehmen. Dazu kann eine verantwortungsvolle, auf soliden Recherchen basierende Berichterstattung eine Menge beitragen."[(2)]
> (Der gesamte Text „Aufruf: Prominente warnen vor Krieg mit Russland" ist nachzulesen bei welt.de, 07.12.2014)

Dieser Aufruf von 2014 ist scheinbar ungehört verhallt. Auch der „Offene Briefes an Kanzler Olaf Scholz" vom 29.04.2022, in dem die Publizistin Alice Schwarzer und achtundzwanzig ErstunterzeichnerInnen zu Besonnenheit aufrufen und vor einem dritten Weltkrieg warnen, blieb ungehört. Als naiv, unwissend, infam und zynisch wurde die inhaltliche Begründung ihres Aufrufs belächelt und verhöhnt.

Ja, Warnungen werden nicht gerne gehört und MahnerInnen sind selten beliebt. Schon die trojanische Seherin Kassandra machte diese schmerzliche Erfahrung:

> „Das alte Lied: Nicht die Untat, ihre Ankündigung macht die Menschen blaß, auch wütend, ich kenn es von mir selbst. Und dass wir lieber den bestrafen, der die Tat benennt, als den, der sie begeht: Da sind wir, wie in allem übrigen, alle gleich. Der Unterschied liegt darin, ob mans weiß."[(3)]

Es ist tatsächlich sehr unangenehm, die warnende Stimme der Wahrheit zu hören und es ist unbequem, ihr entsprechend zu handeln. Denn sie fordert auf, tätig zu werden, mutig einzutreten für die Wahrheit und klare Position zu beziehen – was insbesondere für politische RepräsentantInnen sehr ungemütlich werden kann. Da wird der Eine oder die Andere plötzlich sehr einsam dastehen in der Masse all der aggressiv fordernden oder angstvoll schweigenden LeugnerInnen. Es erfordert Mut, alleine zu stehen – das erfahre auch ich immer wieder in meinem Leben.

Und für manche kann das Bekenntnis zu einer unbeliebten Wahrheit durchaus gefährlich werden, wie im Beispiel von „Kassandra“, der unerhörten Seherin von Troja: Die antike Stadt Troja war (im 13. oder 12. Jahrhundert v. Chr.) etwa zehn Jahre lang von dem griechischen Heer belagert und nur durch eine Kriegslist schließlich erobert worden – was durch epische und mythologische Erzählungen überliefert ist.

Kassandra, der Tochter des trojanischen Königs Priamos, war die Gabe des inneren Sehens geschenkt. Doch als sie die Zerstörung Trojas durch die Griechen vorhersagte, wurde ihr nicht geglaubt. Ihre warnenden Rufe verhallten und die Tragödie nahm ihren Lauf. Mit einer List war es den Griechen schließlich gelungen, Troja zu erobern und zu zerstören. Kassandra wurde vergewaltigt, als Kriegsbeute verschleppt und schließlich getötet.

Kassandra. John Hamilton Mortimer, 1776

Die meisten aller Katastrophen ließen sich vermeiden, wenn der „Kassandra-Ruf" rechtzeitig gehört würde. Wir Menschen sind die SchöpferInnen unserer Geschicke, unseres individuellen und kollektiven Lebens. Unsere Zukunft liegt allein in unserer Hand, das Göttliche – ich bezeichne es auch als Universelles Bewusstsein – wirkt schöpferisch *in uns und durch uns.* Die Macht, unseren Mutterplaneten Erde heilsam zu gestalten, hier segensreich zu wirken, das ist unser göttliches Erbe und unser aller ganz persönlicher Entwicklungsauftrag.

> „Das Furchtbarste an jedem Krieg ist der Umstand, dass die Menschen ihn wie ein Naturereignis – etwa wie einen Blitzschlag, ein Erdbeben, eine Springflut – hinzunehmen pflegen, während er in Wirklichkeit ein mit ihrer eigenen Duldung und Mithilfe von Menschenhand vorbereitetes Unternehmen ist, bei dem man den Initiatoren und Managern auch noch die sichersten Plätze reserviert."
>
> (Sigmund Graff, 1898-1979, Schriftsteller)

Es braucht Mut hinzuschauen, die Unwetterwolken am kollektiven Himmel wahrzunehmen, sie als menschliche Machenschaften zu realisieren und Worte zu finden für die drohende Gefahr. Wird der Kassandra-Ruf diesmal gehört? Wird er ein Echo finden? Im Folgenden noch einige Beispiele der zahlreichen und immer noch unermüdlich Warnenden:

> „Friedensgutachten 2022 – Forscher warnen vor nuklearer Eskalation. Von der Bundesregierung fordern die Konfliktforschungs-Institute eine aktive Rolle in der Nato für ein Abrüsten statt Aufrüsten." (zdf.de, 21.06.2022)
> „Um einen Atomkrieg in Europa zu verhindern, müssen die USA ihre Strategie ändern, fordert Friedensaktivist Rolf Bader." (ehem. Offizier der Luftwaffe, fr.de, 28.02.2023)

Zur Atomkriegsgefahr äußerte sich der Ex-Brigadegeneral Erich Vad, von 2006 bis 2013 militärpolitischer Berater von Bundeskanzlerin Angela Merkel, im Interview mit der Emma-Redakteurin Annika Ross:[(4)]

„(…) Wie soll das weitergehen?
Wenn die Russen durch massive westliche Interventionen dazu gezwungen würden, sich aus der Schwarzmeerregion zurückzuziehen, dann würden sie, bevor sie von der Weltbühne abtreten, mit Sicherheit zu den Nuklearwaffen greifen. Ich finde den Glauben naiv, ein Atomschlag Russlands würde niemals passieren. Nach dem Motto, ‚die bluffen doch nur'. Aber was könnte die Lösung sein? Man sollte die Menschen in der Region, also im Donbass und auf der Krim, einfach fragen, zu wem sie gehören wollen. Man müsste die territoriale Integrität der Ukraine wiederherstellen, mit bestimmten westlichen Garantien. Und die Russen brauchen so eine Sicherheitsgarantie eben auch. Also keine Nato-Mitgliedschaft für die Ukraine. Seit dem Gipfel von Bukarest von 2008 ist klar, dass das die rote Linie der Russen ist. (…)"

Kofi Annan (1938-2018), ghanaischer Diplomat, Generalsekretär der Vereinten Nationen und Träger des Friedensnobelpreises 2001, hat einmal gesagt: „Das Böse braucht das Schweigen der Mehrheit." Aber selbst wenn die Mehrheit und insbesondere die Mehrheit der westlichen PolitikerInnen weiterhin schweigen sollte, wenn sie ihre Augen und Ohren verschließen, den Kassandra-Ruf überhören, die Tatsachen leugnen und die MahnerInnen diffamieren und bedrohen: Es kommt ans Licht – dauerhaft lässt sich die Wahrheit nicht verleugnen. Alles kommt irgendwann aus dem Dunklen ins Licht des Bewusstseins und in die Welt.

Im „Manifest der Achtzigjährigen – die Stimme der Kriegskinder zum Krieg in der Ukraine", initiiert von Dr. Marianne Gronemeyer und Dr. Reimer Gronemeyer, heißt es unter anderem:

„Wir warnen:
Es ist schlecht um die demokratische Zukunft eines Landes bestellt, in dem die »Wortemacher des Krieges« (Franz Werfel) das Sagen haben. Sie nennen diejenigen, die Bedenken tragen gegen den Einsatz von immer mehr Waffen, verächtlich Zauderer; diejenigen, die Kompromisse erwägen, werden als Verräter gebrandmarkt, die Vorsichtigen nennen sie feige, die Besorgten schwäch-

lich und die Pazifisten traumduselig, verrückt oder gefährlich.

Wirklich gefährlich ist die viel beschworene ‚Geschlossenheit', die alle zu Meinungskomplizen macht. Ohne Gegenstimmen, die sich auch Gehör verschaffen können, gibt es keine Demokratie. (…) Der Papst hat zu Beginn des Krieges die Frage aufgeworfen, ob der völkerrechtswidrige Angriff auf die Ukraine etwas zu tun habe mit dem »Bellen der NATO vor den Türen Russlands«. Er hat dafür einen Sturm der Empörung geerntet. Aber nicht diese Frage ist gefährlich für den Bestand der westlichen Demokratie, sondern ihre Unterdrückung …"[(5)] (07.03.2023 auf Change.org. v. Charlotte Jurk)

Deshalb werden wir nicht müde, zu rufen, zu warnen, zu mahnen. Wir schreien, wir brüllen: „Waffen nieder! Schluss mit dem Morden. Verhandlungen beginnen!" Wir werden nicht müde, wir geben nicht auf, wir werden „das tausendmal Gesagte immer wieder sagen", wie Bertolt Brecht es uns vorgelebt hat.

„Diesmal kann niemand sagen:
Ich habe nichts gehört.
Ich habe nichts gesehen.
Ich habe nichts gewusst …"

(S.S., 03.07.2022)

Das Gedächtnis der Menschheit

(Bertolt Brecht, Text v. 1952)

Das Gedächtnis der Menschheit
für erduldete Leiden ist erstaunlich kurz.
Ihre Vorstellungsgabe für kommende Leiden
ist fast noch geringer.

Die Beschreibungen, die der New Yorker
von den Gräueln der Atombombe erhielt,
schreckten ihn anscheinend nur wenig.
Der Hamburger ist noch umringt von den Ruinen,
und doch zögert er,
die Hand gegen einen neuen Krieg zu erheben.
Die weltweiten Schrecken der vierziger Jahre scheinen vergessen.
Der Regen von gestern macht uns nicht nass, sagen viele.

Diese Abgestumpftheit ist es,
die wir zu bekämpfen haben,
ihr äußerster Grad ist der Tod.
Allzu viele kommen uns schon heute vor wie Tote,
wie Leute, die schon hinter sich haben,
was sie vor sich haben, so wenig tun sie dagegen.

Und doch wird nichts mich davon überzeugen,
dass es aussichtslos ist,
der Vernunft gegen ihre Feinde beizustehen.
Lasst uns das tausendmal Gesagt immer wieder sagen,
damit es nicht einmal zu wenig gesagt wurde!
Lasst uns die Warnungen erneuern,
und wenn sie schon wie Asche in unserem Mund sind!
Denn der Menschheit drohen Kriege,
gegen welche die vergangenen wie armselige Versuche sind,
und sie werden kommen ohne jeden Zweifel,
wenn denen, die sie in aller Öffentlichkeit vorbereiten,
nicht die Hände zerschlagen werden.“

10. Proteste und der feurige Zorn

„Ihr habt den Krieg zum Spiel gemacht!
Jeder von Euch, weit weg vom Schlachtfeld,
will den Krieg »gewinnen«!
Habt Ihr den Verstand verloren?
Setzt Euch sofort an den Verhandlungstisch,
redet miteinander und schafft Frieden!"

(M.B., 18.09.2022).

Emotionen entspringen der Wahrheit unserer Psyche; oft sind sie unbequem, irritierend, verwirrend und zuweilen erscheinen sie uns gefährlich. Sie aber wollen angenommen, gefühlt, innerlich bewegt und möglichst heilsam zum Ausdruck gebracht werden. Ihre Seelen-Botschaft will gehört werden: Ihre ergreifenden Worte des Mit-Leids, die Worte der Angst, die Worte der Erschütterung, die Worte der Ent*rüstung*, die Worte des Zorns und vor allem die Worte der Liebe.

Zorn und wütende Anklage

Wenn unser Leben bedroht ist, dann reagieren wir mit „archaischer Wut", einem entwicklungsgeschichtlich sehr frühen Überlebens-Zorn –, wie bereits in Kapitel 3 ausführlich beschrieben. Dieser Zorn hat das Ziel, unser Leben zu schützen. Angetrieben von diesem archaischen Überlebens-Impuls rüsten Waffenfreunde auf und rüsten nach: „Frieden schaffen mit noch mehr Waffen" ist ihr irrsinniger Plan im Zeitalter wechselseitiger nuklearer Bedrohung.

Auch PazifistInnen werden zornig, wenn ihr Leben, das ihrer Kinder und das gesamte Leben auf der Erde bedroht ist, gewaltig zornig sogar. Aber dieser Zorn sollte friedlichen Ausdruck finden, mit Worten möchten wir denen, die diesen Krieg führen und fördern und sich nicht auf einen Friedensplan einigen können, „die Hände zerschlagen", wie es Brecht formulierte. Er muss, als er dies schrieb, ziemlich zornig gewesen sein.

Wenn sich leidvolle Klage in feurigen Zorn und gerichtete Anklage wandelt, dann fühlen wir uns nicht mehr ganz so ohnmächtig, Eigen-Macht wird hörbar und teilt sich mit. Die folgende Anklage einer Waffenlieferungs-Gegnerin ist schonungslos und direkt in der Auflistung politischer Fehlentscheidungen. Und im rhythmischen Stakkato, der Monotonie der Sprache, erinnert diese Rede an die anklagende Wut der Erinnyen, der Klagegeister in der antiken griechischen Tragödie:

> „Marshallplan für die Ukraine.
> Nur noch Schizophrenie.
> Erst alles totbomben und dann endlose Milliarden für den Wiederaufbau.
> Und Deutschland zahlt mit unseren Steuergeldern mit Freuden.
> Nachdem mit den Waffen von unseren Geldern alles niedergemacht wurde.
>
> Eines ist sicher: mittlerweile ist nicht nur Putin ein Kriegsverbrecher.
> Die EU und die Nato ebenso.
> Diese Waffen töten Menschen und vernichten alles.
> Nichts, aber auch gar nichts rechtfertigt das.
> Auch wenn dieses ukrainische Albtraumtrio noch so plärrt.
> Kein Land der Welt hat das Recht, für seine Ideale andere zu vernichten.
> Man müsste einfach Einhalt gebieten.
>
> Aber unsere Politiker sind machtgierig.
> Aber wie Machtgier endet, wissen wir seit dem Dritten Reich.
> Muss es erst eine Neuauflage eines Weltkriegs geben?
> Damit auch Scholz, Merz, Strack-Zimmermann oder Hofreiter ein Kriegstrauma an die nächsten Generationen weitergeben können?
>
> Und ein paar Scheinchen für den Hunger in der Welt gibt es auch. Armselig!
> Der Hunger in der Welt kann ja nicht so schlimm sein, wenn die paar Milliarden ausreichen.

Aber Hauptsache, diese wahnwitzigen Kriegsziele werden ohne jede Obergrenze auf endlose Zeit finanziert.
In diesem Land wird die Wirtschaft und die Bevölkerung an den Abgrund getrieben.
Und Selenskyj hat täglich Weihnachten.

Wann gibt es für die Rentner Weihnachten?
Die Klimaprobleme werden an den Rand geschoben.
Die jungen Menschen verzweifeln.
Haben berechtigte Angst um ihre Zukunft.
Was interessiert den alten Biden das Klima, für den reichts immer noch …
Was interessieren den alten Biden die Tausende von toten Delphinen, die Umweltschäden, die dieser Krieg anrichtet.

Alles egal!
Hauptsache, Selenskyj erobert die Krim und den Donbass.
Man opfert die Welt diesen hirnrissigen Kriegszielen.
Und unsere Regierung ist ganz vorne dabei.
Marschiert in der ersten Reihe."

(W.B., Juni 2022)

Zorn ist eine starke *Emotion*, eine mächtige energetische Schwingung, sie kann vernichtend oder auch heilsam wirken; sie kann – wie ein Gewitter – reinigen und klären oder aber blitzartig verbrennen und zerstören. Zorn sollte daher gehalten und über kritische Selbsterkenntnis heilsam transformiert werden. Das braucht einen Raum, in dem diese machtvolle Energie in Liebe angenommen ist, einen Raum, der „Containment" bietet, wie in einer ganzheitlichen Psychotherapie. Denn heftige Aggression, Wut und Zorn kommen *immer* aus tiefster Verzweiflung, aus Ohnmacht und Todesangst.

Die Kommentarseite der beiden Friedens-Manifeste bietet einen solchen Raum für Ausdruck von Angst, von Verzweiflung und Wut, aber auch von Liebe und Mitgefühl – meistens jedenfalls, denn auch hier manifestiert sich der menschliche Schatten. Die verzweifelt wütenden

Stimmen der SchreiberInnen finden hier Gehör, Annahme und ein heilsames Echo:

„… Wir sind keine Retter, wir sind die Todesengel.
Ohne unsere Waffen wären auch jetzt bereits tausende Menschen noch am Leben.
Die Ukrainer wollen sterben? Bitte, sie sind souverän.
Und was genau hat das jetzt mit uns zu tun?
Sterbehilfe leisten? Nicht mit mir!
Diese ekelhafte, unsagbar unmenschliche Kriegstreiberei ist nicht auszuhalten!
Ich fordere sofortige Verhandlungen!
Wie kann man nur so gierig nach Blut lechzen?
Wie krank ist das alles?
Verstümmelung, Folter und Abschlachten …
Bis zum letzten Blutstropfen? …
Tapfere tote Helden? … Hört auf damit!
Stopp, ihr könnt nicht siegen!
Jeder verliert und alle haben bereits verloren!
Looser alle – wo ich mich hinwende.
Trotzige, sturköpfige, rotzfreche, auf den Boden stampfende, diese-Suppe-ess-ich-nicht Kinder …
Ich lebe in einem ALBTRAUM."

(S.T., Juni 2022)

Die Macht und der Verrat

„Frau Baerbock weiß nicht, welche Risiken sie durch ihr Handeln gerade eingeht. Das Machtgefühl wirkt wie eine Droge. Das ist das Unfassbare! Ich kapiere nicht, wie gewählte Politiker/innen völlig ignorieren, was die Menschen in Angst und Schrecken versetzt. Es ist nur mit Machtgier zu erklären, weshalb das Wohl der Bevölkerung so viel Missachtung erfährt …"

(H.S., 23.07.22)

Ja, Machtgefühl ist eine Droge! Macht versetzt in einen veränderten Bewusstseins-Zustand, eine Trance, in wahnhafte Verblendung, in der Menschen keine Angst mehr spüren vor einer real drohenden Gefahr; ihre Angst sinkt ab in den Schattenraum des Unbewussten. Ein von Macht besetzter Mensch fühlt sich gottgleich und unsterblich. So behaupteten Politiker und Politikerinnen, die selbst Eltern von Kindern sind: „Ich habe keine Angst vor einem Atomkrieg."

Und so sichert die Außenministerin, die in ihrem Machtrausch scheinbar jegliche gesunde Überlebensangst verloren hat, der Ukraine weiterhin volle Unterstützung zu:

> „Wir stehen an eurer Seite, solange ihr uns braucht …
> Egal, was meine deutschen Wähler denken."
>
> (A. Baerbock, 31.08.2022 in Prag)

Das macht fassungslos, ist diese Aussage doch erklärter Wortbruch, Verrat, Autokratie oder bereits Diktatur in einer Scheindemokratie? Ich stelle die beiden wichtigen Versprechen der Annalena Baerbock hier noch einmal gegenüber.

Ihr erstes Versprechen: Am 08.12.2021 in Berlin zur Amtseinführung als Außenministerin Deutschlands legte sie folgendes Gelübde ab:

> „Ich schwöre, dass ich meine Kraft dem *Wohle des deutschen Volkes* widmen, seinen Nutzen mehren, Schaden von ihm wenden, das Grundgesetz und die Gesetze des Bundes wahren und verteidigen, meine Pflichten gewissenhaft erfüllen und Gerechtigkeit gegen jedermann üben werde."

Ihr zweites Versprechen: Am 01.09.2022 in Prag, bei einer Podiumsdiskussion mit dem ukrainischen Außenminister sagte sie Folgendes:

> „Wenn ich den Menschen in der Ukraine das Versprechen gegeben habe, »Wir stehen an eurer Seite – so lange, wie ihr uns braucht«, dann will ich das auch einhalten. *Egal, was meine deutschen Wähler denken.*"

„Egal, was meine deutschen Wähler denken." – Das ist Wortbruch, Vertragsbruch, Verrat. In Bezug auf das Ehe-Versprechen wäre dies ein Scheidungsgrund.

Nach gescheiterter medienpolitischer Umdeutung und dem ebenfalls gescheiterten Versuch, diese peinliche Aussage als „russische Propaganda" zu entlarven, ist nun ein Video aufgetaucht, das diesen Vorgang sichtbar belegt. Ich habe mir dieses Video mehrfach angesehen und war beeindruckt von der Eindeutigkeit und der Dramatik ihrer Körpersprache:

Als Frau Baerbock den bemerkenswerten Satz: „Egal, was meine Wähler denken" fallen lässt, macht sie nach rechts, zu ihren imaginierten Wählern hin, eine fast verächtliche, abwehrende, wegwerfende, geradezu wegscheuchende Handbewegung, mit der Handinnenfläche nach unten. Dann wendet sie sich der anderen Seite, dem Außenminister der Ukraine zu – den sie als „mein Freund Dmytro" bezeichnet – mit einer einladenden, gebenden Geste ihrer Hand, die Handinnenfläche geöffnet nach oben. – Der Körper lügt nicht, er spricht die Wahrheit, sagen wir in der Körperpsychotherapie.

Die Worte so mancher PolitikerInnen, in West und Ost, sind Ausdruck ihres Egos, Ausdruck von persönlichem Willen und von narzisstischem Streben nach Macht: Mit der Aussage: „Egal, was *meine* deutschen Wähler denken", degradiert die deutsche Außenministerin *ihre* Wähler und Wählerinnen zu *Objekten* ihrer subjektiven Staats-Macht-Allüren, über die sie willentlich verfügen kann –, so wie autoritäre Eltern über ihre Kinder verfügen.

Antje Vollmer (1943-2023), Theologin, Autorin, Politikerin der „Grünen", von 1994 bis 2005 Vizepräsidentin des Deutschen Bundestages, schreibt in ihrem Vermächtnis „Was ich noch zu sagen hätte" – das sie einige Tage vor ihrem Tod verfasst hat –, zu Annalena Baerbock: „Die Außenministerin ist die schrillste Trompete der neuen antagonistischen Nato-Strategie." Zu den „Grünen" und deren Außenpolitik äußert sie sich sichtlich enttäuscht:[(1)]

> „Die Grünen waren mal Pazifisten. – Meine ganz persönliche Niederlage wird mich die letzten Tage begleiten. Gerade die Grünen, meine Partei, hatte einmal alle Schlüssel in der Hand zu

einer wirklich neuen Ordnung einer gerechteren Welt. Sie waren durch glückliche Umstände dieser Botschaft viel näher als alle anderen Parteien."

Auch Erich Vad, Brigadegeneral a. D. der Bundeswehr und ehemaliger militärpolitischer Berater von Bundeskanzlerin Angela Merkel, äußert sich in einem Interview deutlich besorgt über die derzeitige Außenpolitik der Grünen:

> „(...) Die Eindimensionalität der aktuellen Außenpolitik ist nur schwer zu ertragen. Sie ist sehr stark fokussiert auf Waffen. Die Hauptaufgabe der Außenpolitik aber ist und bleibt Diplomatie, Interessenausgleich, Verständigung und Konfliktbewältigung. Das fehlt mir hier. (...)
> Die Mutation der Grünen von einer pazifistischen zu einer Kriegspartei verstehe ich nicht. Ich selbst kenne keinen Grünen, der überhaupt auch nur den Militärdienst geleistet hätte. Anton Hofreiter ist für mich das beste Beispiel dieser Doppelmoral. Antje Vollmer hingegen, die ich zu den ‚ursprünglichen' Grünen zählen würde, nennt diese Dinge beim Namen. Und dass eine einzige Partei so viel politischen Einfluss hat, dass sie uns in einen Krieg manövrieren kann, das ist schon bedenklich."(2)

Auch mich – wie viele andere – irritiert, verstört und ängstigt die Kriegspolitik der Grünen. Ich fühle mich persönlich betrogen; denn ich war eine ihrer WählerInnen, die ihr nun „egal" sind. Ich habe „Die Grünen" gewählt seit ihrer Gründung im Jahr 1993. Mit ihren ethischen Grundwerten „ökologisch, basisdemokratisch, sozial und gewaltfrei" und der Forderung nach „gesetzlicher Begrenzung der Rüstungsimporte" schienen sie mir *Garant für eine friedvolle Zukunft.* Ich habe mich getäuscht und ich habe mich täuschen lassen; meine Enttäuschung ist riesengroß und so versuche ich Worte zu finden für das Unbegreifliche:

Aufstehen! – „Aufstand für Frieden"

Lautes Klagen und verbaler Ausdruck von feurigem Zorn können heilsam sein: Wenn wir uns einen solchen Reinigungsprozess gestatten, dann fühlen wir uns meist stärker, wir können uns aufrichten und können klar, deutlich und sachlich unser berechtigtes Anliegen vorbringen. Die Kreishandwerkerschaft des Halle-Saalekreises ist hierin Vorbild: In einem offenen Brief vom 17.08.2022 an Kanzler Olaf Scholz formulierten die Handwerker sachlich und klar drei Forderungen und die entscheidende Frage:

> „Wollen Sie wirklich für die Ukraine Ihr Land opfern?
> 1. Sofortiger Stopp aller Sanktionen gegen Russland. (…)
> 2. Sofortige Aufnahme von diplomatischen Verhandlungen zur Beendigung des Krieges. (…)
> 3. Alle politischen Entscheidungen sind auf den Nutzen für das deutsche Volk zu überprüfen –, so wie Sie es geschworen haben."

Diffamierende Kritik folgte prompt: „Brief der Kreishandwerkerschaft schadet dem Ruf der Stadt", hieß es aus Richtung der SPD. Und die FAZ urteilte: In diesem Brief „kehrt der Nationalismus als Zukunftsdenken wieder." Als sei es anrüchig, die Zukunft des eigenen handwerklichen Betriebes, die Zukunft der eigenen Familie und das eigene Leben schützen zu wollen. Es ist doch unsere persönliche Pflicht, dies zu tun. Denn nur wenn wir selbst in der glücklichen Lage sind, ein gesundes und einigermaßen sicheres Leben zu führen, nur dann können wir auch für andere hilfreich sein, sie unterstützen und die Güte des Lebens mit ihnen teilen. Das zu tun, ist unsere globale Menschen-Pflicht!

Die Handwerker im Osten Deutschlands sind offensichtlich aufgeweckte, wackere und mutige Leute. Eine deutliche Anklage und ein dringender Appell kommt auch von der Kreishandwerkerschaft Anhalt Dessau-Roßlau:[(3)]

> „Guten Morgen.
> Im Anhang finden Sie den Aufruf zur Demonstration am 1.10. in Berlin. Wir bitten um massenhafte Teilnahme, damit die Re-

gierenden in der Hauptstadt den Willen des Volkes zu spüren bekommen. Denn dieser entspricht nicht den Vorstellungen, die sich die Idealisten, Ideologen und Wertemissionare im Bundestag machen.
Die gewählten Vertreter des Volkes entfernen sich immer weiter vom Volk, das sie gewählt hat. Aber das scheint sie immer weniger zu interessieren, wie Außenministerin Baerbock unlängst in Prag klar zu verstehen gegeben hat. Sie fühlt sich dem ukrainischen Volk mehr verpflichtet als dem deutschen, das ihre Diäten bezahlt und ihr einen Lebensstandard und Pensionsbezüge ermöglicht, von denen der überwiegende Teil der Bevölkerung nur träumen kann. Sie wird sich sicherlich auch keine Sorgen machen müssen um die Temperaturen in ihrer Wohnung, um die Lebensmittelpreise und die Zukunft ihrer Kinder. Für all das sorgt eine Bevölkerung, der sie jene Wertschätzung verweigert, die den Menschen hierzulande gebührt."

„ ...eine Bevölkerung, der sie jene Wertschätzung verweigert, die den Menschen hierzulande gebührt." Das ist der Kernsatz: Das am meisten Verstörende ist die Arroganz und Anmaßung, mit der aktuell regierende Politiker und Politikerinnen den Menschen ihres Landes begegnen, mit welcher Überheblichkeit sie sich über deren elementare Bedürfnisse hinwegsetzen und mit *welch feudalherrlicher Willkür sie über deren Leib und Leben verfügen.* Das ist erschreckend und zunehmend beängstigend.

„In totalitären Regimen wie z.B. Russland entscheidet der Diktator und das Volk hat kein Mitspracherecht.
In westlichen Demokratien wie z.B. die USA und Deutschland entscheiden die Politiker und das Volk hat kein Mitspracherecht.
In totalitären Regimen gibt es keine Meinungsfreiheit.
In den westlichen Demokratien wird jeder, der die westliche Kriegspropaganda und einseitige Berichterstattung in Frage stellt, beleidigt, lächerlich- und fertiggemacht."

(D.M., 28.02.2023)

„Aufstand für Frieden“

Unter diesem Motto haben die Publizistin Alice Schwarzer und Sahra Wagenknecht, Politikerin der Linken, am 10.02.2023 ein „Manifest für den Frieden“ verfasst, das von 69 Prominenten erstunterzeichnet wurde. Dieses Manifest bringt, ein Jahr nach Kriegsbeginn, den aktuellen Stand klar und sachlich ausgewogen auf den Punkt.

Doch viel Hohn und Spott schäumen in den Medien und sozialen Netzwerken. Alle diese diffamierenden Beiträge aber zeugen von Unwissenheit, geistiger Begrenzung und dem frühen, unreifen Bewusstsein der Schreiber und Schreiberinnen. Die Argumentation von Sahra Wagenknecht und Alice Schwarzer ist unstrittig und unwiderlegbar: Ein Krieg gegen die Atommacht Russland ist nicht zu gewinnen.

Nach nur einer Woche, am 17.02.2023, haben sich bereits 510.000 Menschen dem Aufruf angeschlossen und das Friedens-Manifest unterzeichnet, und im Minutentakt kommen weitere Unterschriften hinzu.

Hier das „Manifest für Frieden“ im Wortlaut:

> „Heute ist der 352. Kriegstag in der Ukraine (10.2.2023). Über 200.000 Soldaten und 50.000 Zivilisten wurden bisher getötet. Frauen wurden vergewaltigt, Kinder verängstigt, ein ganzes Volk traumatisiert. Wenn die Kämpfe so weitergehen, ist die Ukraine bald ein entvölkertes, zerstörtes Land. Und auch viele Menschen in ganz Europa haben Angst vor einer Ausweitung des Krieges. Sie fürchten um ihre und die Zukunft ihrer Kinder.
> Die von Russland brutal überfallene ukrainische Bevölkerung braucht unsere Solidarität. Aber was wäre jetzt solidarisch? Wie lange noch soll auf dem Schlachtfeld Ukraine gekämpft und gestorben werden? Und was ist jetzt, ein Jahr danach, eigentlich das Ziel dieses Krieges? Die deutsche Außenministerin sprach jüngst davon, dass »wir« einen »Krieg gegen Russland« führen. Im Ernst? Präsident Selenskyj macht aus seinem Ziel kein Geheimnis. Nach den zugesagten Panzern fordert er jetzt auch Kampfjets, Langstreckenraketen und Kriegsschiffe – um Russland auf ganzer Linie zu besiegen? Noch versichert der deutsche Kanzler, er wolle weder

Kampfjets noch »Bodentruppen« senden. Doch wie viele »rote Linien« wurden in den letzten Monaten schon überschritten?
Es ist zu befürchten, dass Putin spätestens bei einem Angriff auf die Krim zu einem maximalen Gegenschlag ausholt. Geraten wir dann unaufhaltsam auf eine Rutschbahn Richtung Weltkrieg und Atomkrieg? Es wäre nicht der erste Krieg, der so begonnen hat. Aber es wäre vielleicht der letzte.
Die Ukraine kann zwar – unterstützt durch den Westen – einzelne Schlachten gewinnen. Aber sie kann gegen die größte Atommacht der Welt keinen Krieg gewinnen. Das sagt auch der höchste Militär der USA, General Milley. Er spricht von einer Pattsituation, in der keine Seite militärisch siegen und der Krieg nur am Verhandlungstisch beendet werden kann. Warum dann nicht jetzt? Sofort!
Verhandeln heißt nicht kapitulieren. Verhandeln heißt, Kompromisse machen, auf beiden Seiten. Mit dem Ziel, weitere Hunderttausende Tote und Schlimmeres zu verhindern. Das meinen auch wir, meint auch die Hälfte der deutschen Bevölkerung. Es ist Zeit, uns zuzuhören!
Wir Bürgerinnen und Bürger Deutschlands können nicht direkt auf Amerika und Russland oder auf unsere europäischen Nachbarn einwirken. Doch wir können und müssen unsere Regierung und den Kanzler in die Pflicht nehmen und ihn an seinen Schwur erinnern: »Schaden vom deutschen Volk zu wenden.«
Wir fordern den Bundeskanzler auf, die Eskalation der Waffenlieferungen zu stoppen. Jetzt! Er sollte sich auf deutscher wie europäischer Ebene an die Spitze einer starken Allianz für einen Waffenstillstand und für Friedensverhandlungen setzen. Jetzt! Denn jeder verlorene Tag kostet bis zu 1.000 weitere Menschenleben – und bringt uns einem 3.Weltkrieg näher.

Alice Schwarzer und Sahra Wagenknecht."[(4)]

Hierin ist alles gesagt, ich habe dem „Manifest für Frieden" nichts hinzuzufügen. Nur: Ich danke euch beiden mutigen Frauen von Herzen, die ihr euch nicht scheut, euch immer wieder unbeliebt zu machen, ausgelacht und für „naiv“ befunden zu werden. Ich danke euch, dass ihr mit Bertolt Brecht das „tausendmal Gesagte“ immer wieder sagt, dass ihr nicht müde geworden seid, die Warnungen immer wieder zu erneuern, „denn der Welt drohen Kriege …“

Ich füge noch einen Kommentar zur Schwarzer-Wagenknecht-Petition an, den ich als besonders gelungen erachte: Die Argumentation ist kritisch, klug, scharfsinnig, und dem Autor – mit dem ich persönlich Kontakt hatte – gelingt eine nicht-spaltende, verbindende und freundlich-lockere Ausdrucksweise:

> „Halleluja. Herr Habeck bezeichnet die Petition als »politische Irreführung«. Menschenskinder, Herr Habeck, Sie haben sich doch »klimaneutralen Wohlstand« auf ihre Fahnen geschrieben. Wohlstand für wen? Für Sie, für uns alle oder sogar die gesamte Menschheit? Schön wäre es, oder ist das auch politische Irreführung? Fangen Sie doch einfach mit Klimaschutz an. Wer das Klima oder vielmehr die Umwelt und die Natur schützen will, liefert keine Waffen irgendwohin und schon gar nicht in die Ukraine. Sondern unternimmt alles, dass die Welt ein besserer Ort wird.
>
> Ausreden zählen nicht. Stets und ständig zu erklären, dass allein Putin der Schuldige ist, passt nicht in unsere immer komplexere und mehrdeutige Welt. Ich bin weder für Putin noch für Selenskyj, und den nationalistischen Lautsprecher Melnyk finde ich gruselig. Ich bin für ein friedliches Mit- und Nebeneinander und das gern demokratisch. Aber wenn Demokraten bestimmen, was demokratisch ist und eine andere Sicht auf die Welt umgehend stigmatisiert wird, fröstelt es mich.
>
> Was ich mich auch frage, gibt es innerhalb der Regierungsparteien keine kritischen Stimmen, die die Aussagen und das Verhalten ihres Führungspersonals hinterfragen? Sind alle Abgeordnete im Bundestag, in den Landtagen, in den Landkreisen und Kommunen der gleichen Meinung? Ich glaube oder vielmehr hoffe das nicht. Vielleicht haben Einige auch nur Angst, Angst sich zu outen. Aber Outen ist doch zeitgemäß.

Ich habe jedenfalls Angst, Angst vor der deutschen Außenministerin. Frau Baerbock verkörpert für mich das Mephistophelische: »Ich bin die Macht, die stets das Gute will, aber das Böse schafft.« Eine Weiblichkeit, die keine Niederlage duldet, und nur ihr Machtanspruch zählt. Annalena die Große. Machiavelli hätte an Frau Baerbock seine wahre Freude, Sigmund Freud aber sicher auch.

Welches Ergebnis haben die 20 Jahre »Krieg gegen den Terror« in Afghanistan gebracht? Geht es den Frauen und Kindern dort besser? Nein! Die Taliban nutzen die liegen gelassene amerikanische Militärtechnik, aus Russland fließt Erdöl ins Land. Ich hoffe, dass wenigstens die Brunnen funktionieren, die die Bundeswehr gebaut hat. Herrje. Wenn das das beabsichtigte Ergebnis von 20 Jahren Krieg gegen den Terror sein soll, zweifele ich und finde es für alle Gefallenen, Verwundeten und dort Zurückgelassenen, egal welcher Nationalität, beschämend. Ich fürchte auch, dass das gleiche Schicksal die Ukraine trifft, wenn sich die globalen Interessenlagen ändern und die Ukraine keinen Gewinn mehr abwirft.

»Der Mut zum Bekenntnis erhöht den Wert einer Erkenntnis«, schrieb Victor Frankl in seinem Buch »… und trotzdem Ja zum Leben sagen«.
Darum mein Ja zu dieser Petition."

(Ingo Bröcker, Februar 2023)

11. Kriegs-Angst, Trauer und Klage

Menschen im Krieg
Von Angst zerfressen
Im Trauma erstarrt

Alte Dämonen
Kriechen im Leopardenfell
Aus ihrem Versteck

Das Herz zerrissen
Handreichung oder Handgranate?
Die Wahrheit wird siegen

(G. Croissier, 12.02.2023)

Wenn Warnungen und Kassandra-Rufe unerhört bleiben, wenn Klage, Anklage und Empörungs-Zorn verhallen und kein öffentliches Echo finden, dann kann die Angst vor Vernichtung und Tod übermächtig werden. Wenn Menschen von Hilflosigkeit und Angst *überwältigt* werden, dann resignieren und verstummen sie. Oder aber sie geben ihrer Angst Ausdruck und finden Worte der Angst, Worte der Trauer und Worte für ihren unerhörten Schmerz.

Angst – Worte am Abgrund

Blankes Entsetzen
Im Gleichgewicht des Schreckens
Das Lebenslicht erlischt

Heulendes Kriegsgeschrei
Nur der Gesang der Amsel
Mir Frieden bringt.

(G. Croissier, 27.02.2022)

Angst-Ausdruck und Angst-Bewältigung können schöpferischen Antrieb schenken. Wenn wir aber von Hilflosigkeit, Hoffnungslosigkeit und übermächtiger Angst überwältigt und gequält werden, wenn Leib und Seele *in Angst erstarren,* dann kann die Lebenskraft nicht mehr fließen. Dann wissen wir nicht mehr, was wir noch tun könnten, das Leben verliert seinen Sinn – und manche geben dennoch nicht auf:

> „Ich habe mich noch nie im Leben so hilflos, mutlos, antriebslos, kraftlos, ängstlich und ausgelaugt gefühlt, wie durch diesen Krieg und das Handeln unserer Regierung. Und ich habe weiß Gott schon viel mitgemacht."
>
> (W.B., Juni 2022)

> „Was kann man noch tun?
> Außer Aufklären und die Hoffnung nicht verlieren?
> Warten auf den Sieg der Vernunft und dass die Menschheit
> nicht im Armageddon vernichtet wird …
> Was sind das für Menschen, die uns »so etwas« zumuten?
> Sind es Menschen? Vernunftbegabt? Nein, ganz sicher nicht!
> Elitekreaturen, in der Minderheit.
> Und die Mehrheit schaut zu, in Angst."
>
> (H.S., Juli 2022)

Jürgen Trittin, Bundestagsabgeordneter der Grünen, erscheint als solch eine „Elitekreatur", die uns das Risiko einer Vernichtung zumutet: Am Ende der Sendung bei Markus Lanz zur „Lieferung schwerer Waffen" (13.05.2022) äußerte er sich folgendermaßen: „Das ist ein schwieriger Balanceakt, aber das muten wir einer verunsicherten und *zu Recht besorgten* – ich vermeide den Begriff »Angst« – Bevölkerung zu."

Indem Trittin den Begriff „Angst" vermeiden will, gibt er ihm gerade ganz besonders große Bedeutung; er weiß also um die Kriegs-Ängste der Menschen und mutet sie ihnen dennoch zu. Einige wenige PolitikerInnen lassen es zu, dass die Mehrzahl der Menschen Tag und Nacht, über Wochen, Monate oder gar Jahre, von – berechtigten! – existentiellen Sorgen und Vernichtungs-Ängsten geplagt wird. Funktioniert so konsequente Demokratie? Und wofür dieser schwierige „Balanceakt", von dem er spricht? Für narzisstische Größe, für Ansehen, Macht, Sieg und für „unsere demokratischen Werte".

Wer aber will schon einen Märtyrer-Tod sterben für die Werte einer Pseudo-Demokratie? Wir haben Angst, wir fürchten um unser Leben und das unserer Kinder!

> „Ich fühle mich seit Monaten als Geisel, auf einer von der Regierung organisierten Geisterfahrt. Falls niemand sofort aufwacht, muss diese gefährliche Fahrt in einer Katastrophe enden ..."
>
> (M.B., Mai 2022)

> „Herr Scholz, Frau Baerbock, Strack-Zimmermann, Herr Habeck, Merz, Röttgen, Lindner, Hofreiter, Masala und alle weiteren Kriegstreiber: Wer gibt Ihnen eigentlich das Recht, unser Leben auf's Spiel zu setzen? Unsere Lebensgrundlagen zu zerstören? Unsere Steuern zur Befriedigung ihrer Kriege zu stehlen? Uns unserer kleinen Ersparnisse zu berauben? Ohne uns zu fragen!
> Das nennt sich also Demokratie? (...)
> Kriege sind MORD. Müssten sie nicht ALLES tun, um Mord zu verhindern?
> UNSER LEBEN GEHÖRT UNS."
>
> (S.S., 08.2022)

Kriegsangst und Kriegsfurcht hat fühlende und mitfühlende Menschen ergriffen: Im „Manifest der Achtzigjährigen – die Stimme der Kriegskinder zum Krieg in der Ukraine" sprechen die Alten über ihre Furcht vor der herrschenden siegestrunkenen Meinungsmanipulation und der Gefahr eines Atomkrieges. Ich empfehle diesen klugen und ergreifenden Beitrag – aus dem ich in meinem Buch bereits einige Abschnitte zitiert habe – als Ganzes zu lesen:

> „Wir fürchten uns vor den Furchtlosen, die erst den Krieg gewinnen wollen, um dann Frieden zu machen. Aber ‚Sieg' reimt sich mit ‚Krieg', nicht mit ‚Frieden'. (...)" Für Frieden brauche es Frie-

> denssehnsucht, so die Stimme der Achtzigjährigen: „Woher soll die Friedenssehnsucht aber kommen in unserem Land, in dem die öffentliche Meinung nach allen Regeln des medialen Know-how darauf eingeschworen wird zu glauben, man könne und müsse gegen eine Atommacht einen Sieg erfechten, um eine günstige Ausgangsposition für das dann erst mögliche Gespräch zu haben? Dass sich die ‚Hoffnung' auf ein friedliches – wenn schon nicht Miteinander, so doch wenigstens – Nebeneinander auf immer monströsere Maschinen richtet, deren letzter Daseinszweck darin besteht zu töten und zu zerstören, macht uns fassungslos. (...)"[(1)]

Auch ich verliere zuweilen meine schützende Fassung: Mitte Juni rutschte ich in eine heftige Angstkrise – als so ungeheuerliche Begriffe wie „Atomkrieg", „Einsatz von Atomwaffen", „Nuklearkrieg" den verantwortlichen PolitikerInnen und Nachrichten-SprecherInnen so locker-verbissen über die Lippen kamen, als würden sie die nächste Benzinpreiserhöhung verkünden. Ich konnte kaum mehr schlafen, war getrieben von innerer Not, von Ängsten um meine Kinder und Enkelkinder, um mich und meinen zärtlichen Kater Baubo, um alle Menschen, alle Tiere, um die gesamte Welt. Jede Zuversicht und jede Lebensfreude schienen verloren, die schöpferische Energie erloschen, die Sommertage dunkel und ohne Licht.

Bundeskanzler Olaf Scholz scheint die Angst der Menschen zu ahnen. Nach seinem Kurswechsel und der ihm abgerungenen Entscheidung für Lieferung von Leopard-2-Panzern an die Ukraine und deren massiver Forderung nach Kampfjets gab er ein Versprechen:

> „»Viele Menschen haben Angst.« Die Lieferung von Kampfjets und Kampftruppen an die Ukraine lehnte Scholz ab. Dies habe er ebenso wie US-Präsident Joe Biden bereits vor Monaten in der Debatte über eine Flugverbotszone klargestellt. Dabei bleibe es, sagte der SPD-Politiker. Viele Menschen in Deutschland hätten Angst vor einer militärischen Eskalation. »Vertrauen Sie mir, vertrauen Sie der Regierung«, sagte Scholz direkt an die Bürgerinnen und Bürger gewandt." (tageschau.de 25.01.2023)

Jetzt können wir nur „hoffen und beten", dass Olaf Scholz seine eigene gesunde Kriegs-Angst und seine emotionale Berührbarkeit ernst nimmt –, die wurde sichtbar zu Beginn des Krieges, als er mit Tränen in den Augen über den „Krieg in Europa" sprach. Und wir können nur hoffen, dass ihm die Angst vor öffentlicher und weltweiter Diffamierung, die Angst, als schwacher Kanzler und Versager verhöhnt zu werden, zur schöpferischen Quelle wird für Kraft und Mut: Dass er unter den gewaltvollen Forderungen und dem beißenden Druck all der Kriegs- und Sieges-Begeisterten – auch seiner eigenen Außenministerin – weiterhin aufrecht und kühn zu seinem Versprechen steht.

Das war im Januar 2023, aber ein halbes Jahr später sehen wir ein Foto von Scholz im Kampfjet. – Ist unserem Kanzler zu trauen?

> „Ein Kanzler im Kampfjet. Olaf Scholz besucht »Air Defender« und präsentiert sich mit ernster Mine im Kampfjet. Es gehe darum, so Scholz, dass »die Aussage auch ernst genommen wird von allen, dass wir bereit sind, jeden Zentimeter unseres Territoriums zu verteidigen.«" (zdf, 16.06.2023)

Angst als Quelle schöpferischer Kraft

Heute ist der 27. Februar 2023, gerade jetzt um 19 Uhr hat das „Manifest für Frieden" von Alice Schwarzer und Sahra Wagenknecht genau 700.000 Unterschriften, und es geht weiter …

Die deutsche Angst-Lähmungs-Blase beginnt langsam zu platzen, die Menschen fühlen die Angst und geben ihr Ausdruck. Mit dem Aufruf von Alice Schwarzer und Sahra Wagenknecht und ihrem eindrucksvollen Vorbild, sich auch von den bösartigsten Schmähungen nicht brechen zu lassen, sowie dem demonstrativen „Aufstand für Frieden" am Samstag in Berlin – basierend auf Foto- und Videomaterial waren es etwa 50.000 TeilnehmerInnen – hat sich etwas gewandelt: Eine deutliche Mehrheit der deutschen Bevölkerung scheint langsam aufzuwachen:

- Die Menschen realisieren die drohende Gefahr eines Weltkrieges,
- sie bekennen sich zu ihrer Kriegsangst,

- sind empört über die Täuschungsmanöver, Machtspiele und die Ignoranz der führenden deutschen Politiker und Politikerinnen,
- durchschauen das inszenierte Helden-Schauspiel des ukrainischen Präsidenten und seiner Mitspieler,
- reagieren aufgebracht angesichts der Kriegspropaganda und Manipulationsversuche der Leitmedien,
- erkennen die strategischen Interessen der USA und der Nato an einer Verlängerung und Ausweitung des Krieges,
- wehren sich gegen die Einflussnahme und das Diktat der USA auf die deutsche Außenpolitik,
- sind wütend über die gigantischen Gewinne der Rüstungsindustrie bei gleichzeitiger Verschlechterung der eigenen ökonomischen Situation,
- sind sprachlos über die lebensvernichtenden Folgen für die armen und notleidenden Völker und Nationen dieser Welt,
- sind voller Trauer über die kriegerische Zerstörung der Natur und der natürlichen Lebensgrundlagen,
- vor allem beklagen sie den sinnlosen Opfertod ukrainischer und russischer Männer, Frauen und Kinder, die geopfert werden für Macht, Vaterlands-Ehre und ökonomischen Zugewinn,
- und sie treten leidenschaftlich und mitfühlend, lautstark und anklagend, wütend und gleichermaßen versöhnlich ein für die schlichte Überzeugung: „Frieden schaffen ohne Waffen!"

So kann die Angst zur Quelle werden, zu einer Quelle schöpferischer Kraft: Angst, auch wenn sie uns furchtbar quält, ist primär kein Zeichen von Schwäche oder gar einer psychischen Störung, wie allgemein angenommen wird. Das Gegenteil ist der Fall: Gefühle von Angst angesichts einer möglichen Bedrohung sind Ausdruck von seelischer Wachheit und von gesundem Menschenverstand. Wer mit 200 km/h über die Autobahn rast und keine Angst fühlt, ist nicht stark und mutig, sondern mit ihm stimmt etwas nicht. Was aber stimmt nicht?

Gefühle von Angst sind ein natürlicher und instinkthafter psychischer Schutzmechanismus, ein Urgefühl, das dazu dient, uns vor möglichen Gefahren zu warnen. Auch Tiere haben Angst und sogar Pflanzen – wie die Biokommunikation zeigt – reagieren mit Angstimpulsen. Angst gehört zum Leben: „In der Welt habt ihr Angst ..." (Joh. 16,33)

Nun aber sind akute Angstgefühle unbequem, schmerzhaft, sie können uns Tag und Nacht quälen. Und dann – wenn die Angst am allergrößten ist, wenn jegliche Hoffnung verloren ist, wenn nichts mehr zu retten ist, in akuter Todesbedrohung kann ein psychischer Abwehrmechanismus einsetzen: die Angst-Abwehr – wie bereits in Kapitel 9 beschrieben.

Die Abwehr unerträglicher Angstgefühle gestaltet sich unterschiedlich, je nach psychischer Beschaffenheit wählen Menschen die eine oder andere Angst-Abwehrform: Verdrängung, Leugnung, Selbsttäuschung, Projektion, Aggression, aber auch Rückzug, Vermeidung, Verschweigen, psychogene Lähmung und andere. Vermutlich dienen *alle* psychischen Abwehrmuster letztendlich der Abwehr von Angst. Denn wer will schon ein „Angsthase" sein? Angst ist nicht beliebt, sie macht unbeliebt, daher wird sie häufig nicht geduldet: Schon als Kinder wurde uns gesagt, wenn wir im Dunkeln Angst hatten: „Hab keine Angst." Angst ist verboten, denn sie kann ansteckend sein.

Tatsächlich aber ist die Angst *auch* eine Quelle schöpferischer Kraft, eine mächtige Antriebskraft: Ohne die Aktivierung meiner alten biographischen Kriegsängste hätte ich wohl kaum den Impuls, mich fühlend, denkend und schreibend dem ungeheuerlichen Thema Krieg zu widmen. Ohne Angst vor drohender Weltkriegs-Gefahr hätten die 28 InitiatorInnen der Schwarzer-Petition sich nicht an den Bundeskanzler gewandt, hätten die Menschen nicht so viele bewegende Kommentare zu dieser Petition geschrieben.

Die wissenschaftliche Angstforschung zeigt, dass ängstliche Menschen, die ihre Angst in bewusster Annahme halten können, keineswegs psychisch krank sind. Sie werden als „hochreaktiv" bezeichnet und gelten als wachsamer, umsichtiger, nachdenklicher und mitfühlender als andere. „Außerdem würden sie seltener kriminell, brächten sich nicht leichtfertig in Gefahr und lebten deshalb länger“, so die Ergebnisse der Angstforschung.

Zudem sind ängstliche Menschen kreativer als diejenigen, die keine Angst fühlen. Viele so herausragende DichterInnen und DenkerInnen, KünstlerInnen und MusikerInnen wie beispielsweise Goethe, Brecht, Kafka, Virginia Woolf, Vivaldi, auch Aretha Franklin mit ihrem ergreifenden, emotionalen Gesang –, sie alle waren zutiefst ängstliche Menschen.(2)

Wir PazifistInnen, wir, die ängstlich Mahnenden, werden als „dumm“, „naiv“, „verantwortungslos“ und sogar als „Terroristen“ bezeichnet. Wo aber bleibt die ängstliche Wachsamkeit, Umsichtigkeit, Nachdenklichkeit und das Mitgefühl unserer politisch Verantwortlichen? Wie beschädigt und gefühllos müssen diejenigen sein, die behaupten, keine Angst vor einem Atomkrieg zu haben.

Hier erinnere ich an das Gegenmotto der alten Friedensbewegung zum Evangelischen Kirchentag 1981:
„Fürchtet Euch. Der Atomtod bedroht uns alle!“

Otto Dix: Der Krieg, 1924

Weinen und Klagen als Überlebens-Macht

„Erhebt über die Berge hin
Weinen und Klagen,
über die Weideplätze der Steppe
ein Totenlied!“

(Jeremia, Vers 9,9)

Nachdem die vielen Warnrufe, die vielen Bitten und Appelle an die politischen EntscheidungsträgerInnen um Vernunft, Verhandlungen und Dialog-Bereitschaft bisher unerhört blieben, ergriff Ende Juni 2022 eine Welle von Klagen, Anklagen und verzweifelt-ohmächtiger Wut die noch offenherzigen Menschen, die, welche nicht in Angst-abwehrender Leugnung gefangen waren. Die Kriegs-Nachrichten, Kriegs-Bilder und Kriegs-Berichte waren und sind für *fühlende und mitfühlende* Menschen kaum zu ertragen:

„Ich möchte nicht mehr hören, wie viele Menschen getötet wurden,
wie viele Gräueltaten verübt wurden,
wie viele Häuser zerbombt wurden,
wie viele Menschen in Angst leben und sich in Kellern verstecken müssen.
Ich möchte nicht für den Krieg frieren und im Dunkeln sitzen.
Ich möchte keine Almosen wie einmalige Zahlungen, 9 Euro Tickets etc.
Ich möchte nicht zusehen, wie die Wirtschaft erst in Deutschland und dann in Europa wie ein Kartenhaus zusammenbricht.
Ich wünsche mir, dass unsere Regierung sofort auf Diplomatie setzt und sich um Waffenruhe in der Ukraine einsetzt …“

(M.B., 04.07.2022)

Ja, wir sind es satt, täglich neue Bilder von verbrannter Erde, zerbombten Häusern, zerfetzten Kinderleichen zu sehen! Es schmerzt zu sehr, der Schmerz in uns und in der Welt ist riesig, er will Ausdruck finden, er will hörbar werden, sonst verhärtet er sich und wir werden krank: Depressionen und psychosomatische Erkrankungen, Psychosen und Suizidalität sind mögliche Folgen von unterdrücktem Schmerz.

Lautes Klagen, Weinen, Schreien, Brüllen ist heilsam und befreiend, das wussten die Menschen der alten Kulturen. Nur im aktiven Fühlen von Angst und Schmerz kann existentielle Not transformiert werden. Nur im fühlenden Ausdruck ereignet sich Wandlung. Nur im fühlenden kollektiven Miteinander ist schöpferischer Neubeginn möglich.

Das folgende Klagelied Jeremias in Bezug auf die kriegerische Zerstörung Jerusalems im Jahr 586 v. Chr. beschreibt die erschütternde Realität eines von Krieg und Gewalt betroffenen Landes: Flucht und Vertreibung, den Tod von Kindern, Frauen und Männern. Dieser uralte Klagetext ist heute so aktuell wie damals und könnte genauso die Alltagswirklichkeit der Menschen in der Ukraine beschreiben, in Syrien, im Jemen, Afghanistan …

„Da, horch, ein Klagelied ist aus Zion zu hören:
Ach, wie sind wir misshandelt,
in große Schande gestürzt!

Wir müssen die Heimat verlassen,
unsere Wohnungen hat man zerstört. (…)

Der Tod ist durch unsere Fenster gestiegen. (…)
Er rafft das Kind von der Straße weg,
von den Plätzen die jungen Männer.

Die Leichen der Leute
liegen wie Dünger auf dem Feld,
wie Garben hinter dem Schnitter:
keiner ist da, der sie sammelt.“

(Jeremia 9, 16-21)

Tief empfundenes – nicht manipulierendes – Weinen und Klagen ist heilsam. In traditionellen Kulturen war die gemeinsame kollektive und rituell gehaltene Klage angesichts einer existentiellen Katastrophe von großer Bedeutung. Sie stärkte den Zusammenhalt der Gemeinschaft und aktivierte den Überlebenswillen der von Unheil und Krieg betroffenen Menschen.

Auch wir Heutigen wissen um die heilsame Wirkung der Tränen, der Klage und des gemeinsamen Trauerns. Jeder existentielle Verlust erfordert einen aktiven befreienden Trauerprozess, damit das Leben sich wieder neu entfalten kann. In meinem Buch „Die magische Wunde" schreibe ich ausführlich über die heilsame und regenerierende Kraft von Trauer, von Weinen und Klagen.[(3)]

Meine Vision: Eine psychodramatische Anti-Kriegs-Demonstration mit vielen tausenden Menschen, und alle klagen gemeinsam, mit einer Stimme. Wir klagen laut, im Stakkato, mit einer Stimme. Wir brüllen, gemeinsam, mit einer Stimme. Unsere gemeinsame Klage-Litanei erfüllte die Straßen Berlins und von allen Häuserwänden erschallte lautstark ihr Echo …

Würden wir dann endlich gehört? Vielleicht könnten die Leitmedien ARD und ZDF unseren Prostest dann nicht mehr verschweigen – wie nach der Demonstration in Berlin am 09.07.2022 geschehen.

Aufschrei und „Ein Appell für Frieden"

> „Ich will mir den Schrei zu eigen machen,
> der mit wachsender Sorge aus jedem Teil der Erde,
> aus jedem Volk, aus dem Herzen eines jeden aufsteigt,
> aus der ganzen Menschheitsfamilie:
> Das ist der Schrei nach Frieden!"
>
> (Papst Franziskus, regnumchristi.de, 09.2013)

Der folgende Beitrag ist ein Kommentar zu der Schwarzer-Wagenknecht-Petition vom 10.02.2023. Er ist ein *Aufschrei* für den Frieden; in ihm verbinden sich zornige Ent-Rüstung mit schmerzlicher Anteilnahme und Mitgefühl für die Opfer aller Kriege. Beeindruckt bin ich von der unbeschönigenden und realistischen Darstellung kriegerischer Grausamkeit sowie der tiefsinnigen emotionalen Berührbarkeit des Autors:

> „An den Kriegsfronten dieser Welt gibt es keine Helden. Es gibt nur Tod und Leichen. Zerrissene Körper und abgerissene Extremitäten. Verrottete Kadaver im eisigen Schlamm. Zerfetzte Kinder und geschundene Frauen. Menschenmaterial als Kanonenfutter.
> (…)
> Je sind es die Völker, die sich willfährig zerfleischen lassen, während die Kriegstreiber in ihren Palästen feist nach Vergeltung, Ehre und Ruhm brüllen. Die Welt soll brennen, an allen Ecken und Enden aller Kontinente. Dies ist das Begehren der Machthaber dieser Welt. Ihre Macht, so ist ihr Kalkül, wird sie vor dem Inferno, das sie entfachen, beschützen. Sie werden gerettet, überleben und bauen eine neue Weltordnung nach ihrem Dünkel. Völker dieser Welt, macht euch nicht gemein mit Denen! Euer Wohl ist ihnen einerlei. Ihr sollt sterben. Verrecken im Dreck der Frontlinien. Eure Kinder sollen Vaterlos sein. Eure Frauen ohne Mann. Und ihr alle sollt nichts sein. Bedeutungslos!
> Alle Macht geht aber von den Völkern aus! Wenn sie es wollen. Wir können so viel mehr als diese machtgierigen Monster. Wir können verstehen, vertrauen, zuhören. Wir können voller Mitgefühl sein. Wir können reden, wir können diskutieren und uns austauschen. Wir können lieben und wir können verzeihen. Wir können verstehen!
> Unsere Welt braucht etwas anderes als Streit und Krieg. Unsere Umwelt ist in Gefahr! Wir haben keine Zeit für kleinliche Streitereien um die Territorien dieses Planeten.
> Und darum schreie ich euch ins Gesicht: »Steht auf … und geht nicht hin in diesen Krieg! Schickt eure machtgeifernden Hyänen an die Fronten dieser Welt. Auf dass sie sich zerfleischen mit ihren Werkzeugen des Todes oder am Ende gar mit ihren eigenen Händen.
> Und jenen, die zurückkehren, aus ihrem eigenen Inferno, sagen wir: Wir haben mit euch nichts gemein!“
>
> (B.O., 14.02.2023)

Es tut sich was. Die Angst der Deutschen vor einem 3. Weltkrieg wird langsam hörbar und wandelt sich – vielleicht – in schöpferische Kraft, in ein deutliches Nein zu Kampfjet-Lieferungen, in einen Schrei nach Frieden:

> „Nach dem Beschluss der Bundesregierung, Kampfpanzer an die Ukraine zu liefern, wird über die Kampfjetlieferung diskutiert. Bundeskanzler Olaf Scholz ist dagegen – und darf dabei einen Großteil der Bevölkerung hinter sich wissen. Fast zwei Drittel der Befragten (64 Prozent) lehnen im aktuellen Deutschland Trend für das ARD-Morgenmagazin die Bereitstellung deutscher Kampfflugzeuge ab. Noch nicht einmal jeder Vierte (23 Prozent) spricht sich dafür aus …" (16.02.2023)

„Ein Appell für Frieden, Diplomatie und Verhandlungen" von Peter Brandt – dem Sohn von Willi Brandt – und anderen. Es ist ein Aufruf an Bundeskanzler Olaf Scholz und die deutsche Regierung:

> „Eine Friedensinitiative aus der Mitte der Gesellschaft.
> Frieden schaffen: Waffenstillstand, Verhandlungen und gemeinsame Sicherheit – die Initiative fordert aus den positiven Erfahrungen der europäischen Entspannungspolitk ihre Fortsetzung, damit es schnell zu einem Ende des Krieges und zu einer neuen Friedens- und Sicherheitsarchitektur in Europa kommt.
>
> Mehr als ein Jahr dauert bereits der russische Angriffskrieg auf die Ukraine. Jeder weitere Tag bedeutet für die betroffenen Menschen mehr Leid und Zerstörung, mehr Verwundete und Tote. Mit jedem Tag wächst die Gefahr der Ausweitung der Kampfhandlungen. Der Schatten eines Atomkrieges liegt über Europa. Aber die Welt darf nicht in einen neuen großen Krieg hineinschlittern. Die Welt braucht Frieden. Das Wichtigste ist, alles für einen schnellen Waffenstillstand zu tun, den russischen Angriffskrieg zu stoppen und den Weg für Verhandlungen zu finden.
>
> Aus dem Krieg ist ein blutiger Stellungskrieg geworden, bei dem es nur Verlierer gibt. Ein großer Teil unserer Bürger und Bürgerin-

> nen will nicht, dass es zu einer Gewaltspirale ohne Ende kommt. Statt der Dominanz des Militärs brauchen wir die Sprache der Diplomatie und des Friedens. (...)
>
> Die Vereinten Nationen haben mit dem Konzept der gemeinsamen Sicherheit den Weg in eine friedliche Welt aufgezeigt. Es hat seine Wurzeln in der deutschen Friedens- und Entspannungspolitik. In diesem Geist kam es zur Schlussakte von Helsinki und zur Charta von Paris für ein neues Europa. Daran knüpfen wir an. Frieden kann nur auf der Grundlage des Völkerrechts und auch nur mit Russland geschaffen werden.
>
> Unsere Welt ist auf Gegenseitigkeit angewiesen, nur so sind die großen Herausforderungen unserer Zeit zu bewältigen. (...)" (frieden und zukunft.de, 01.04.2023)

Initiatoren und Verantwortliche:
Prof. Dr. Peter Brandt, Historiker; Reiner Braun, Internationales Friedensbüro; Reiner Hoffmann, ehem. DGB-Vorsitzender; Michael Müller, Bundesvorsitzender der Naturfreunde, Parl. Staatssekretär a.D. Es folgen 200 ErstunterzeichnerInnen: GewerkschafterInnen, PolitikerInnen, WissenschaftlerInnen und KünstlerInnern.

Die Antwort auf diesen Appell kommt bereits einen Tag später:

> „Schert euch zum Teufel mit eurer senilen Idee, einen »schnellen Waffenstillstand« zu erreichen und »den Frieden nur mit Russland zu schaffen« schrieb der ukrainische Vizeaußenminister Andrij Melnyk am Samstag auf Twitter." (stuttgarter-zeitung.de, 02.04.2023)

„Senile Idee" – Ja, es sind deutlich ältere und alte Menschen, die aufstehen und ihre Stimme gegen das Kriegsgeschrei der MilitaristInnen erheben. Geistig hellwach, klug, mutig und verantwortungsvoll sind sie. Als „senil", „naiv" und „dumm" werden sie in den Medien von lebens-unerfahrenen, meist jüngeren Menschen bezeichnet.

In den traditionellen Heilkulturen aber waren es gerade die Alten, denen die soziale, ökonomische und juristische Stammes-Führung anvertraut war. Die alten weisen Frauen und Männer kannten das Leben von Geburt und Tod, von Krieg und Frieden; sie hatten Erfahrung, waren verlässlich, beständig und vertrauenswürdig. Sie waren die Hüter und Hüterinnen ihres Stammes, der gesamten sozialen Gemeinschaft.

Die Stimmen der Alten, der Achtzigjährigen, voller Altersweisheit und beseelt von tiefem Mitgefühl, werden deutlich hörbar in ihrem „Friedens-Manifest". Hier ihre abschließenden Worte:[(4)]

> „»Die Suche nach Wahrheit kann nur gedeihen auf dem Nährboden gegenseitigen Vertrauens.« (Ivan Illich) Es macht das Wesen des Vertrauens aus, dass es nur dann entstehen und sich bewähren kann, wenn man es wagt. Und die Frage, wer den ersten Schritt tun muss, stellt sich nicht. Es kommt nur darauf an, dass er getan wird. (…)
> Eröffnen wir das generationenübergreifende, ungegängelte Gespräch, wo immer sich Gelegenheit bietet oder herstellen lässt. Lassen wir uns von Denkverboten nicht einschüchtern, geben wir der Sehnsucht nach Frieden eine Stimme."

12. Frieden – aber wie?

„Fünf große Feinde des Friedens wohnen in uns:
nämlich Habgier, Ehrgeiz, Neid, Wut und Stolz.
Wenn diese Feinde vertrieben werden könnten,
würden wir zweifellos ewigen Frieden genießen.“

(Francesco Petrarca, ital. Dichter, 1304-1374)

„Der Planet braucht keine »erfolgreichen Menschen« mehr. Der Planet braucht dringend Friedensstifter, Heiler, Erneuerer, Geschichtenerzähler und Liebende aller Art. Er braucht Menschen, die gut an ihren Plätzen leben. Er braucht Menschen mit Zivilcourage, bereit, sich dafür einzusetzen, um die Welt liebenswert und menschlich zu gestalten. Diese Qualitäten haben wenig mit der Art von Erfolg zu tun, wie er in unserer Kultur verbreitet ist.“

(Dalai Lama)

Was ist Frieden?

„Frieden ist allgemein definiert als ein heilsamer Zustand der Stille oder Ruhe, als die Abwesenheit von Störung oder Beunruhigung und besonders von Krieg. Frieden ist das Ergebnis der Tugend der »Friedfertigkeit« und damit verbundener Friedensbemühungen.“[(1)]

Wie entsteht Frieden?

„Frieden entsteht, wenn Menschen lernen, mit Konflikten gewaltfrei und konstruktiv umzugehen und positive gesellschaftliche Veränderungen anzustoßen. Zivile Konfliktbearbeitung hält ein breites Spektrum an *gewaltfreien Methoden* im Umgang mit Konflikten bereit: diplomatisch, zivilgesellschaftlich und humanitär.“[(2)]

Wie aber lernen Menschen, mit Konflikten gewaltfrei umzugehen? Was befähigt Menschen, heilsame gesellschaftliche Veränderungen anzustoßen? Wie kann sich eine breite humanistische Geisteshaltung entwickeln – anstelle von rückschrittlicher Barbarei?

Als Transpersonale Therapeutin verstehe ich den Weg zu Frieden, Freiheit und Gerechtigkeit vor allem als einen inneren, einen seelischen Entwicklungs- und Reifungs-Prozess. Erst mit der Entwicklung eines erweiterten menschlichen Bewusstseins ist es möglich, auf Macht- und Herrschafts-Ansprüche und damit einhergehende materielle Vorteile zu verzichten. Erst aus dem Ringen um inneren Frieden, um Seelen-Frieden, kann sich äußerer Frieden, kann sich Welt-Frieden gestalten.

Frieden, ein „Meisterwerk der Vernunft"

„Das Recht der Menschen (auf Frieden)
muss heilig gehalten werden,
der herrschenden Gewalt mag es
auch noch so große Aufopferung kosten."

(Immanuel Kant, 1724-1804, Philosoph)

Frieden ist nach dem Philosophen und deutschen Aufklärer Immanuel Kant kein zwischenmenschlicher Naturzustand, er ist nicht von Natur aus gegeben. Frieden muss immer wieder aufs Neue erschaffen werden, er ist das Ergebnis andauernder Friedensbemühungen. Denn die „Bösartigkeit der menschlichen Natur", so Kant, schafft immer wieder Unfrieden zwischen den Menschen.

Der Historiker Hans von Trotha schreibt zu Kants Verständnis von Frieden:

> „Den Frieden schafft in Kants Konstruktion übrigens nicht der Mensch, sondern früher oder später die Natur selbst. Es sei ein »Mechanismus der Natur«, eine »waltende Vorsehung«, dass am Ende Friede stehe. »Die Natur«, so Kant »will unwiderstehlich, dass das Recht zuletzt die Obergewalt erhalte.«"[3]

Als Philosoph und Denker der deutschen Aufklärung hat Kant den religiösen Gottesbegriff durch „Natur" oder „Vorsehung" ersetzt. In der Philosophie der Transpersonalen Psychologie sprechen wir hier vom

„Schöpferischen Urgrund“ oder der „Universellen *Einheit*“, aus der alles Leben geboren wird. In einem permanenten schöpferischen Erkenntnisprozess durch die Vielheit von Gut und Böse, Dunkel und Licht mündet menschliches Bewusstsein *am Ende* wieder in die Universelle Einheit – *in Frieden.*

Frieden also ist in der irdischen Welt der Polaritäten von Gut und Böse kein natürlicher, kein gegebener Zustand; Frieden und Unfrieden gehören zum menschlichen Seinszustand. In einem Entwicklungs-Prozess zunehmender Erkenntnis hat sich der Mensch immer wieder, immer aufs Neue, *um Frieden zu bemühen.* Denn, so Emmanuel Kant:

> „Der Friede ist
> das Meisterwerk der Vernunft.“

Hans von Trotha schreibt zu Immanuel Kant und unserer heutigen Realität:

> „Wer rüstet, wer Rüstungsgüter liefert, wer Atombomben stationiert, wer Stellvertreterkriege in aller Welt führt, unterstützt oder duldet“, ist von den Friedensbemühungen, im Sinne Kants, weit entfernt.[(4)]

Dem polnischen Philosophen und Kulturanthropologen Jean Gebser (1905-1973) verdanken wir ein erhellendes Modell zur Geschichte der menschlichen Bewusstwerdung und zum Verständnis des Ursprungs von Macht, Gewalt und Krieg.[(5)]

Nach Gebser vollzieht sich der Prozess menschlicher Bewusstwerdung – sowohl individuell als auch kollektiv – in fünf aufeinander folgenden Stufen zunehmender Reifung und Erkenntnis, beginnend im Ursprung hin zum integralen ganzheitlichen Bewusstsein:

Im *Ursprung*, der frühen „archaischen Struktur“ – als der Einheit von Himmel und Erde, von Mensch und Gott, Mensch und All und auch der Einheit von Ich und Du – ist das menschliche Bewusstsein noch unerwacht und in vollkommener Ruhe, in Frieden. In einem Prozess allmählicher Herauslösung aus der primären Einheit und dem „Fall“ in die polare Zweiheit, begann der Frühmensch seine Welt zunehmend als ein von ihm *getrenntes Gegenüber* zu erleben: Das Innen trennte sich vom Außen, der Himmel von der Erde, der Mensch von Gott und das Ich vom Du. Dieses Gegenüber wurde das Andere, das Fremde, das Bedrohliche, schließlich *das Feindliche* – und der Mensch bekam es mit der *Angst* zu tun.

In dieser frühen Erfahrung von Getrenntsein, Einsamkeit, Mangel, Bedrohung und Angst – sowohl in der Individual- als auch in der menschlichen Kollektiv-Entwicklung – liegen die Wurzeln der frühen „archaischen Wut", die Anfänge von Misstrauen, Feindseligkeit, Hass und kriegerischer Gewalt. Hier begann, nach Jean Gebser:

> „jener in einem gewissen Sinne tragische Zwang zur Macht; – hier beginnt der seit jener Zeit nicht mehr enden wollende Kampf um die Macht; hier wird der Mensch zum Macher. Und hier liegt die Wurzel der tragischen Verflochtenheit des Kämpfenden mit dem Bekämpften."[(6)]

In so früher Zeit liegen die Ursprünge kriegerischen Denkens und Handelns, so uralt ist der menschliche Antrieb zu kriegerischer Gewalt; hierhin also wendet sich aktuell die Zeit, die viel zitierte „Zeitenwende": *in die Frühzeit des menschlichen Bewusstseins.*

Um Befreiung und Frieden zu erschaffen, braucht es menschliche und politische Reifung und die *Fähigkeit zu Vernunft* anstelle frühkindlicher „archaischer Wut". Die „herrschende Gewalt" hat nach Kant *„große Aufopferung"* zu leisten, damit die aktuelle Vernichtungsspirale gestoppt werden kann. Nicht die Opfer fremder Leben, die von allen Kriegsparteien gefordert werden, nur die heilsamen Selbst-Opfer von Gewalt-Verzicht, Macht-Verzicht, Größen-Verzicht, Führungs-Verzicht, Territorial-Verzicht und Profit-Verzicht können die Welt befrieden.

Diese reife Leistung aber erfordert einen *globalen Bewusstseins-Wandel:* Der Ukrainekrieg begann und eskaliert auf einer frühen, naiven und primitiven Ebene des menschlichen Bewusstseins. Aber nur auf einer höheren „integralen" (Gebser) Bewusstseinsebene sind Friede und Freiheit möglich.

Um diesen Wandel des Bewusstseins zu leisten, braucht es die Bereitschaft, nach Innen zu schauen, in die eigenen Schatten-Welten, in der sich Gut und Böse, Freund und Feind begegnen. Hier hat der wirkliche Heilige Krieg stattzufinden, hier kämpfen wir mit unseren eigenen inneren Widersachern. Wir schauen sie an, wir fragen sie nach ihren Namen, fragen sie nach ihren Bedürfnissen, und hier ringen wir mit ihnen bis zu einem heilsamen Friedensschluss.

Der mühsame Weg zum Seelen-Frieden

Wir sehnen uns nach Frieden, denn Frieden ist ein menschliches Grundbedürfnis. Wir suchen ihn und finden ihn doch selten – oder nie. Wir bemühen uns um Ruhe, suchen Frieden in der Natur, im Urlaub, in Schweige-Retreats, in Meditationen und landen doch immer wieder im eigenen Unfrieden. Selbst im Schlaf finden wir nur selten den ersehnten Frieden. Warum nur?

Frieden ist die Polarität zu Unfrieden; es gibt keinen Frieden ohne Unfrieden, so wie es keinen Tag ohne Nacht und kein Licht ohne Dunkel gibt. Das heißt: Wenn ich Frieden ersehne, muss ich bereit sein, *dem Unfrieden zu begegnen,* bereit sein, ihn zu erfahren, bereit sein, ihn zu fühlen – und zwar in meinem eigenen inneren Territorium, dem inneren Land meiner Seele. Hier toben die Kämpfe zwischen dem Mächtigen und dem Ohnmächtigen, dem Wütenden und dem Friedfertigen, dem Starken und dem Schwachen, dem Mutigen und dem Ängstlichen, dem Freien und dem Abhängigen …Und hier, im inneren Raum der Psyche, wollen die eigentlichen Schlachten geschlagen werden, und auch die Friedens-Verträge werden hier geschlossen.

Hier im Innen geht es nicht um Gewinnen, nicht um „Sieg", das wäre fatal. Denn ein Sieg der Macht *ohne* die heilsam-beugende Ohnmacht führt zu Tyrannei, ein Sieg der Ohnmacht *ohne* die schöpferische Macht führt in den Untergang. Jeder Pol braucht den anderen, und nur aus *der Verbindung beider Kräfte erwächst Frieden.*

Frieden ist die Erfahrung der Einheit in der Dualität. In spirituellen

Traditionen wird diese Erfahrung auch als Einheitserfahrung, als Samadhi, Moksha oder als Erleuchtung bezeichnet. Aber, wie sehr man sich um diesen Zustand auch bemühen mag, er ist nur momentan, nur vorübergehend, ein kurzer Moment der Erkenntnis, denn in der irdischen Dimension der Polaritäten ist nichts von Dauer: Frieden ist nur möglich über die bereitwillige, schmerzliche Annahme von Unfrieden.

Dies erfordert heldenhaften Mut, denn der innere Kampf um Frieden kann sich äußerst unbequem, beängstigend, schmerzlich und zuweilen auch – wenn wir unserem inneren Feind begegnen – ziemlich beschämend gestalten. In der Psychotherapie wird dieser heilsame Prozess als „Schattenarbeit" bezeichnet.

Und obwohl wir uns doch alle Mühe geben, so landen auch die friedliebensten Menschen immer wieder in Unfrieden und haben ihre inneren Kriege auszufechten. Wir alle haben uns unserem inneren ‚Feind' zu stellen, anstatt ihn im Außen zu suchen und ihn im Außen zu bekämpfen. Ihm nicht auszuweichen, sondern ihm zu begegnen, mit ihm zu ringen und sich schließlich mit ihm zu vertragen, mit ihm einen *Vertrag* zu schließen, das kennzeichnet den wirklichen Helden, die wirkliche Heldin.

> „Schon Kindern bringt man bei, sich zu vertragen. Ich verstehe nicht, weshalb die Politiker das einfache Prinzip der Konfliktlösung nicht verstehen: Vertragen!
> Frieden ohne Waffen auf friedlichem Weg herstellen und auf Dauer VERTRAGlich festschreiben."
>
> (H.S., August 2022)

In Auseinandersetzungen, Konflikten, Kriegen ist scheinbar immer der andere schuld. Das gehört zum gängigen Prinzip der Kriegspropaganda: Allein der Gegner ist für den Krieg verantwortlich.

Die Schuld beim anderen zu suchen und zu finden, ist einfach, ist primitiv und erschafft ständig mehr Unfrieden, was uns der aktuelle Krieg und seine politischen Repräsentanten täglich verdeutlichen. Nur die wirklich Aufrichtigen und Mutigen können sagen: „Es tut mir leid;

ich habe einen Fehler gemacht." Ein aufrichtiges Schuldbekenntnis, das Eingeständnis eigener Fehler und Fehl-Entscheidungen, führt zu Verständigung, Versöhnung, Dialogbereitschaft und Befriedung. *Freiwillige Schuldannahme* ist kein Ausdruck von Schwäche, im Gegenteil, es ist Ausdruck von innerer Größe und emotionaler Intelligenz.

Die Friedens-Vision aus einem Kommentar der Petition:

> „Wenn der Bundeskanzler vor das Parlament treten und verkünden würde: Wir haben den falschen Weg eingeschlagen und kehren um.
> 1. Wir setzen uns ab sofort intensiv mit allen zur Verfügung stehenden Mitteln für eine Beilegung des Konflikts zwischen der Ukraine und Russland unvoreingenommen und ergebnisoffen ein.
> 2. Wir leisten weiterhin humanitäre Hilfe für die Menschen in der Ukraine und liefern keine Waffen.
> 3. Die Sanktionen gegen Russland nehmen wir zurück und kehren zu vertraglich vereinbarten Wirtschaftsbeziehungen mit Russland zurück, öffnen Nord Stream 2 und beziehen weiter Lieferungen über die Druschba-Trasse, um die Energieversorgung in der gegenwärtigen Situation zu sichern und zu bezahlbaren Preisen zurückzukehren.
> 4. Wir werden nach und nach unsere Energieversorgung auf mehrere Säulen stützen und damit sichern.
>
> Ich bitte um Ihre Zustimmung!
>
> Der Bundeskanzler würde in die Geschichte eingehen, wie Helmut Schmidt, Willy Brandt, Michail Gorbatschow …"
>
> (R.S., 18.09.2022)

> „In Krisenzeiten
> suchen Intelligente nach Lösungen,
> Idioten suchen nach Schuldigen."
>
> (Loriot, 1923-2011)

Schuld kann quälen, Tag und Nacht, und oft bis ans Ende des Lebens. Denn Schuld verlangt nach Schuld-Ausgleich. Dieser notwendige Ausgleich wird häufig über unbewusste und schmerzliche *Selbstbestrafung* vollzogen, Schuld-Annahme aber und das öffentliche Eingeständnis von Schuld, das macht frei. Bewusste und fühlende Schuldannahme befreit und schenkt Seelenfrieden.

Die Wandlungs-Macht der Wahrheit

> „Ihr werdet die Wahrheit erkennen
> und die Wahrheit wird Euch frei machen."
> (Johannes 8,32)

Das Wesentliche an diesem Jesus-Zitat ist der *direkte Zusammenhang von Wahrheit und Freiheit:* Wahrheit macht frei, Täuschung und Lüge führen in Unfreiheit; das sollte besonders in Bezug auf die Ukraine von Bedeutung sein, denn die kämpft ja, so wird uns gesagt, vor allem für ihre Freiheit.

Fast alle unheilvollen Verstrickungen in Film, Literatur und im realen Leben haben mit Verschweigen und Lüge zu tun. Aus der systemischen Familientherapie wissen wir, dass „Familiengeheimnisse" – verschwiegene, meist schuldhafte Ereignisse – über die Generationenkette bis weit in die Zukunft wirken und das Leben der Nachkommen verdunkeln.

Kriege sind nur mit Kriegslist, Kriegslüge und Manipulation überhaupt erst möglich. Durch gezielte Propaganda werden Menschen verunsichert, verängstigt, wird Hass gegen einen vermeintlichen Feind geschürt. So funktionierte bereits die Kriegspropaganda der Nazis, wie es der Kriegsverbrecher Hermann Göring 1946 in seiner Nürnberger Gefängniszelle offen bekannte – (in Kapitel 6 genauer beschrieben):

> „… es ist immer leicht, das Volk zum Mitmachen zu bringen (…) Das ist ganz einfach. Man braucht nichts zu tun, als dem Volk zu sagen, es würde angegriffen, und den Pazifisten ihren Mangel an Patriotismus vorzuwerfen und zu behaupten, sie brächten das Land in Gefahr. Diese Methode funktioniert in jedem Land."

Und mit demselben Trick versuchen Militaristen auch heute die Massen zu manipulieren und Kriegslust zu erzeugen: Beispielhaft hierzu ist der außenpolitische Sprecher der CDU, Roderich Kiesewetter, der im ZDF-Interview (10.08.2023), wie bereits vorher, behauptete: „Deutschland ist Kriegsziel Russlands."

Ein Krieg braucht die Zustimmung der Menschen, sonst kann er nicht geführt werden. Er braucht Menschen als Opfer und als Täter, zum Töten und zum Getötetwerden. Wir PazifistInnen lieben zwar den Spruch: „Stell dir vor, es ist Krieg, und keiner geht hin", aber mit gezielter *Kriegspropaganda* gelingt es immer wieder, Kriegs-Lust und Kriegs-Wahn im Volk zu schüren. Wenn dann die Eskalations-Spirale vom kalten in den heißen Krieg rollt, dann können die Kriegstreiber immer noch sagen: „Seht, wir haben es ja gewusst"– im Sinne einer „sich selbst erfüllenden Prophezeiung", als einer Vorhersage, die sich gerade durch den Glauben an sie selbst erfüllt.

Jonas Tögel, Amerikanist und Propagandaforscher am Institut für Psychologie der Universität Regensburg, hat jetzt, im Juli 2023, ein Buch veröffentlicht mit dem erhellenden Titel: „Kognitive Kriegsführung. Neueste Manipulationstechniken als Waffengattung der NATO". Auf seiner Homepage schreibt er zum Inhalt seines Buches:[(7)]

> „Seit 2020 treibt die NATO eine neue Form der psychologischen Kriegsführung voran: die sogenannte »Kognitive Kriegsführung«, die von der NATO selbst als »fortschrittlichste Form der Manipulation« bezeichnet wird. Diese nimmt die Psyche jedes Menschen direkt ins Visier, mit dem Ziel unseren Verstand wie einen Computer zu ‚hacken'."

Wie können wir uns nun wappnen, wie unsere durchlässige Psyche und unseren gesunden Menschen-Verstand vor Manipulation und Kriegspropaganda schützen? Scheinbar ganz einfach: Nur durch die *Macht der Wahrheit* ist die Macht der Lüge zu brechen. „Wahrheit ist die einzig echte Grundlage für Demokratie und Freiheit", sagt auch der Dalai Lama.

Was aber ist Wahrheit? „Wahrheit“ ist ein so zwiespältiger und gleichermaßen ein so zentraler Begriff, dass er seit Jahrtausenden PhilosophInnen, DichterInnen und spirituelle Wahrheits-SucherInnen bewegt.

Als Wahrheit gilt zunächst die „Übereinstimmung einer Aussage mit der Sache, über die sie gemacht wird“. Das „Lexikon der Psychologie“ definiert Wahrheit als die „Übereinstimmung zwischen Behauptung und objektivem Sachverhalt“. Wenn also behauptet wird „Waffen retten Leben“, dann entspricht das eindeutig nicht der Wahrheit, denn der „objektive Sachverhalt“ von Waffen ist das Töten.

Gerade in kriegerischen Zusammenhängen wird uns Täuschung und Lüge gerne als Wahrheit präsentiert. Hier braucht es ein hohes Maß an Wachheit, persönlicher Autonomie und emotionaler Beweglichkeit, um den zwiespältigen Weg der Wahrheit zu beschreiten, denn auch: „Jede Wahrheit hat zwei Seiten. Wir sollten uns beide Seiten anschauen, bevor wir uns für das eine entscheiden.“ (Aisopios, um 550 v. Chr.)

> „Der Glaube an die Wahrheit
> beginnt mit dem Zweifel
> an allen bis dahin geglaubten Wahrheiten.“
>
> (Friedrich Nietzsche, 1844-1900)

Das heißt: Der Weg der Wahrheit führt oft durch Verunsicherung, Verirrung, Verwirrung, Angst und Selbst-Täuschung und mündet – vielleicht – in zunehmende Klarheit und Wahrheit, falls wir nicht in Zweifel und Verzweiflung stecken bleiben.

Zum Wahrheitsbegriff: Zu unterscheiden sind zunächst zwei Dimensionen der Wahrheit:

„Relative Wahrheit“ ist eine Erfahrung auf der Ebene des Persönlichen. Relative Wahrheit wandelt sich ständig mit der subjektiven Wahrnehmung und dem aktuellen Zeitgeist; sie ist unstet – was wir aktuell in der dramatischen Wandlung ‚grüner‘ PazifistInnen zu bellenden MilitaristInnen erleben.

„Absolute Wahrheit“ ist das Eine, das Ewige. Absolute Wahrheit ist unveränderlich, denn sie entspricht der Kosmischen Einheit, dem Göttlichen.

„Die Wahrheit ist das Ganze", zu dieser Erkenntnis kam der deutsche Philosoph Georg Friedrich Hegel (1770-1831).

Beide Dimensionen, die relative und die absolute, bedingen sich wechselseitig; über die subjektive relative Wahrheit können wir in einem inneren Prozess der Erkenntnis in die Nähe der absoluten Wahrheit gelangen – gewöhnlich erst nach langem Ringen. Denn Wahrheitsfindung im Persönlichen ist meist ein schmerzlicher Prozess, der das Eingeständnis eigener Schuld, eigener Versäumnisse und die Überwindung der Scham erfordert. Daher wird die Heilung alter und aktueller Lebens-Lügen von vielen Menschen lieber gemieden.

Für diesen „Weg der Wahrheit" – C.G. Jung bezeichnet ihn als „Individuations-Weg" – müssen wir uns ganz bewusst *entscheiden;* die Wahrheit fällt uns nicht vom Himmel. Denn nur die Lüge, der wir uns stellen, kann sich in Wahrheit wandeln, nur die Trauer, der wir uns zuwenden, kann in Heiterkeit münden. Im Bereich der Materie ist uns das durchaus klar: Nur ein Feld, das bestellt wird, kann Früchte hervorbringen. Wahrheitsfindung erfordert daher einen kontinuierlichen und lebenslangen Prozess der Selbsterkenntnis: „Erkenne dich selbst", lautet die Inschrift am *Eingang* des Apollon-Tempels von Delphi. (ca. 550 v. Chr.)

Viele WahrheitssucherInnen wussten, dass Wahrheit nicht vor allem auf der Ebene von Intellekt und Verstand zu finden ist, sondern im Reich der Gefühle:

> „Wir erkennen die Wahrheit nicht nur mit dem Verstand,
> sondern auch mit dem Herzen."
>
> (Blaise Pascal, 1623-1662, franz. Religionsphilosoph)

> „Wo keine Liebe ist,
> ist auch keine Wahrheit."
>
> (Ludwig Feuerbach, 1804-1872, dt. Philosoph)

„Ich bitte um Wahrheit, Licht und Liebe", lautet ein Gebet für das neue Zeitalter. Hier kommt die Wahrheit *vor* der Liebe, denn in Unwahrheit und Lüge ist kein Raum für Liebe.

Damit wir die Stimme des Herzens hören und ihr lauschen können, damit wir die heilsame Macht der Liebe erfahren, dazu braucht es die Stille, das demütige Schweigen und den friedvollen Einklang mit uns selbst. Das gelingt am leichtesten bei einem einsamen Spaziergang oder dem stillen Verweilen in der Natur, denn hier, in der Natur, sind wir der Absoluten Wahrheit am nächsten. Dazu müssen wir nicht im traditionellen Sinn gottgläubig sein, um die Worte des österreichischen Dichters Franz Grillparzer (1791-1872) zu verstehen:

> „Der Mensch fiel von Gott ab, die Sterne nicht,
> Drum ist in Sternen Wahrheit, im Gestein,
> In Pflanze, Tier und Baum, im Menschen nicht.
> Und wer's verstünde still zu sein wie sie,
> Gelehrig fromm, den eignen Willen meisternd,
> Ein aufgespanntes, demutsvolles Ohr,
> Ihm würde leicht ein Wort der Wahrheit kund,
> Das durch die Welten geht aus Gottes Mund."

Wenn es uns PazifistInnen und immer mehr Menschen gelingt, sich „demutsvoll" für die eigene innere und damit auch für die Absolute Wahrheit zu öffnen, dann wird keine auch noch so subtile „Kognitive Kriegsführung" unsere Psyche und unseren Verstand manipulieren können. Dann sind wir immun und wirklich frei; denn nur die Erkenntnis der Wahrheit bringt wirkliche Freiheit, eine Freiheit, nach der sich alle Menschen und alle Wesen sehnen. Deshalb sprechen wir gemeinsam den buddhistischen Segen: „Mögen alle Wesen in allen Welten befreit und glücklich sein."

Dann kann sich die Heilungs-Vision von Propagandaforscher Jonas Tögel realisieren:

> „Wenn es uns gelingt, uns mit anderen zu vernetzen und gemeinsam als Licht auch in dunklen Zeiten zu leuchten, dann können wir mit unserem Licht die Propaganda für viele andere Menschen sichtbar entkräften. Das gibt Kraft, macht Mut und hilft auch unseren Mitmenschen, sich der kognitiven Kriegsführung zu entziehen."

Frieden und Verantwortung

> „Im Bewusstsein seiner *Verantwortung* vor Gott und den Menschen, von dem Willen beseelt, als gleichberechtigtes Glied in einem vereinten Europa *dem Frieden der Welt zu dienen*, hat sich das Deutsche Volk kraft seiner verfassungsgebenden Gewalt dieses Grundgesetz gegeben."
>
> Artikel 1
> „Die Würde des Menschen ist unantastbar. Sie zu achten und zu schützen ist Verpflichtung aller staatlichen Gewalt."
>
> Artikel 2
> „Das deutsche Volk bekennt sich darum zu unverletzlichen und unveräußerlichen Menschenrechten als Grundlage jeder menschlichen Gemeinschaft, des Friedens und der Gerechtigkeit in der Welt."

Verantwortung – Gott und Mensch – beseelt – Frieden – dienen – Würde – Menschenrechte – Gemeinschaft – Gerechtigkeit ... Solch wunderbare starke Worte! Wie aber können sie mit Leben gefüllt und wirkmächtig werden? Damit das möglich ist, braucht es Begegnung, braucht es Gespräche, Verzicht und beidseitige Demut. Und es braucht den eigenen Seelen-Frieden.

Die Basis für äußeren Frieden ist innerer Seelenfrieden, wie im vorherigen Kapitel beschrieben. Das gilt für Individuen, aber auch für soziale Systeme und Kollektive; auch die Seele einer Nation hat sich um Frieden zu bemühen, sie hat sich zu *verantworten*.

„Vor der eigenen Tür kehren", sagt der Volksmund; das bedeutet auch: sich vor sich selbst zu *verantworten*. Jeder Mensch und vor allem jeder Mensch mit sozialer Verantwortung sollte daher zunächst für innere Reinigung sorgen, sich um eigene innere Konflikt-Bewältigung bemühen. Und jeder deutsche Politiker als Repräsentant des Deutschen Volkes – und das gilt gleichermaßen auch für jede Politikerin – sollte sich verantwortlich dem eigenen inneren Unfrieden stellen.

Nur so wird es möglich sein, „im Bewusstsein seiner Verantwortung“ heilsame Entscheidungen zu treffen, um „dem Frieden der Welt zu dienen“, wie es in der deutschen Verfassung heißt. Und jedes Land, jede Nation hat genug eigene, innenpolitische Probleme; diese sollten verantwortlich bewältigt werden, anstatt sie nach außen auf andere Nationen zu projizieren.

„Frieden, Freiheit und Gerechtigkeit“ müssen zunächst im inneren Raum gedeihen; nur dann können diese Kräfte nach außen in die Welt wirken: Was wir nicht sind, das können wir auch nicht geben. Wenn wir selbst nicht in Frieden sind, dann können wir auch keinen Frieden stiften. Hierbei denke ich vor allem an die westlichen Demokratien und ihren missionarischen Eifer, die Welt – zur Not auch mit Waffengewalt – zu ‚befrieden‘.

Politisch *Verantwortliche* sollten zur Psycho-Hygiene verpflichtet sein, sie sollten ethische Grundwerte kennen und danach entscheiden, allen voran: „Du sollst nicht töten“. Politische EntscheidungsträgerInnen sollten eine gewisse menschliche Reife und innere Stärke erlangt haben, die nicht abhängig sein muss von Studienabschlüssen und wohlklingenden Titeln. Ohne wirkliche innere Größe, ohne gereiftes und erweitertes Bewusstsein, ohne ethisch-politische Werte – wie sollten sie als *Mängelwesen* in Krisenzeiten die Last der Entscheidung und die damit verbundene große Verantwortung tragen können?

Nicht die Jungen, Unreifen, Unbedarften und Jugendlich-Dreisten, die mit aller Macht Anerkennung im Außen suchen, weil sie ihren inneren Selbstwert noch nicht gefunden haben, können die ideellen Werte einer Nation repräsentieren. Nur die durch das Leben Gereiften, die Erfahrenen und auch Leidgeprüften können Vorbild sein und Verantwortung tragen, denn sie müssen sich nicht mehr beweisen. Sie brauchen keinen „Sieg“, um äußere Macht zu demonstrieren; als *freiwillige Verlierer* mögen sie zwar ohnmächtig erscheinen, aber sie stehen aufrecht und aufrichtig und in Würde.

Deshalb hatten in traditionellen Kulturen vor allem alte Menschen soziale Verantwortung und wichtige Aufgaben für die Sippe, die Gemeinschaft. Sie waren die HüterInnen der Erde und des gesamten Lebens. Die

Weisheit der Alten wurde gehört, geschätzt und war maßgebend für die friedliche Gestaltung der öffentlichen Ordnung.

Auch wir Deutschen hatten solche weisen alten PolitikerInnen, die bereit und fähig waren. Verantwortung zu tragen. Sie waren keineswegs fehlerfrei, aber bereit einzulenken, bereit, Fehler einzugestehen und zu korrigieren und auch bereit, in die Knie zu gehen: Gustav Heinemann, der dritte Präsident der Bundesrepublik Deutschland; Willi Brand, der angesichts der erschütternden deutschen Schuld in Demut auf die Knie ging; auch Angela Merkel, vorsichtig, aufrichtig, frei von Allüren und bereit, ihrem Volk zu „dienen"; sowie Helmut Schmidt, der SPD-Kanzler, von dem der bekannte Satz stammt:

> „Lieber hundert Stunden umsonst verhandeln,
> als eine Minute schießen."

In der Vorrede seines Buches „Die Deutschen und ihre Nachbarn" schreibt Helmut Schmidt zum Thema politische Verantwortung:

> „Unser gesamtes politisches wirksames Handeln verlangt vernunftgemäßes Abwägen der Mittel und Wege. Die Mittel und Wege müssen zugleich zweckmäßig und moralisch sein. Sie dürfen die Interessen unserer Nachbarn, unserer Partner zum Frieden niemals außer acht lassen. Wir müssen zum Kompromiss zwischen entgegen gesetzten Interessen, zum Ausgleich der Interessen bereit sein. Ausgleich mit den Nachbarn ist aber nur möglich, wenn wir und soweit wir ihre Interessen verstehen, ihre Erfahrungen, ihre Hoffnungen und Befürchtungen, ihr Anderssein insgesamt."

Die „ethische Pflicht" zur Verhandlung

> „Präsident Selensky jedenfalls verspricht seinen Landsleuten die Rückeroberung sämtlicher von Russland besetzten oder annektierten Gebiete. Vor dem US-Kongress bekräftigte er unlängst, sein Land werde »sich niemals ergeben«, sondern den Krieg gewinnen." (tagesschau.de, 28.12.2022)

> „Der ukrainische Präsident hat per Dekret Verhandlungen mit Putin ausgeschlossen.“ (zdf.de, 04.10.2022) „Präsident Selenskyj will aktuell nicht mit Putin verhandeln.“ (fr.de, 03.03.2023)

> „Putin angeblich an Waffenstillstand interessiert. (…) Wladimir Putin signalisiert über Mittelsmänner Verhandlungsbereitschaft Russlands …“ (fr.de, 26.12.2023)

Frieden ist nach Kant ein „Meisterwerk der Vernunft“. Damit dieses Meisterwerk gelingen kann, braucht es die unermüdliche Bereitschaft zur Verhandlung – vom Lehrling zum Meister ist es nun mal ein langer mühsamer Weg. Der ukrainische Präsident ist offensichtlich noch Lehrling und hat einen langen Weg vor sich bis zur Meisterschaft: Es ist nach Lösungen zu suchen, welche den widersprüchlichen Bedürfnissen der beiden Konfliktparteien entgegenkommen. „Sich ergeben“ ist nicht gleichbedeutend mit Verlieren, und *Verhandeln* bedeutet nicht, sich zu ergeben, sondern Wege zu finden, die für beide – schmerzliche Kompromisse durchaus eingeschlossen – akzeptabel sind.

„Hat die Ukraine *die Pflicht zu verhandeln*?“ Diese heikle Frage stellt Reinhard Merkel, emeritierter Professor für Strafrecht und Rechtsphilosophie und bis 2020 Mitglied im Deutschen Ethikrat.

Die Antwort auf diese Frage ist innerhalb einer militärstrategischen und rein politischen Logik ein klares und auch empörtes „Nein“. Aus der begrenzten Sicht eines frühen personalen Bewusstseins kann die Pflicht zu „politischer Ethik“ nur als „esoterisches Risotto“ verstanden werden – so die Verunglimpfung eines Kritikers. Denn hier, auf der Ebene eines gekränkten Egos, lautet der oft gesagte und oft gehörte Kernsatz: „Das lass ich mir doch nicht bieten!“ Mit Putin verhandeln? Niemals!

Eine bejahende Antwort auf die Frage nach der Verhandlungs-Pflicht in einem kriegerischen Konflikt ist nur auf der Ebene eines erweiterten Bewusstseins zu finden, inspiriert durch die traditionellen Weisheitslehren der Völker. Sie ist getragen von menschlichem Mitgefühl, von menschlicher Würde, von persönlicher und „politischer Ethik“ und von der Kraft umfassender Liebe.

Hat die Ukraine die Pflicht zu verhandeln? Reinhard Merkel verweist in diesem Zusammenhang auf das „ius ex bello“, das Recht oder die Pflicht, einen kriegerischen Konflikt mit Verhandlungen zu beenden, und er stellt die Frage:[(8)]

> „Gibt es schon während des Gewaltgeschehens für alle Konfliktparteien rechtsprinzipielle Pflichten, sich um Wege ex bello zu bemühen, um ein Ende des Kriegs, und zwar selbst dann, wenn dies ihre militärischen oder politischen Ziele vereiteln würde?
> Für Kriege, in denen außer Zweifel steht, wer Aggressor und wer Angegriffener ist, erhält die Frage eine besondere Schärfe. Denn solche Ex-bello-Pflichten könnten das Recht des Angegriffenen, sich zu verteidigen, beschränken oder unterlaufen. (…)
> An Russlands Verantwortung für den Hintergrund des trostlosen Geschehens besteht ja kein Zweifel. Das schließt die eigene Verantwortlichkeit der Ukraine aber nicht aus.“

Die „Grenzen der Selbst-Verteidigung“ im Krieg mit Russland liegen für Merkel in einem „Missverhältnis zwischen den Zielen der Selbstverteidigung und den Kosten an menschlichem Leben und menschlichem Leid“ sowie im „Risiko eines Nuklearkriegs“. Auch der Historiker und Politikwissenschaftler Bernd Greiner warnt – wie viele andere – vor einer Atomkriegsgefahr:

> „Je länger dieser Krieg dauert, desto mehr treibt man Putin in die Ecke. Je massiver die westlichen Waffenlieferungen werden, desto größer ist die Gefahr, dass er die Nato als Kriegspartei begreift. Dass er taktische Atomwaffen einsetzt, um Angriffe mit westlichen Waffen auf die annektierten Gebiete abzuwehren.“ (...)

> „Die Vorstellung, die Krim oder den Donbass wiederzubekommen, kann man vergessen. Das ist militärisch nicht zu erreichen.“ (...)

> „Es gibt eine Geschichtsvergessenheit vieler, insbesondere bei den Grünen, die so tun, als wäre Krieg ein Schachspiel. Das ist bar jeder historischen Kenntnis …“ (zdf.de, Interview v. 22.10.2022)

Reinhard Merkel weiter zu den Grenzen der Verteidigung und der ethischen Pflicht zur Verhandlung:

> „Jeder Krieg, sein Beginn, seine Dauer wie sein Ende, ist von gravierender Bedeutung für die ganze Welt.“ Dies betrifft das „Risiko eines Atomkriegs“ aber auch das „ins Maßlose wachsende Elend aller, die in das Gewaltgeschehen zwangsinvolviert sind: neben Hunderttausenden von Soldaten beider (ja, beider) Armeen viele Millionen Ukrainer, von denen Tausende den Winter nicht überleben werden.“

Merkel sieht *eine Pflicht* der ukrainischen Regierung, „Verhandlungen ex bello zu akzeptieren und deren konzessionslose Ablehnung zu beenden.“ Dies ist ein Gebot „politischer Ethik“, um weiteres Töten und menschliches Leid zu verhindern.

Das selbstverständliche Recht eines Staates auf Selbstverteidigung endet da, wo der Schutz der Zivilbevölkerung gefährdet ist und das eigene Volk einem nationalen Fetisch geopfert wird.

Das impliziert, so meine ich: Jeder Mensch, der angegriffen wird, hat das Recht oder sogar die Pflicht, sich zu verteidigen und um das eigene wertvolle Leben zu kämpfen, notfalls bis zum letzten Atemzug. Aber er hat *keinesfalls das Recht,* seine Familie, seine Kinder für das eigene Leben oder die eigene Befreiung zu opfern. Und kein Staat und kein Staatenlenker hat das Recht, für territoriale Ansprüche, für Freiheit, Gerechtigkeit und ökonomische Gewinne die eigene Bevölkerung zu opfern. Reinhard Merkel schreibt hierzu:

> „Regierungen haben Schutzpflichten gegenüber den Bürgern ihrer Länder. Dazu gehört auch die Verteidigung des Staates gegen Aggressoren, aber der Schutz von Leib und Leben und Zukunft seiner Bürger ebenfalls. Jenseits einer Schmerzgrenze, an der die Verwüstung des Landes und der Menschen jede moralische Proportionalität übersteigt, noch immer allein auf die Fortsetzung der Gewalt zu dringen und jede Verhandlung über deren Ende abzulehnen, ist nicht tapfer, sondern verwerflich.“

Das Ausmaß und das Elend des Ukrainekrieges hat bereits jetzt unermessliche weltweite Folgen: Umweltzerstörung, Hunger, Armut, Flucht, Tod …, es betrifft die gesamte Menschheit und die gesamte Erde. Daher ist die Entscheidung für oder gegen diplomatische Verhandlungen mit Russland nicht allein eine Sache der Ukraine, wie immer wieder fälschlicherweise behauptet wird.

Wenn der Verlust an Opfern bei weitem den Gewinn an Freiheit übersteigt, dann ist die Fortsetzung von weiteren Kampfhandlungen ein Verbrechen. Es muss verhandelt werden, es muss ein – wenn auch fast unerträglicher oder schmerzhafter – Kompromiss gefunden werden. „Verhandeln heißt nicht kapitulieren", sagt Reinhard Merkel.

> „… der Wunsch nach sofortigen Verhandlungen mit Russland" ist groß. „Eine deutliche Mehrheit von 55 Prozent spricht sich in der Umfrage dafür aus."
> „In einer YouGov-Umfrage im Auftrag der dpa sprechen sich 45 Prozent gegen die Lieferung deutscher Kampfpanzer in die Ukraine aus. Nur 33 Prozent sind dafür, 22 Prozent machen keine Angaben. Nur bei den Wählern der Grünen überwiegt die Zustimmung zur Kampfpanzerlieferung – und zwar eindeutig: 50 Prozent sind dafür, nur 25 Prozent dagegen …" (Hamburger Abendblatt, 26.12.2022)

> „Verhandlungen! Und zwar im Sinne des vom pazifistischen Weltgeist nach 1945 beschlossenen Artikel 33 der UN-Charta. Streitigkeiten, deren Fortdauer geeignet ist, die Wahrung des Weltfriedens und der internationalen Sicherheit zu gefährden, heißt es dort, sollen durch Vermittlung, Vergleich, Schiedsspruch beigelegt werden. Die UN-Charta bleibt eine der größten Errungenschaften der Menschheit. Sie sollte dringend wieder ernst genommen werden." (Gereon Asmuth, taz.de, 16.10.2022)

Michael von der Schulenburg, ehemaliger stellvertretender UN-Generalsekretär, verweist in einem Beitrag auf „unsere Verpflichtung, Frieden zu suchen", wie es in der UN-Charta (vom Dezember 1948) vereinbart ist: „Diesem Aufruf der UN-Charta, im Konfliktfall nach friedlichen Lösungen zu suchen, widerspricht die aktuelle Kriegspolitik unserer Regierung", schreibt von der Schulenburg.[(9)]

Im Gründungsvertrag der Vereinten Nationen, der UN-Charta, heißt es unter anderem:

> „Wir, die Völker der Vereinten Nationen, sind entschlossen, nachfolgende Generationen vor der Geißel des Krieges zu bewahren, die der Menschheit zweimal in unserem Leben unsagbares Leid gebracht hat."
> „Alle Mitglieder legen ihre internationalen Streitigkeiten mit friedlichen Mitteln so bei, dass der Weltfrieden, die Sicherheit und die Gerechtigkeit nicht gefährdet werden."

Nach Ansicht des Ex-UN-Diplomaten von der Schulenburg verstößt der Westen, wie auch Russland, gegen die Richtlinien der UN-Charta. Danach habe der Westen „nicht das Recht, einen militärischen Sieg über Russland anzustreben und aus diesen Gründen alle Friedensbemühungen zu verweigern."[(10)]

> „Wann wird der FRIEDEN endlich als das behandelt, was er ist: nämlich als höchstes Gut der Menschheit! Mir kommt es so vor, als dürfe man das Wort FRIEDEN nicht mehr in den Mund nehmen, ohne gleich als Staatsfeind abgestempelt zu werden. – Ich lasse auch den Satz nicht gelten: »Putin will nicht verhandeln«. Ich wollte auch so manches nicht in meinem Leben und musste mich irgendwann arrangieren. Ihr klugen Leute, die das auch so sehen, dass endlich Frieden gemacht werden muss, setzt euch zusammen und schmiedet einen Plan, einen FRIEDENSPLAN, und setzt ihn um. Wir werden euch unterstützen, wie auch immer es erforderlich ist. Aber bitte fangt an, der Zug rollt."
>
> (A.M., 08.2022)

Dem Widersacher begegnen

> „Da man den Feind schlagen, nicht aber kennen sollte?
> Was trieb mich, ihn zu kennen, da ich den Schock:
> Sie sind wie wir! für mich behalten musste.“
>
> (Worte der Kassandra) (11)

Kassandra, die trojanische Seherin, erkennt mit Bestürzung, dass die griechischen Feinde und Angreifer Trojas nicht anders sind als sie selbst, als ihr eigenes Volk: „Sie sind wie wir!“

Genauso sind die Ukrainer nicht anders als die Russen, die Russen nicht anders als die Deutschen, die Amerikaner, die Afrikaner, Griechen, Chinesen … Wir alle sind Menschen, die geboren werden und nach einer Weile sterben, die immer wieder Angst und Not erleben, die leben, lieben und geliebt werden wollen. Nur äußerlich unterscheiden wir uns ein wenig.

Uns aber wurde vermittelt: der Andere, der Fremde sei der Widersacher, er sei schlecht, er sei böse, er sei unser Feind. Feinde aber sind gefährlich, deshalb müssen sie unbedingt und mit allen Mitteln bekämpft werden. Nur gerüstet sind wir sicher, nur gerüstet sind wir frei, nur hoch gerüstet können wir überleben!

Und so rüsten wir weiter auf, mit verbal-aggressiver Kriegsrhetorik, mit dem profitablen Füttern der Waffenindustrie und ganz konkret mit der Lieferung immer schlagkräftigerer Mordwerkzeuge in Kriegsgebiete, aktuell in die Ukraine. Den Tod von immer mehr Menschen, ukrainischen und russischen Soldaten, von Männern, Frauen und Kindern, nehmen wir billigend in Kauf. Die Natur und damit die Lebensgrundlagen werden vernichtet; das Flüchtlings-Elend, die weltweite Armut und der Hunger haben katastrophale Ausmaße erreicht. Um den Widersacher, den vermeintlichen Feind, zu vernichten, vernichten wir uns selbst. Das Ausmaß der Lebensenergie, die es braucht, den Feind in Schach zu halten, ihn zu bezwingen, zu besiegen, vernichten zu wollen, kann gigantisch sein und zum eigenen Untergang führen. Denn dort, wo die natürlichen Lebensgrundlagen zerstört sind, da kann es keinen Frieden und damit keine Freiheit geben. Hier die schlichten Worte meiner Sehnsucht nach Freiheit, im alltäglichen Frieden:

Was ist Freiheit?

Freiheit ist
ohne Angst vor Gewalt
zu leben und lieben

Freiheit ist
das Lachen der Kinder
im Sonnenschein

Freiheit ist
ein Gespräch mit dem Nachbarn
über den Gartenzaun

Freiheit ist
der Gesang der Amsel
im Abendlicht

(G. Croissier, April 2023)

Diese essentielle Freiheit und den damit verbundenen Frieden verhindern wir, indem wir mit Waffengewalt den Widersacher bezwingen wollen. Aber, es geht auch anders, das lehrt die alte buddhistische Heiltradition: „Den Dämonen Nahrung geben“.[(12)] Auch die ganzheitliche Transpersonale Psychotherapie ist hilfreich, den eigenen Schatten als den „dunklen Bruder“ (C.G, Jung) anzunehmen und ihn zu integrieren. Anstatt den inneren und genauso den äußeren Feind vernichten zu wollen, machen wir uns bereit, ihm zu begegnen. *Dem Widersacher begegnen,* das ist der Schlüssel; er öffnet das Tor zum Frieden. So kann es gelingen, den vermeintlichen Feind als Freund, als Partner und Helfer zu gewinnen.

Zunächst laden wir ihn freundlich ein, sich zu zeigen als der, welcher er ist. Wir begegnen ihm von Angesicht zu Angesicht, wir schauen ihn an, schauen ihm in die Augen und stellen ihm dann die entscheidenden Fragen:

- „Wer bist du?“
- „Was willst du?“
- „Warum bist du so wütend?“
- „Was brauchst du, um dich zu befrieden?“

Wir hören gut zu, versuchen die andere, fremde Sichtweise zu verstehen und die damit einhergehenden Emotionen mitzufühlen. Dies ist anspruchsvoll, erfordert es doch ein weites Bewusstsein, Redlichkeit, Demut und ein offenes Herz. Dies sind Eigenschaften, die im Kampf um ein politisches Amt scheinbar bedeutungslos geworden sind.

Im westlichen Werte-Schema erscheint es eher als Naivität und Weltfremdheit, als Schwäche, Feigheit oder gar als Verrat, einladend auf einen Feind zuzugehen – insbesondere in einer kriegerischen Auseinandersetzung: Dagegen gelten Rachlust und mörderische Wut als angemessene mutige und heldenhafte Reaktionen, täglich medial gepriesen als „Gerechtigkeit“ und „Freiheit“.

Russland, der dämonisierte Widersacher in diesem Krieg und der vermeintliche Feind, zeigt dem Westen schon lange, was es braucht, damit es sich befrieden kann: Achtung und Beachtung der eigenen nationalen Sicherheitsinteressen, Verzicht auf weitere Nato-Ost-Erweiterung und einen respektvollen diplomatisch-politischen Umgang miteinander.

Verhandeln – Aushandeln – die Hand reichen: Der ehemalige CIA-Offizier und von 1963 bis 1990 CIA-Analyst Ray McGovern spricht in einer zutiefst menschlichen und bewegenden Rede vor dem UN-Sicherheitsrat am 22.02.2023 über die Beziehungen zwischen den USA und Russland. Er unterstreicht darin „die Notwendigkeit, Russlands Sicherheitsbedenken zu verstehen und Diplomatie anzustreben.“ Er spricht aus deutlich eigener emotionaler Betroffenheit:

> „Es macht mich sehr traurig zu beobachten, wie Menschen nicht zusammenkommen und verhandeln können …Verhandeln … Aushandeln … Die Hand, man streckt die Hand aus und erfährt und versteht, was die andere Partei bewegt.“ (13)

Nur so, mit Handreichung und Verhandlung, ist freundliche Nachbarschaftlichkeit möglich, nur so kann die bunte Vielfalt der Völker und Nationen in Frieden und Freiheit miteinander leben. Nur so können wir erfahren, was es bedeutet, eine Menschheits-Familie zu sein, mit einer so wunderschönen, bunten und mit Reichtum gesegneten Mutter Erde.

Freundschaft – Wandel durch Begegnung

> „Frieden ist nicht die Vernichtung des Feindes,
> Frieden bedeutet, aus Feinden Freunde zu machen."
>
> (Worte eines ukrainischen Pazifisten)

> „Ein alter chinesischer Kaiser", so erzählt die Ballade, „hatte vor, das Land seiner Feinde zu erobern und sie alle zu vernichten. Später sah man ihn mit seinen Feinden speisen und scherzen. »Wolltest du nicht deine Feinde vernichten?«, fragte man ihn verwundert. Der Kaiser antwortete: »Ich habe sie vernichtet. Ich machte sie zu meinen Freunden.«"

Das Wort „Frieden" ist abgeleitet von dem althochdeutschen „fridu", was „Freundschaft" bedeutet. Nicht Distanzierung, Abgrenzung und Grenzziehung fördern den Frieden, sondern Annäherung, Verbindung, und Begegnung. Dem entspricht die Botschaft der evangelischen Theologin Margot Käßmann zum Jahreswechsel 2022/23:

> „»Wir müssen die Kontakte zu Russland nicht abbrechen, sondern intensivieren, um die Menschen in Russland zu ermutigen, sich gegen den Krieg in der Ukraine zu wenden.« Von der Politik erwarte sie zudem »massive Friedensinitiativen« für das kommende Jahr." (zdf.de, 31.12.2022)

Damit eine Beziehung oder Freundschaft sich heilsam entwickeln kann, muss es auch möglich sein, die dunkle Seite des jeweiligen Gegenübers ehrlich und offen zu benennen – das gilt sowohl für persönliche als auch für nationale Beziehungen. Wird aber der Schatten des anderen aus ängstlicher Abhängigkeit verschwiegen und damit stillschweigend geduldet, dann wird er sich ungehindert weiter ausbreiten und damit die Beziehung vergiften.

Der russische Schatten wird uns über die Leitmedien tagtäglich vor Augen geführt, der US-amerikanische Schatten aber wird verschwiegen, beschönigt oder ganz einfach umgedeutet. Das vergiftet die Beziehungen der beiden Nationen, führt zur Spaltung der gesamten Weltbevölkerung und schließlich zu Krieg.

In einer Suchtbeziehung (Alkohol oder Drogen) wird ein solch gestörtes Beziehungsmuster auch als „Co-Abhängigkeit" bezeichnet und gilt als psychische Störung. Der verschweigende co-abhängige Teil macht sich schuldig, indem er das zerstörerische Verhalten seines Gegenübers wortlos zu akzeptieren scheint und damit das Weiterbestehen der Sucht befördert. Auch rutschten Co-Abhängige häufig mit in die Sucht und werden selbst zu Süchtigen.

In der offensichtlichen *Co-Abhängigkeit* der deutschen Regierung zu den USA zeigt sich dieses Phänomen bereits deutlich: Die deutsche Politik rutscht mehr und mehr in den Interessen- und damit auch in den Macht- und Gewaltbereich der USA, die sich als freiheitlich-demokratisch gibt, aber weltweit bemächtigend und somit zerstörerisch wirkt.

Der britisch-indische Schriftsteller Pankaj Mishra (geb. 1969) schreibt zur Abhängigkeit Deutschlands:

> „Deutschland verharrt – zum Erstaunen vieler Beobachter – an der Seite der imperialistischen Mächte des Westens, die in großen Teilen des globalen Südens zunehmend an Glaubwürdigkeit einbüßen. Es könnte aus seiner eigenen Erfahrung eine Tugend machen und sich selbst als unabhängige, souveräne Nation mit einer besonderen Geschichte sehen und darstellen. (…)" Als ein Sozialstaat, „der auf die Belange seiner Bürger eingeht und sie ernst nimmt." (zdf.de, 23.04.2023)

In einer unabhängigen und offenen Beziehung zu den USA, zu Russland, zur Ukraine und allen Völkern und Nationen sollte das Gute *und* das Böse, das Lebensfeindliche *und* das Lebensfreundliche, das Demokratische *und* das Autokratische benannt werden können. Nur in einem solch offenen freiheitlichen Dialog kann ein *Gleichgewicht der Kräfte* von Opfer und Täter entstehen. Nicht entweder oder, sondern sowohl als auch, sowohl kritische Distanz, als auch freundschaftliches Entgegenkommen und abwägende Annäherung kennzeichnen geschickte und wirkungsvolle Diplomatie.

Nur in einem unablässigen „Alchimistischen Dialog" (C.G. Jung) polarer und damit auch antagonistischer Kräfte kann Ausgleich, Ruhe und Frieden erschaffen werden; das gilt sowohl für den individuellen Innenraum als auch für den kollektiven Außenraum, die Beziehungen zwischen den Völkern und Nationen.

Wir könnten, nachdem die russischen Kriegsverbrechen deutlich benannt und verurteilt wurden, uns wieder freimachen von der einseitigen Verurteilung Russlands und auch die Verantwortlichkeit des Westens mit in den Blick nehmen. Wir könnten uns wieder erinnern, was die einzigartigen Geschenke Russlands sind: seine Kultur, Literatur, Musik und die Tiefsinnigkeit seiner Menschen …

Trotz der Erfahrung der russischen Besatzung im Osten Deutschlands war und ist die Mehrzahl der Ostdeutschen dennoch bereit zur Versöhnung und bereit, die Kraft und die Schönheit der russischen Kultur zu würdigen:

> „… Sie lernten die russische Sprache, lasen deren Bücher, freundeten sich mit Bürgern aus der Sowjetunion an, bewunderten die Weiten dieses Landes mit der teils unberührten Natur, schätzten deren Gastfreundschaft, Bescheidenheit und Liebe zur Kunst, empfanden Hochachtung vor Frauen, die schon in den 1930-er Jahren Metro-Netze und -Stationen, Züge, Flugzeuge, Bahnhöfe, große Städte bauten, freuten sich mit dem Kosmonauten Juri Gagarin, der 1961 den allerersten Raumflug absolvierte, und mit der Kosmonautin Valentina Tereschkowa, die 1963 als erste Frau in Solo-Mission in den Weltraum flog.
> So wuchsen Respekt, Nähe, Wissen, Handel, Zusammenarbeit, Verständnis und Versöhnung …"
>
> (B.A., August 2022)

Egon Bahr (1922-2015), ehemaliger SPD-Bundesminister für wirtschaftliche Zusammenarbeit, soll einmal in Bezug auf das Verhältnis zu Russland gesagt haben: „Ich warne davor, ein großes, stolzes Volk zu demütigen." In den Jahren des Kalten Krieges vertrat er den versöhnenden Leitgedanken: „Wandel durch Annäherung". Wandel durch Begegnung, Wandel durch Beziehung und Wandel durch Freundschaft: Hierin liegt die Kraft, die Frieden schafft.

Das Leben auf diesem Planeten unterliegt grundlegenden Naturgesetzen, den „Ordnungen des Lebens". Ein wichtiges Gesetz, das Gesetz der „kritischen Masse", besagt: Wenn etwas zu schwer geworden ist, dann gibt der Untergrund nach oder er zerbricht. Dies gilt für Dinge, Individuen und politische Systeme. Für einen Krieg, der nicht wirklich zu gewinnen ist – selbst wenn er auf dem Schlachtfeld gewonnen werden kann –, heißt das, dass Auf-geben, Nach-geben und Er-geben, die einzig rettende Antwort ist.

Beim Schreiben dieser Aufzählung wurde mir gerade deutlich: In allen drei Substantiven ist das Verb „geben" enthalten. Die Sinnfrage lautet nicht, „was habe ich vom Leben zu bekommen?", sondern „was habe ich dem Leben zu geben?" Geben statt nehmen, statt immer mehr haben-wollen: mehr Macht, mehr Bedeutung, mehr Einfluss, mehr Besitz, mehr Geld. Was aber können wir als Individuum, als Staat, als Regierung *geben,* um Frieden in der Welt zu schaffen? Wir können:

- *Anerkennung* geben, die Lebensräume anderer Nationen anerkennen, anstatt die eigenen Imperien erweitern zu wollen – das gilt für den westlichen wie für den östlichen Imperialismus.
- *Verständnis* geben für die Schutz-Bedürfnisse aller Menschen, aller Völker und aller Nationen.
- *Wertschätzung* geben für die Schönheit fremder, andersartiger Kulturen, ihre Kunst, Musik, ihre Sprache und Literatur wertschätzen.
- *Hilfe* geben, ohne politisches Kalkül, ohne eigene Interessen und einseitige Bündnispartnerschaften.
- *Nahrung geben,* auf Luxus, Überfluss und Mehrwert freiwillig verzichten.
- *Liebe und Mitgefühl* geben an alle Wesen auf diesem Planeten.

Der deutsch-israelische Journalist, Schriftsteller und Religionswissenschaftler Schalom Ben-Chorin (1913-1999) engagierte sich lebenslang für einen friedlichen Dialog zwischen Juden und Christen und für eine „Theologie nach Auschwitz". Sein hebräischer Name heißt in der Übersetzung: „Friede, Sohn der Freiheit".

Als Friedensbotschafter schreibt er:

„Wer Frieden sucht
wird den anderen suchen
wird Zuhören lernen
wird das Vergeben üben
wird das Verdammen aufgeben
wird vorgefasste Meinungen zurücklassen
wird das Wagnis eingehen
wird an die Änderung des Menschen glauben
wird Hoffnung wecken
wird dem anderen entgegenkommen
wird zu seiner eigenen Schuld stehen
wird geduldig dranbleiben
wird selber vom Frieden Gottes leben –
Suchen wir den Frieden?"

Friedens-Aufruf der US-Kriegs-Veteranen „Veterans For Peace“

Dieser aktuelle Beitrag eines US-amerikanischen Kriegs-Veteranen bündelt die weit gespannten Inhalte meines Buches und bringt die wesentlichste Botschaft auf den Punkt: „Kämpft für den Frieden!“

Da es eines meiner zentralen Friedensanliegen ist, Kriegs-Verweigerer und Deserteure zu unterstützen, schließe ich mich diesem Aufruf an, indem ich ihn hier – in nur leicht gekürzter Form – in Dankbarkeit und mit großer Wertschätzung zitiere:

US-Veteranen, „Veterans For Peace“, – Männer welche die mörderische Realität des Krieges aus eigener Erfahrung kennen – rufen zum Frieden in der Ukraine auf. Eine Rede von Gerry Condon auf einer Kundgebung in San Francisco am 4. Oktober 2023.

Wer lügt? Wer stirbt? Wer zahlt? Wer profitiert?

„(...) Unsere Mitglieder sind in mehrere Kriege hineingelogen worden, von Korea und Vietnam bis zum Irak, Afghanistan und darüber hinaus. Wer hat gelogen?
Der Präsident hat gelogen. Unsere politischen Führer haben gelogen. Die Zeitungen und das Fernsehen haben gelogen. Selbst religiöse, akademische und kommunale Führer haben uns ermutigt, in einem auf Lügen basierenden Krieg zu kämpfen und zu sterben.

Und wir wissen mit Sicherheit, wer gestorben ist. 58.000 US-Soldaten – zumeist aus der armen und der Arbeiterklasse – starben für Lügen in Vietnam, während wir über 3 Millionen vietnamesische Männer, Frauen und Kinder – zumeist arme Bauern – töteten. Tausende von US-Soldaten wurden im Irak und in Afghanistan getötet und verwundet, während Hunderttausende von Irakern und Afghanen starben.

Unsere Soldaten sterben auch weiterhin. PTBS (Posttraumatische

Belastungsstörungen, G.C.) und moralische Verletzungen haben dazu geführt, dass sich mehr Soldaten das Leben genommen haben als auf dem Schlachtfeld gestorben sind.

Wer zahlt? Wir alle zahlen – unsere kostbaren Steuergelder, die für die Bereitstellung grundlegender öffentlicher Dienstleistungen wie Gesundheitsfürsorge und Wohnraum bestimmt sind, werden uns gestohlen, um den Krieg zu bezahlen.

Mit nur einem Drittel dessen, was wir für den Krieg in der Ukraine verschwenden, könnte die Obdachlosigkeit in den USA oder sogar der Hunger in der Welt beseitigt werden. Aber unser Geld fließt nicht dorthin.

Und nun die letzte Frage: Wer profitiert? Die Waffenhersteller wie Boeing und Raytheon erzielen obszöne Gewinne. Ebenso wie Banken und große Finanzinstitute wie Blackrock und Vanguard, die stark in das Militär, in Hightech und in die Medien investiert sind. (…)

In der Ukraine haben wir derzeit einen festgefahrenen Zermürbungskrieg, in dem, wie Caitlin Johnstone schreibt, »Soldaten in einer Schlacht um Zentimeter getötet und verstümmelt werden. Mindestens Zehntausende sind in diesem Krieg gestorben, Hunderttausende wurden verwundet (…). In der Ukraine liegen heute mehr Landminen als irgendwo sonst auf der Welt, und es wird nach Ansicht von Experten Jahrzehnte dauern, sie zu beseitigen. Diese riesige Todesfalle wird durch die Streumunition noch verschlimmert, die das Land immer häufiger bedeckt und die noch jahrelang detonieren und Zivilisten (meist Kinder) töten wird. Die Minen und der Artilleriebeschuss an der Frontlinie führen Berichten zufolge zu Zehntausenden von Amputierten, eine Zahl, die mit der des Ersten Weltkriegs vergleichbar ist.«
Und jetzt kommen auch noch Waffen mit abgereichertem Uran hinzu, die bekanntermaßen Krebserkrankungen, Geburtsfehler und genetische Schäden verursachen.

Es ist also keine Überraschung, dass ukrainische Männer im wehrfähigen Alter in Scharen aus dem Land fliehen und zu fliehen versuchen, um der Einberufung zu entgehen.
Veterans For Peace unterstützt diese Wehrdienstverweigerer. Wir unterstützen das Recht, sich aus Gewissensgründen der Teilnahme am Töten und am Krieg zu widersetzen. Wir unterstützen Kriegsverweigerer und das Recht von Friedensaktivisten, sich ohne Verfolgung gegen den Krieg auszusprechen, sowohl in der Ukraine als auch in Russland. (…)

Krieg ist NICHT die Antwort!
Kämpft weiter für den Frieden!“[14]

Nachwort

Januar 2024: Noch gibt es wenig Hoffnung auf eine friedlichere Welt: Mit dem Krieg in Nahost zwischen Israel und der Hamas hat sich die grenzwertige Weltlage weiter verschärft. Im Ukraine-Krieg ist kein Verhandlungs-Friede in Sicht: Unsere deutsche Regierung verweilt noch immer in einseitiger Abhängigkeit von der Nato und den westlichen Verbündeten, ist weiter auf Kriegspfad mit einer lebensvernichtenden Machtpolitik.

Rufe nach „Atomwaffen für die Bundeswehr“ und der „Wiedereinführung der Wehrpflicht“ werden laut, Rüstungsexporte in Rekordhöhe wurden genehmigt, und die deutsche Bevölkerung soll, nach dem Willen ihres Verteidigungsministers, wieder „kriegstüchtig“ (gemacht) werden.

> „Pistorius warnt Deutschland vor Krieg mit Russland in »fünf bis acht Jahren«.“ (merkur.de, 22.01.2024)
> Pistorius „rechnet mit Putin-Angriff“ (zdf.de, 22.01.2024)
> Nato-Admiral: „Bürger sollen sich auf einen Krieg mit Russland vorbereiten.“ (focus.de, 19.01.2024)

„Deutsche müssen sich auf Kriegsfall vorbereiten“, titelte bild.de am 25.01.2024: „… Auch hier wächst die Angst vor einem Angriff Russlands auf die Nato. (…) »Glaubwürdige Abschreckung bedingt die Vorbereitung auf einen Krieg und schließt die Bevölkerung mit ein«“, sagte der deutsche Chef der Nato-Truppen in Ulm. „Und weiter: »Der Wille und die Fähigkeit zur Abschreckung und nötigenfalls zur Verteidigung muss auch in der Bevölkerung verankert sein.« Es gelte der Grundsatz: »Wenn du den Frieden willst, bereite dich auf den Krieg vor.«“

Mit derartiger Kriegspropaganda werden Ängste geschürt und wird gezielt die Kriegsbereitschaft in einer einseitig informierten Bevölkerung geweckt. Mit Angstmache vor dem vermeintlichen Feind war es schon immer „leicht, das Volk zum Mitmachen zu bringen“; das wusste auch der Kriegsverbrecher Herrmann Göring (vgl.in diesem Buch S.128).

Auch ich habe Kriegs-Angst, aber nicht vor einem drohenden russischen Angriff, sondern vor der westlichen Kriegspropaganda und der subtilen Kriegstaktik der Nato-Staaten, die in einer sich selbst erfüllenden Prophezeiung münden könnten.

Der Westen erstrebt, nach eigenen Angaben, keinen „Kompromiss-Frieden" mit Russland – der mit Verhandlungen vermutlich zu erreichen wäre –, sondern einen „totalen Sieg" der Ukraine und die Niederlage Russlands. Dabei ist klar: Nicht aus Stärke, sondern aus Schwächung, Ausgrenzung, Demütigung und Ohnmacht entstehen Aggression, Terror und Krieg.

Nun scheint der versprochene Rückeroberungs-Sieg der Ukraine auszubleiben, der russische Angreifer ist nicht so leicht zu schwächen, und deshalb muss weiter an der Eskalationsspirale gedreht werden, mit immer weiteren kriegsrhetorisch heiklen Beiträgen in den Medien.

Friedenstüchtig statt kriegstüchtig ist die Devise: Meine Hoffnung und Zuversicht liegt – immer noch – im Erstarken einer neuen kraftvollen Friedensbewegung.

Die Stimmung innerhalb von Regierung und Opposition ist angespannt und zunehmend chaotisch. Wie soll das auch funktionieren angesichts von so viel irreführender Widersprüchlichkeit?:

- Waffenlieferung in Kriegsgebiete und gleichzeitig Klimaschutz? Wurde hier etwa nicht erkannt, dass Kriege die größten Umwelt- und Klimavernichter sind?
- Militarismus und gleichzeitig „feministische Außenpolitik"? Weiß die Außenministerin denn nicht, dass essentielle Weiblichkeit für den Schutz des Lebens steht?

Nun aber – und das lässt ein klein wenig Hoffnung aufkeimen – bekommt die pathologische Doppelbindungs-Moral der westlichen Welt, und mit ihr die deutsche Ampel-Regierung samt Opposition, langsam einige Risse. Die Menschen werden unzufrieden, sie wehren sich gegen Ungerechtigkeit, soziale Ungleichheit und die zunehmende Verarmung in den unteren Einkommensschichten.

Während hierzulande den öffentlichen Tafeln für Bedürftige die

Lebensmittel knapp werden, ist Deutschland gleichzeitig „der größte militärische Geldgeber der Ukraine in Europa“: Bisher wurden „mehr als 17 Milliarden Euro an Militärhilfe für die Ukraine bereitgestellt“, und diese soll im kommenden Jahr „von vier auf acht Milliarden Euro“ verdoppelt werden. (tagesschau.de, 12.11.2023)

Hier werden keine „Schwerter zu Pflugscharen“, sondern Pflugscharen zu Schwertern. Mit den gesamten weltweiten Ausgaben für militärische Aufrüstung (rund 2,24 Billionen US-Dollar im Jahr 2022) könnte langfristig die natürliche Umwelt geschützt, der Klimawandel gemildert und der Hunger in der Welt besiegt werden.

Die pathologische Moral des Westens entlarvt sich gerade selbst: Mit Flüchtlingsströmen aus weltweiten Kriegsgebieten, Armuts- und Umweltflüchtlingen aus dem globalen Süden, mit dem archaisch-grausamen Terror der Armen und dem technologisch perfektionierten Kriegs-Terror der Reichen kommt die ganze beschämende Wahrheit ans Licht.

Dramatisches Artensterben, Naturkatastrophen, feuerspeiende Vulkane, Erdbeben mit tausenden Opfern; riesige Brände, welche ganze Regionen und ihre Bewohner vernichten; Überschwemmungen, die weite Landstriche überfluten, Mensch und Tier ertränken; Stürme, die alle Sicherheiten hinwegfegen … Die Elemente sind zornig! Die Erde schreit!

Schreien wir mit!
Werden wir laut, damit wir gehört werden!
Stehen wir auf, in einem friedlichen Aufstand!
Kämpfen wir kühn, sanftmütig und in Würde
für ein Leben in Frieden! Für Alle!

In dankbarer Verbundenheit mit allen „Freundinnen und Freunden des Friedens“ in Deutschland, der Ukraine, in Russland und der ganzen Welt.

Gertrude Croissier, 29. Januar 2024

Ach, ihr Schwälbchen
Am zwielichtgen Abendhimmel
Im untergehenden Sonnenlicht

Das leise Lächeln
Auf meinem Antlitz
Von Friedenshoffnung spricht

(G. Croissier, 10.08.2023)

SutoriMedia, pixabay.de

Danksagung

Die in diesem Buch anhand von Appellen und Kommentaren dokumentierte Rückschau der Ereignisse verstehe ich auch als Würdigung und Danksagung an alle zitierten Friedens-AktivistInnen, besonders an die KommentatorInnen der hier aufgeführten Petitionen, die mir so wichtige Impuls- und WortgeberInnen waren.

Ohne all die Worte – Worte der Angst und Worte der Zuversicht – und ohne die klugen und aufklärenden Artikel und eindringlichen Reden hätte dieses Buch nicht entstehen können.

Ein besonderer Dank gebührt der Initiatorin der allerersten Initiative, dem „offenen Brief an Kanzler Olaf Scholz“, der Feministin, Publizistin und Autorin, Alice Schwarzer, sowie der Wortführerin des „Manifests für Frieden“, der Linken-Politikerin Sahra Wagenknecht und all den mutigen ErstunterzeichnerInnen beider Aufrufe und Petitionen – bekannte Persönlichkeiten des öffentlichen Lebens – die sich mit ihrer eindeutigen Stellungnahme heftiger Kritik und feindseligen Schmähungen ausgesetzt hatten.

Ein ganz großes „Danke“ geht an meine Verlegerin, Sigrid Pomaska, die bereit war, diesen herausfordernden und vielschichtigen Text in diesem Buch zu veröffentlichen und damit in die Welt zu bringen.

Sehr dankbar bin ich ebenfalls meinem Nachbarn, dem Pädagogen Erich Krichbaum, einem politisch wachen und sozial engagierten Pädagogen. Mit der wohlwollend-kritischen Durchsicht der ersten Version dieses Manuskriptes stärkte er mir Mut und Durchhaltevermögen.

Wehmütig und voller Dankbarkeit denke ich an meinem zärtlichen Kater „Baubo“, der im Februar 2023 die Ebenen wechselte. So viele Stunden lag er schnurrend neben meinem Laptop, schleckte mir ab und zu die Hände und schenkte mir Nähe und Wärme.

Quellenangaben

Kapitel 1: Zeitenwende – Wende wohin?

(1) vgl. „Judenfetisch“, Buch von Deborah Feldmann, 2023

(2) vgl. Jean Gebser in Croissier, „Die magische Wunde“ aaO

(3) Alice Schwarzer, „Offener Brief an Kanzler Olaf Scholz“, der vollständige Text des Briefes vom 29. April 2022, Petition change.org

(4) Alice Schwarzer und Sahra Wagenknecht, „Manifest für Frieden“ vom 10.02.2023, vollständiger Text auf Petition change.org. Nach zunächst vor allem informativen und berührenden Beiträgen auf der Kommentarseite der Petition kam es Laufe der Monate leider vermehrt zu destruktiven verbalen Entgleisungen zwischen einigen NutzerInnen dieser Seite.

(5) Olga Kharitidi, „Samarkand – eine Reise in die Tiefen der Seele“, Berlin 2006, zitiert in Croissier, Gertrude „Die magische Wunde – Wandlung und Heilung in der Transpersonalen Psychologie“, Schalksmühle 2017, S.225-226

(6) „Manifest der Achtzigjährigen – die Stimme der Kriegskinder zum Krieg in der Ukraine“, von Dr. Marianne Gronemeyer und Dr. Reimer Gronemeyer u.a., 07.03.2023, vollständiger Text auf change.org von Charlotte Jurk

(7) Vgl. Gertrude Croissier, „Die magische Wunde – Wandlung und Heilung in der Transpersonalen Psychologie“, Schalksmühle 2017, Kapitel ,,Trauern, Klagen – Stille sein“ S.357 ff

(8) Dorothee Sölle, Theologin, politische Aktivistin, 1986 beim Aachener Katholikentag, Lebenshaus-alb.de

(9) „Global Women for Peace – United Against NATO“, deutsche Übersetzung des gesamten Artikels bei pressenza.com, 05.07.2023

(10) Dorothee Sölle, Redebeitrag vom 10.10.1981, Bonn, Geschichte der Friedensbewegung, update v. 05.10.2011

Kapitel 2: Ein pazifistischer Aufschrei

(1) Amy Goodman, „The Silenced Majority“, zit. nach kontext-tv

(2) Christian Hacke, Interview bei heise.online, 06.09.2022

(3) Hans Joachim Maaz, Interview mit Jasmin Kosubek, 12.11.2022

(4) Stanislaw Strasburger, „Warum die Ukraine Frieden braucht“, berliner-zeitung.de, 17.07.2022

(5) „Erklärung der Ukrainischen Pazifistischen Bewegung“, AG Frieden, 06.11.2022

(6) Leo Ensel, „Das ignorierte Angebot: Russlands Briefe vom 17. Dezember 2021“, infosperber.ch, 16.12.2022

(7) Jeffrey D. Sachs, „Die Ukraine ist die neueste Katastrophe amerikanischer Neocons“, Essay in der Berliner Zeitung, 30.06.2022

Kapitel 3: Archaische Wut und menschliches Bewusstsein

(1) vgl. zur Geschichte der Ukraine: Bundeszentrale für politische Bildung

Kapitel 4: „Ruhm den Helden“

(1) Vgl. Joseph Campbell, „Der Heros in tausend Gestalten“, Frankfurt/Main 1978
(2) Gertrude Croissier, „Die mythische Reise – Der archetypische Weg des Helden und der Heldin“, Schalksmühle 2022
(3) Sylvester Walch, „Dimensionen der menschlichen Seele – Transpersonale Psychologie und Holotropes Atmen“, Düsseldorf/Zürich 2002, S.139 in Bezug auf Karlfried Dürckheim
(4) Louis de Bernieres, „Corellis Mandoline“, Frankfurt 1998, S.132
(5) Ders., aaO., S.148-150
(6) Christa Wolf, Kassandra, aaO., S.10
(7) Gertrude Croissier, zum Thema „Schuld und Schuld-Ausgleich“ in „Psychotherapie im Raum der Göttin – Weibliches Bewusstsein und Heilung“, aaO., S.114-142
(8) Stefan Zweig, „Die Welt von Gestern“, Frankfurt 1981, S.290

Kapitel 5: Militarismus und Sexismus

(1) Hans Peter Duerr, „Obszönität und Gewalt. Der Mythos vom Zivilisationsprozess“, Suhrkamp, Ffm. 1993, S.251 u. 242-244
(2) Vgl. Gertrude Croissier, „Psychotherapie im Raum der Göttin“, aaO., Teil II. „Die Angst vor der weiblichen Urkraft“, S.154-268
(3) Hans Peter Duerr, aaO., S.292, 294, 295
(4) Vgl. Stanislav Grof, „Das Abenteuer der Selbstentdeckung. Heilung durch veränderte Bewusstseinszustände“, München 1987

Ders., „Kosmos und Psyche. An den Grenzen des menschlichen Bewusstseins“, Frankfurt 1997
(5) Der ganze Artikel unter: „Global Women for Peace – United Against NATO“, deutsche Übersetzung bei „pressenza.com“, 05.07.2023
(6) Burga Kalinowski, „Pegasus und Gaul Geschichte“ jungewelt.de, Artikel 431409, 28.07.2022)
(7) Erich Fried, „Lysistrata, die Komödie des Aristophanes“, Berlin 2000, S.37

Kapitel 6: Kriegs-Lust und Kriegs-Wahn

(1) Eugen Drewermann, „Rede gegen den Krieg“, 21.Mai 2022, Humboldt Universität Berlin, Video youtube.com
(2) Anne Morelli, „Die Prinzipien der Kriegspropaganda“, Springe 2022
(3) Morelli, aaO., S.8
(4) Morelli, aaO., S.133
(5) Albert Einstein, zit. aus „The Albert Einstein Collection: Essays in Humanism, The Theory of Relativity“, 2016
(6) Hans Joachim Maaz, im Interview mit Jasmin Kosubek, 12.11.2022
(7) Dorothee Sölle, Rede in Bonn, Oktober 1981
(8) Max Blumenthal, Rede vor dem UN-Sicherheitsrat am 29.06.2023 über die wahren Motive der US-Militärhilfe an die Ukraine und über die Rolle der NATO im Ukrainekrieg, Transkript des gesamten Videos bei actvism.org., 11.07.2023

(9) Christa Wolf, „Kassandra“, aaO., S.49
(10) Barbara Tuchman, „Die Torheit der Regierenden. Von Troja bis Vietnam“, Frankfurt a.M. 1984
(11) Tuchman, aaO., S.47
(12) Tuchman, aaO., S.63

Kapitel 7: Anrufung der Kriegsgötter

(1) Vgl. Klaus Schreiner, Hrsg., „Heilige Kriege – Religiöse Begründungen militärischer Gewalt“, München 2008, historischeskolleg.de
(2) Vgl. Gertrude Croissier, „Was ist der Teufel?“, in „Die magische Wunde“, aaO., S.282-284

Kapitel 8: Moral, Gerechtigkeit und Rache

(1) Dorothee Sölle, zit. bei lebenshaus-alb.de
(2) vgl. Deutscher Bundestag: Anfrage der Fraktion Die Linke v. 12.09.2022; telepolis.de. 06.11.2022; fr.de, 24.08.2022; merkur.de, 04.08.2022
(3) Michael Lüders: „Wir sind die Guten. Über Macht und Moral am Beispiel der Grünen“, youtube, 06.10.2022
(4) Pakayj Mishra am 03.05.2022 im Gespräch mit Spiegel International, veröffentlicht von epigenetik.at, 25.03.2023
(5) Noam Chomsky im Gespräch mit dem Politikwissenschaftler C.J. Polychroniou. Telepolis, heise online, 27.02.2023
(6) Christian Hacke, Interview bei heise.online v. 06.09.2022
(7) Irina Rastorgueva, Petersburger Dialog online, 03.05.2022
(8) Anne Morelli, „Die Prinzipien der Kriegspropaganda“, aaO., S.61
(9) „Hinrichtung aus der Luft: Deutschland und der US-Drohnenkrieg“, Panorama Dokumentation v. 11.08.2022

Kapitel 9: Leugnung und kollektive Katastrophen-Blindheit

(1) Florian Harms, Tagesanbruch auf t-online, 04.07.2022
(2) „Aufruf: Prominente warnen vor Krieg mit Russland.“ Der gesamte Text ist nachzulesen bei welt.de, 07.12.2014
(3) Christa Wolf, „Kassandra“, aaO., S.18
(4) Erich Vad, im Gespräch mit Annika Ross, emma.de, 25. Januar 2023
(5) „Manifest der Achtzigjährigen“, 07.03.2023 auf Change.org. v. Charlotte Jurk

Kapitel 10: Proteste und der feurige Zorn

(1) Antje Vollmer, „Vermächtnis einer Pazifistin“: „Was ich noch zu sagen hätte“, der gesamte Text Berliner Zeitung v. 23.02.2023
(2) Erich Vad, emma.de, 25. Januar 2023
(3) Kreishandwerkerschaft Anhalt Dessau-Roßlau, 07.09.2022, openPetition Nordstream2
(4) Sahra Wagenknecht und Alice Schwarzer, „Manifest für Frieden“, 09.02.2023, Petition change.org

Kapitel 11: Kriegs-Angst, Trauer und Klage

(1) „Manifest der Achtzigjährigen", Dr. Marianne Gronemeyer und Dr. Reimer Gronemeyer u.a., am 07.03.2023 auf change.org, v. Charlotte Jurk

(2) Borwin Bandelow, in Spiegel-Titel 2010, zit. in Gertrude R. Croissier, „Die magische Wunde", aaO., S.207-215

(3) Vgl. Gertrude Croissier, „Die magische Wunde – Wandlung und Heilung in der Transpersonalen Psychologie", aaO., Teil II, Kap.8 „Trauern, Klagen – Stille sein", S.357-378

(4) „Ein Manifest der Achtzigjährigen – die Stimme der Kriegskinder zum Krieg in der Ukraine", change.org., 07.03.2023

Kapitel 12: Frieden – aber wie?

(1) Definition nach Wikipedia

(2) Text von google.com

(3) Hans von Trotha, „Immanuel Kant und unsere heutige Realität", deutschlandfunkkultur.de, 30.03.2022

(4) Hans von Trotha, aaO.

(5) Vgl. Gertrude Croissier, „Die magische Wunde", aaO., Kap.3 „Die Entfaltung des menschlichen Bewusstseins", nach Jean Gebser, S.55-84

(6) Jean Gebser, „Ursprung und Gegenwart – Beitrag zu einer Geschichte der Bewusstwerdung", 1. Teil, München 1988, S.96 und S.89

(7) Jonas Tögel, „Kognitive Kriegsführung. Neueste Manipulationstechniken als Waffengattung der NATO", Westend Verlag, 10.07.2023, zit. nach Homepage und Verlagsankündigung

(8) Reinhard Merkel, „Verhandeln heißt nicht kapitulieren", FAZ 28.12.2022, dokumentiert von Karenina.de, Petersburger Dialog

(9) Michael von der Schulenburg, „Der Krieg in der Ukraine und unsere Verpflichtung, Frieden zu suchen", Artikel bei meer.com, 20.02.2023

(10) Michael von der Schulenburg, „UN-Charta: Verhandlungen!", emma.de, 06.03.2023

(11) Christa Wolf, „Kassandra", aaO., S.16

(12) Tsültrim Allione, „Den Dämonen Nahrung geben: Buddhistische Techniken zur Konfliktlösung", Arkana 2009

(13) Ray McGovern, Rede vor dem UN-Sicherheitsrat, Video von acTVism Munich, 12.03.2023; dieses Video wurde von den Vereinten Nationen produziert.

(14) „Who lies? Who dies? Who pays? Who profits? Why veterans are calling for peace in Ukraine", Übersetzung: Antikrieg; uncut-news.ch, 11.10.2023)

Literaturliste

Aristophanes, „Lysistrata", in der Übersetzung von Erich Fried, Berlin 2000

Blumenthal, Max, Rede vor dem UN-Sicherheitsrat am 29.06.2023 über die wahren Motive der US-Militärhilfe an die Ukraine und über die Rolle der NATO im Ukrainekrieg, Transkript des gesamten Videos bei actvism.org., 11.07.2023

Bandelow, Borwin, in Spiegel-Titel 2010, zit. in Gertrude R. Croissier, „Die magische Wunde", aaO., S.207-215

Brandt, Peter, „Frieden für die Ukraine: Ein Friedensappell aus der Mitte der Gesellschaft", www.frieden-und-zukunft.de

Campbell, Joseph, „Der Heros in tausend Gestalten", Frankfurt/Main 1978

Chomsky, Noam im Gespräch mit dem Politikwissenschaftler C.J. Polychroniou, Telepolis, heise online, 27.02.2023

Croissier, Gertrude R., „Psychotherapie im Raum der Göttin – Weibliches Bewusstsein und Heilung", Schalksmühle 2007

Croissier, Gertrude R., „Die magische Wunde", Wandlung und Heilung in der Transpersonalen Psychologie Bd.1. Schalksmühle 2017

Croissier, Gertrude R., „Die mythische Reise – Der archetypische Weg des Helden und der Heldin", Wandlung und Heilung in der Transpersonalen Psychologie Bd.2, Schalksmühle 2022

De Bernieres, Louis, „Corellis Mandoline", Frankfurt 1998

Dohnanyi, Klaus von, div. Beiträge mit Quelle im Text

Drewermann, Eugen, „Rede gegen den Krieg", 21.Mai 2022, Humboldt Universität-Berlin, Video youtube.com

Duerr, Hans Peter, „Obszönität und Gewalt. Der Mythos vom Zivilisationsprozess", Suhrkamp, Ffm. 1993

Einstein, Albert, „The Albert Einstein Collection: Essays in Humanism, The Theory of Relativity", books.google.com, 2016

Ensel, Leo, „Das ignorierte Angebot: Russlands Briefe vom 17. Dezember 2021", veröffentlicht bei infosperber.ch,16.12.2022)

Gebser, Jean, „Ursprung und Gegenwart" – Beitrag zu einer Geschichte der Bewusstwerdung", 1. Teil, München 1988

„Global Women for Peace – United Against NATO", der gesamte Artikel in deutscher Übersetzung bei pressenza.com, 05.07.2023

Goodman, Amy, „The Silenced Majority“, kontext.tv

Grof, Stanislav, „Das Abenteuer der Selbst-Entdeckung. Heilung durch veränderte Bewusstseinszustände“, München 1987

Grof, Stanislav, „Kosmos und Psyche. An den Grenzen des menschlichen Bewusstseins“, Frankfurt 1997

Gronemeyer, Marianne u. Gronemeyer, Reimer u.a., „Manifest der Achtzigjährigen – die Stimme der Kriegskinder zum Krieg in der Ukraine“, 07.03.2023 auf change.org von Charlotte Jurk

Hacke, Christian, „Hintergründe im Russisch-Ukrainischen Krieg“, Video, 05.06.2023, sowie Interview „Was wir jetzt erleben, ist der Zusammenbruch der Demokratie“ bei heise.online, 06.09.2022

Kalinowski, Burga, „Pegasus und Gaul Geschichte“ jungewelt.de, Artikel 431409, 28.07.2022

Kharitidi, Olga, „Samarkand – eine Reise in die Tiefen der Seele, Berlin 2006,

Lüders, Michael, „Wir sind die Guten. Über Macht und Moral am Beispiel der Grünen“, youtube Video 06.10.2022

Maaz, Hans Joachim, Interview mit Jasmin Kosubek, 12.11.2022

McGovern, Ray, Rede vor dem UN-Sicherheitsrat, Video von acTVism Munich, 12.03.2023; dieses Video wurde von den Vereinten Nationen produziert.

Merkel, Reinhard, „Verhandeln heißt nicht kapitulieren“, FAZ 28.12.2022, dokumentiert von Karenina.de, Petersburger Dialog

Morelli, Anne, „Die Prinzipien der Kriegspropaganda“, Springe 2022

Mishra, Pakayj, im Gespräch mit Spiegel International am 03.05.2022, veröffentlicht von epigenetik.at, 25.03.2023, sowie zdf.de, 23.04.2023

Rastorgueva, Irina „Warum sind russische Soldaten so brutal?“, Petersburger Dialog online, 03.05.2022

Sachs, Jeffrey D., „Die Ukraine ist die neueste Katastrophe amerikanischer Neocons“, Essay in der Berliner Zeitung, 30.06.2022

Schreiner, Klaus, Hrsg. „Heilige Kriege – Religiöse Begründungen militärischer Gewalt, München 2008, historischeskolleg.de

Schulenburg, Michael von der, „Der Krieg in der Ukraine und unsere Verpflichtung, Frieden zu suchen“, Artikel bei meer.com, 20.02.2023

Schulenburg, Michael von der, „UN-Charta: Verhandlungen!“, emma.de 06.03.2023

Schwarzer, Alice, „Offener Brief an Bundeskanzler Scholz“, 29. April 2022

Sölle, Dorothee, Redebeitrag vom 10.10.1981, Bonn, Geschichte der Friedensbewegung, update v. 05.10.2011

Sölle, Dorothee, 1986 beim Aachener Katholikentag, Lebenshaus-alb.de

Strasburger, Stanislaw, „Warum die Ukraine Frieden braucht", berliner-zeitung.de, 17.07.2022

Tögel, Jonas, „Kognitive Kriegsführung. Neueste Manipulationstechniken als Waffengattung der NATO", Westend Verlag, 10.07.2023

Trotha, Hans von, „Immanuel Kant und unsere heutige Realität", deutschlandfunkkultur.de, 30.03.2022

Tsültrim, Allione, „Den Dämonen Nahrung geben: Buddhistische Techniken zur Konfliktlösung", Arkana 2009

Tuchman, Barbara, „Die Torheit der Regierenden. Von Troja bis Vietnam"

Ukrainische Pazifistische Bewegung, Erklärung vom 06.11.2022, AG Frieden

Vad, Erich, im Gespräch mit Annika Ross, emma.de, 25. Januar 2023

Vollmer, Antje, „Vermächtnis einer Pazifistin": „Was ich noch zu sagen hätte", Berliner Zeitung, 23.02.2023

Wagenknecht, Sahra, und Schwarzer, Alice, „Manifest für Frieden", 09.02.2023, Petition change.org

Walch, Sylvester, „Dimensionen der menschlichen Seele – Transpersonale Psychologie und Holotropes Atmen", Düsseldorf/Zürich 2002

Wolf, Christa, „Kassandra", Luchterhand 1983

Zweig, Stefan, „Die Welt von Gestern", Frankfurt 1981

Die persönliche Leidensgeschichte von Frauen ist nicht getrennt von der schmerzlichen Kollektivgeschichte des Weiblichen im Patriarchat: Dem Schutz der alten Mutter-Göttin beraubt und von einem eifernden Vater-Gott dämonisiert, sind Frauen körperlich, emotional, geistig und spirituell heimatlos.

Ohne liebevolle Spiegelung in einem mütterlichen Gottesbild aber, ohne Kontakt zu den weiblichen Wurzeln des Lebens, sind sie geschwächt und sich selbst fremd geworden. Heilung von Weiblichkeit braucht daher Rückbindung an den weiblich-göttlichen Ursprung des Lebens. Das Weibliche will in seiner Wertigkeit erkannt, will geheilt und ermächtigt werden. Hiervon handelt dieses Buch.

Seit mehr als 30 Jahren forscht und arbeitet die Autorin zum Thema „verletzte Weiblichkeit". Dabei beantwortet sie die Frage nach den tieferen Ursachen der männlichen Gewalt am Weiblichen.

Wie auch in einer therapeutischen Heilungskrise der Weg vom Dunkel ins Licht, vom Schmerz in die Freude geht, so führt dieses Buch Frauen und Männer immer wieder durch Abgründe menschlicher Existenz in liebevolle Annahme und Lebenskraft.

Theorie, Erfahrungsbeispiele aus der Transpersonalen Psychotherapie sowie Anleitungen und Übungen für die persönliche und therapeutische Praxis fördern einen ganzheitlichen Heilungsweg und das Wiederentdecken der weiblichen Urkraft im Dienste des Lebens.

Gertrude R. Croissier:
Psychotherapie im Raum der Göttin – Weibliches Bewusstsein und Heilung
530 Seiten, 52 Abb., z.T. farbig
Hardcover mit Schutzumschlag: ISBN 978-3-935937-48-1, EUR 32,- (D)
Kartoniert: ISBN 978-3-943304-48-0, EUR 24,- (D)

Die alte schamanische Erkenntnis, dass essentielle Heil-Kraft sich erst mit dem Annehmen der eigenen Wunde entfaltet, der sogenannten »Schamanischen Krise«, lässt uns mutig sein in der Begegnung mit den eigenen Dämonen und demütig im Kontakt mit anderen Menschen und anderen Wesen.
Die „magische Wunde" ist die Ur-Wunde, ist der Verlust der kosmischen Einheit und der Schmerz des Lebens in einer polaren Welt. Jeder Schmerz hat seinen Ursprung in dieser primären Wunde.

Gertrude R. Croissier: Die magische Wunde
Wandlung und Heilung in der Transpersonalen Psychologie, Band 1
404 Seiten, mit zahlr. Abb., z.T. farbig
Hardcover mit Schutzumschlag: ISBN 978-3-943304-51-0, 28,- EUR (D)
kartoniert: ISBN 978-3-943304-49-7, 22,- EUR (D)

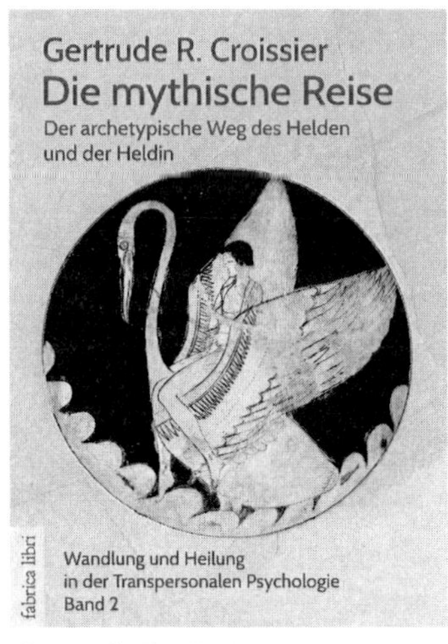

Wir fühlen uns im Laufe unserer irdischen Existenz oftmals verloren und getrennt vom schöpferischen Urgrund und verzweifeln am Sinn unseres Lebens.
Das ist der Punkt, an dem wir bereit sind, uns auf den Weg des mythischen Helden zu machen, der mutig die Maske seiner Pseudo-Identität ablegt, um am tiefsten Grund seiner „Nacht-Meer-Fahrt" den ersehnten „Schatz" zu entdecken: Selbsterkenntnis und inneren Frieden – ein Geschenk der Seele in der Begegnung im Wahren Selbst.

Gertrude R. Croissier:
Die mythische Reise – der archetypische Weg des Helden und der Heldin
Wandlung und Heilung in der Transpersonalen Psychologie, Band 2
364 Seiten, mit zahlr. Abb., z.T. farbig
Hardcover mit Schutzumschlag: ISBN 978-3-943304-52-7, 28,- EUR (D)

3,1-24
Pomaska-Brand Verlag
Holthausen 1 · 58579 Schalksmühle · Tel. 02355-903339
E-mail: info@pomaska-brand-verlag.de
www.pomaska-brand-verlag.de